象棋

入门与技巧

张永婷 / 编著

中国商业出版社

图书在版编目(CIP)数据

象棋入门与技巧 / 张永婷编著. —北京 ：中国商业出版社，2021.4

ISBN 978-7-5208-1471-3

Ⅰ. ①象… Ⅱ. ①张… Ⅲ. ①中国象棋—基本知识 Ⅳ. ①G891.2

中国版本图书馆 CIP 数据核字(2020)第 248463 号

责任编辑:滕　耘

中国商业出版社出版发行

010-63180647　www.c-cbook.com

(100053　北京广安门内报国寺 1 号)

新华书店经销

三河市宏顺兴印刷有限公司印刷

*　*　*　*

710 毫米×1000 毫米　16 开　13.5 印张　167 千字

2021 年 4 月第 1 版　2021 年 4 月第 1 次印刷

定价:42.00 元

*　*　*　*

(如有印装质量问题可更换)

前　言

中国象棋历史悠久，具有非常广泛的群众基础，是一项有利于身心健康的体育竞技类项目。中国象棋集趣味性、知识性、逻辑性、竞技性为一体，已经受到广大象棋爱好者的广泛认可和积极参与。象棋既可以登大雅之堂开展竞技，又可以于路边随意对弈几局。

随着互联网时代的飞速发展，象棋爱好者们学习象棋的途径越来越多。例如，上网对弈和观战、打谱和软件拆棋以及观看讲座视频等。近年来，网络上诞生了视频直播这一新颖事物，也有一部分象棋大师、特级大师借助平台进行现场教学互动。学棋途径的增多，使得阅读棋书这一最传统的学习象棋方式，作用有些不那么突出了。由于互联网时代网络资源和象棋软件的替代作用，使得相关棋书的出版并不容易。毋庸置疑，网络学棋和象棋软件的进步在一定程度上确实占用了很多的资源和吸引了很多的象棋爱好者，但是与此同时也对我们创作更高品质的棋类书籍作品起到了积极的引导和助推作用。广大象棋爱好者并没有放弃阅读棋类纸质书籍，而是阅读品位不断提升、阅读需求不断扩大了。据此，我们精心编写了本书，供广大象棋爱好者们作为初级入门学习之用。

编　者

目　录

第一章　象棋入门基础知识

第二章 象棋中各种术语和基本应用

第三章 象棋基本杀法和战术介绍

第四章　象棋的局

第五章 象棋杀法具体实操

第一章

象棋入门基础知识

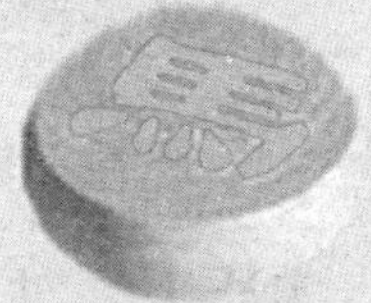

第一节　象棋的历史

楚河汉界的由来

象棋里的“楚河汉界”来源于楚汉之争这段历史。

秦末乱世，刘邦、项羽两人相继率兵入关，按照原来的约定，刘邦先入咸阳，理应称王关中，但项羽自恃功高，企图独霸天下，自立西楚霸王，建都彭城（今徐州），分封十八诸侯，封刘邦为汉王。公元前206年，一直暗中谋划的刘邦率兵东进，与项羽展开了历时四年的“楚汉之争”。战争开始后，刘邦本想远袭彭城，但没有成功。最后，演变成双方在荥阳、成皋一带长期对峙。公元前203年，刘邦攻取成皋，项羽则据守广武，双方形成对垒。但当时刘邦有充足的粮草，以逸待劳，项羽则兵疲粮少。刘邦又派兵攻克赵、齐等地，使项羽两面受敌。于是，双方相约：以鸿沟为界，中分天下，“鸿沟而西者为汉，鸿沟而东者为楚”（《史记》）。历史就这样使鸿沟成了“楚河汉界”“中分天下”（中分即从中划分）的标志。

象棋黑红棋子的由来

现在我们看到的象棋棋盘上黑红棋子隔“河界”针锋相对地排列，实质上是对当年楚、汉两军隔鸿沟对垒的模拟和现代版本的以游戏形式的再现。根据史料记载，当时项羽的军队着黑衣，而刘邦的汉军穿的是红色的衣服，象棋棋子的黑红二色便由此而来。

项羽和刘邦达成协议之后就各霸一方，但是不久之后刘邦就不遵守协议，首先出兵攻打项羽的军队，并最终夺取了天下。所以后来人们在象棋中也据此规定执红者先走。象棋棋子里的5个兵卒，是与周代军队的编制有关。周代军队编制是“伍”，由5个步兵组成，作战兵器分别是弓、殳、矛、戈、戟。直到现在有时候把军队叫“队伍”，也是根据当时编制“伍”演变而来。

象棋被确定为正式的体育竞技项目

1956年起，象棋被列为我国国家体育项目。随着象棋事业的不断发展和壮大，在全国性比赛中，除男子个人赛，又先后增加了男子团体、女子个人、女子团体等比赛项目。

第二节 象棋的基本知识

棋盘知识

如右图所示，现在被广泛使用的中国象棋棋盘共有九条平行的纵线、十条平行的横线，共90个交叉点。九条纵线分别用数字表示，红方用中文数字一、二、三，…，九表示，黑方用阿拉伯数字1、2、3，…，9表示，都

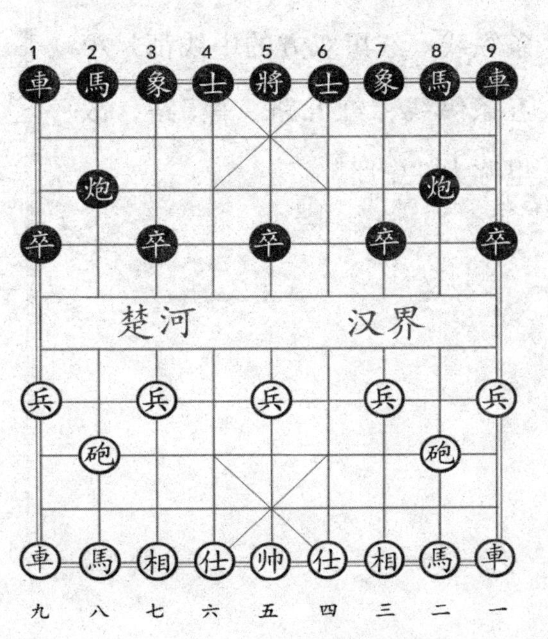

是从己方右侧向左数，称为几路线，如三路、4路，红方的三路对应黑方的7路，四路对应6路……任一条纵线上，红黑路数和都是10。

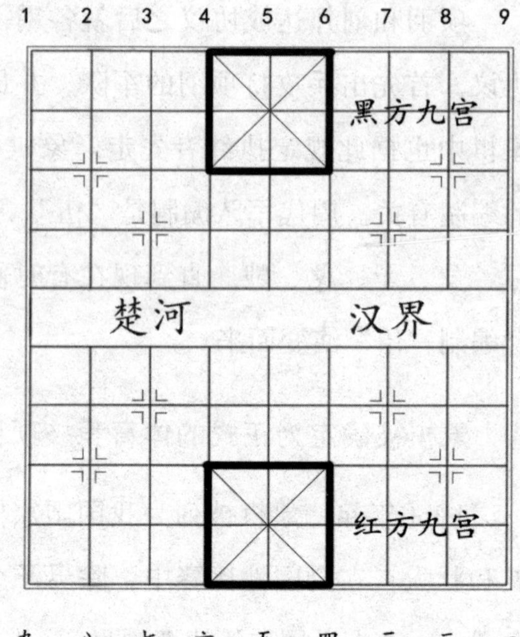

1.九宫：红黑双方底部正中带“米”字的方形区域，有九个交叉点，将（帅）任何时候只能处于这九个交叉点之一，不能出“宫”。

2.中线：棋盘上最中间的一条纵线。红黑双方的中线都是第五条纵线，红五路、黑5路，故也称为“中路”。

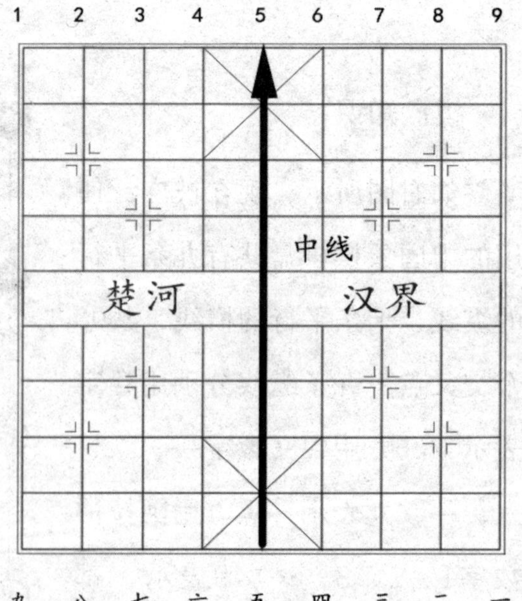

3.肋线：中线左右的纵线，即红方的四、六路（黑方的4、6路），分为“右肋线”“左肋线”。

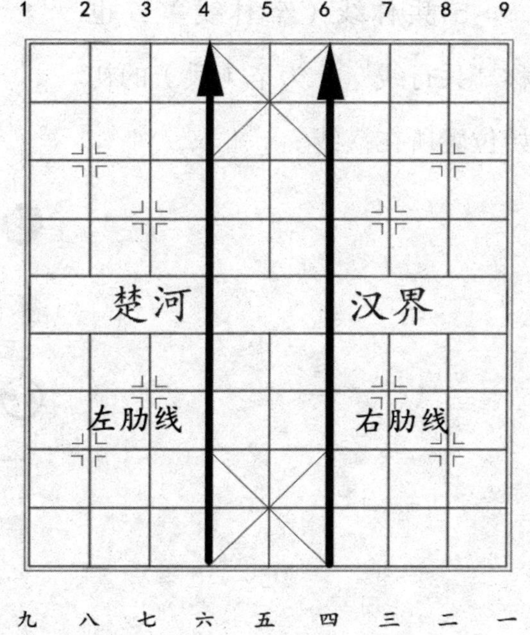

4.边线：棋盘中红方的一、九路（黑方的1、9路）纵线，也称“边路”。

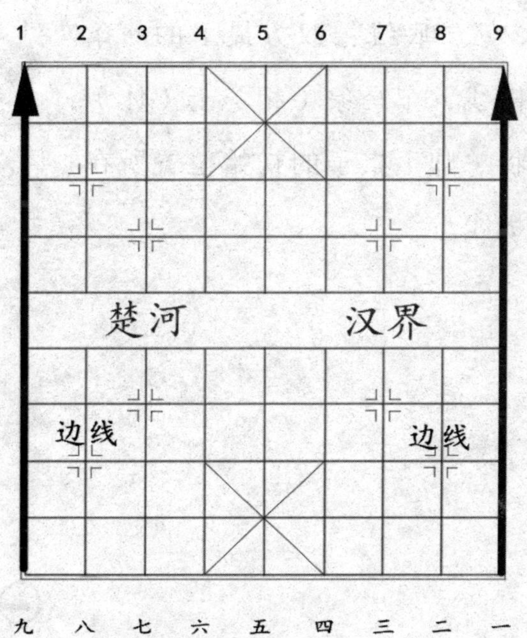

5.兵林线（卒林线）：也称“兵行线”，为卒（兵）的初始位置所在横线。

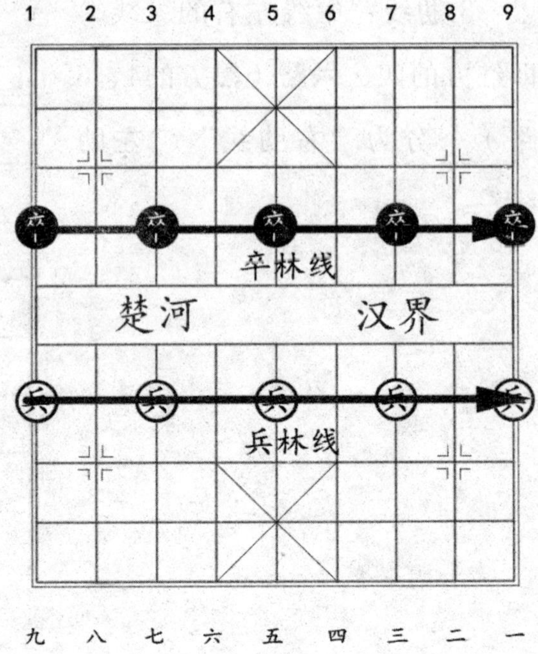

6.底线：双方最下的一条横线，车马象（相）士（仕）将（帅）棋子的初始位置所在横线。

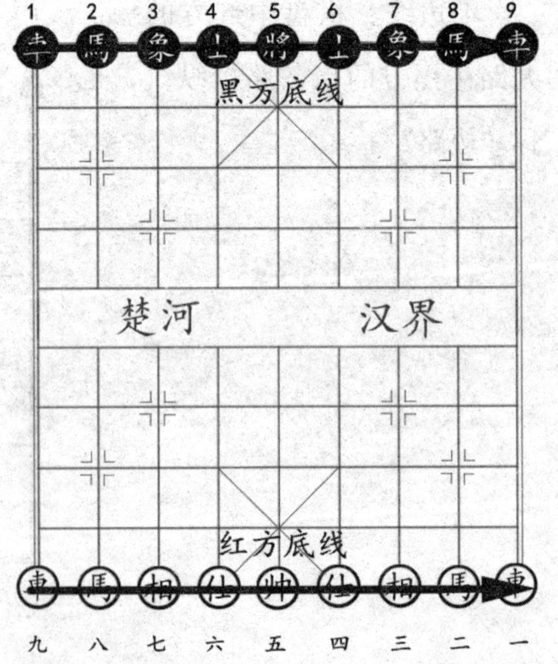

7.河界线：双方从下向上数第五条横线。两条河界线中的纵线不相连，在“河”中常标注“河界线”“楚河汉界”字样。

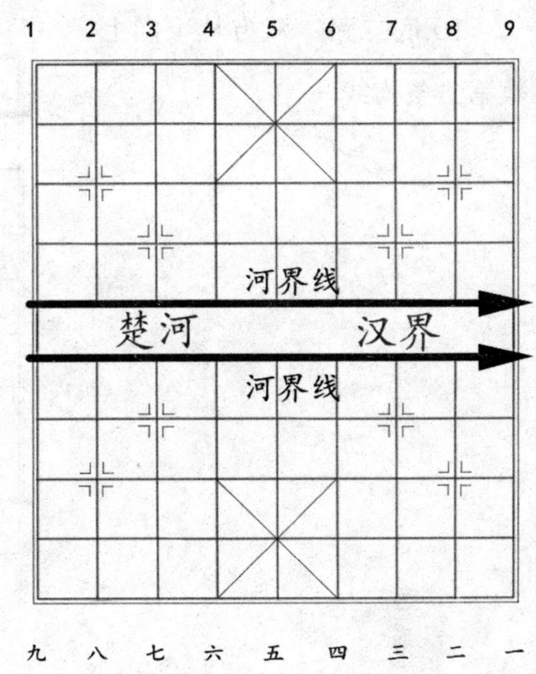

8.巡河线：己方河界的边线，卒（兵）林线前面的一条横线。一方棋子在己方“河界线”上时，称为“巡河”。

9.骑河线：对方河界边线，己方的巡河线即对方的骑河线，反之亦然。一方棋子在对方的“河界线”上时，称为“骑河”。

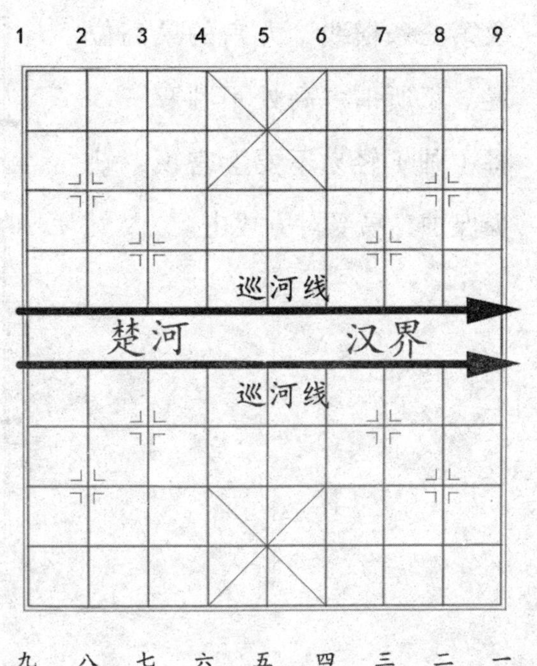

10.底二路：双方从下向上数第二条横线。

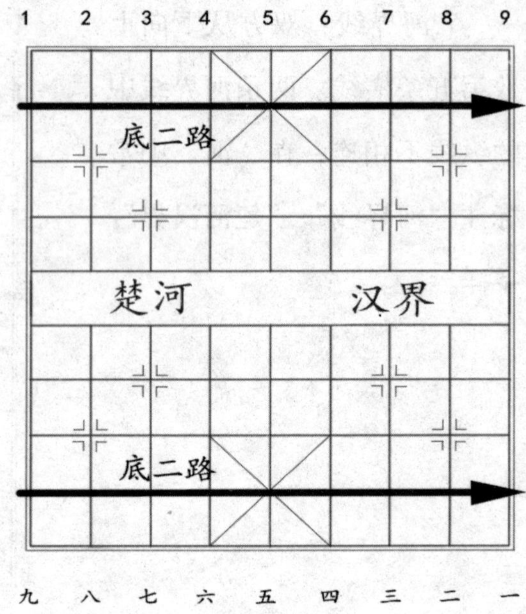

11.宫顶线：双方从下向上数第三条横线，九宫的最高位置。正所谓“高处不胜寒”，将（帅）轻易不要上宫顶，缺少保护，易受对方攻击。

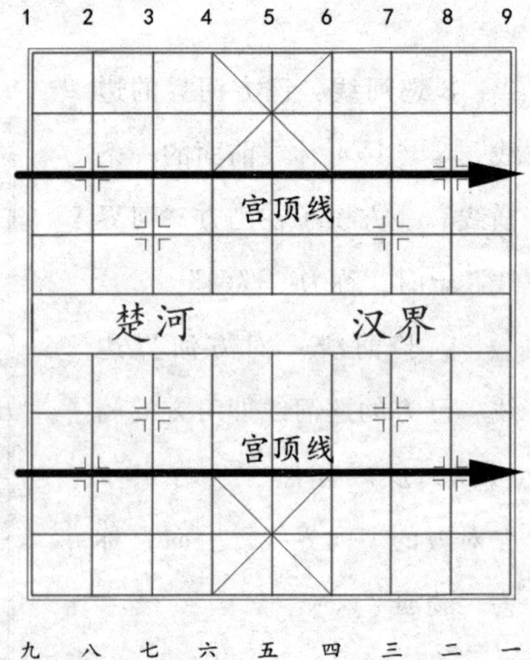

棋子说明

棋子类别：象棋由楚河、汉界分红与黑两个阵营，每方各有7种称谓的棋共16子，双方总计32子。红方为“帅”“仕”“相”“馬”“車”“砲”“兵”。黑方为“将”“士”“象”“馬”“車”“炮”“卒”。

基本走法

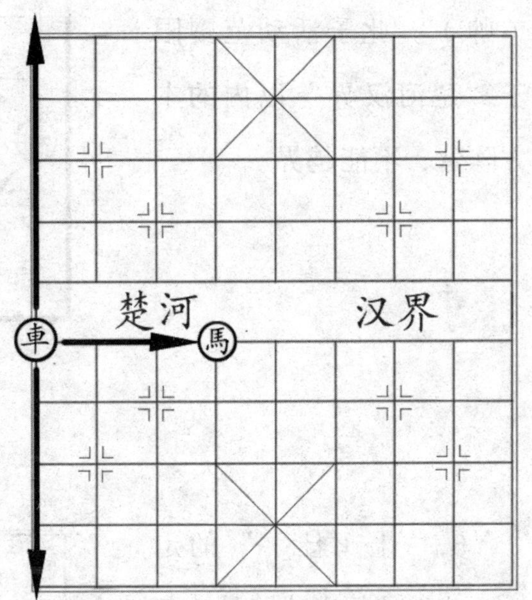

1.一切走法都以杀对方将（帅），保自己将（帅）为目标。帅与将不能同时在一条直线上照面，否则判走方为负。

2.“车（車）”的走法：如右上图所示，此棋走子线路横平竖直，移动速度最快，可走范围最广，线路上无棋子阻挡时可一路到底，任何棋子出现在线路上都可吃之，可谓“所向披靡，无可阻挡”，是象棋中棋力最大的棋子。

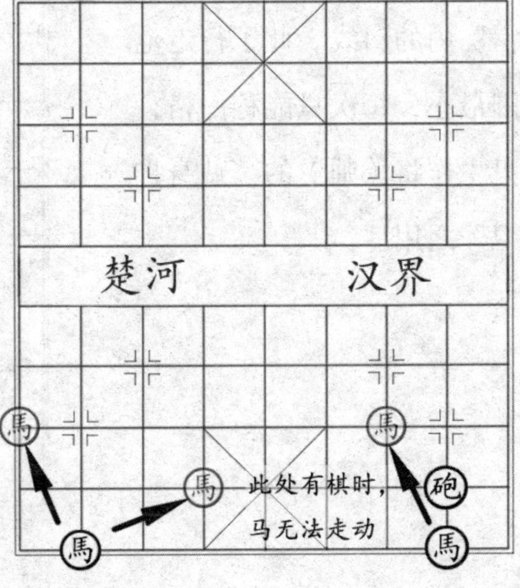

3.“马（馬）”的走法：如右下图所示，此棋走横或竖的“日”字对角线格，但如果前行的方向上有棋子阻挡，即“挡马腿”，则不可走。

4.“象（相）”的走法：此棋走“田”字对角线格，但“田”字中间格上有棋子时，不可走。其主要作用是保护自己的将（帅）。此子活动范围限于“楚河汉界”以内的本方阵营，不能越界。

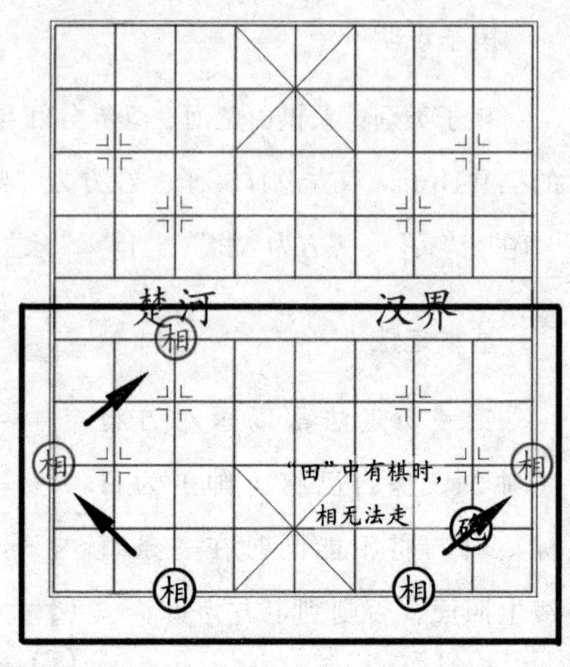

5.“士（仕）”的走法：此棋的行走线路是“九宫”内的斜线。此子行走范围最小，每次只能移一格，只主作将（帅）的“贴身护卫”之用。

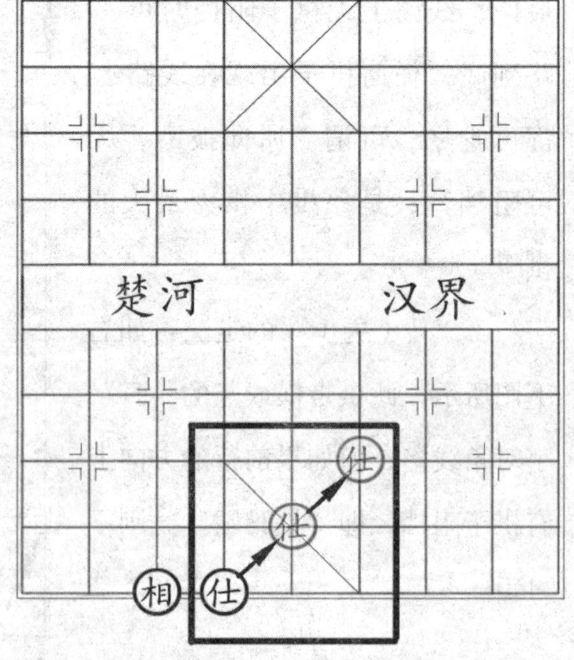

6.“将（帅）”的走法：将（帅）只能在“九宫”里横竖行走，每次只能移一格。此两子一般为被动行走，主动行走主要为逼对方将（帅）照面。

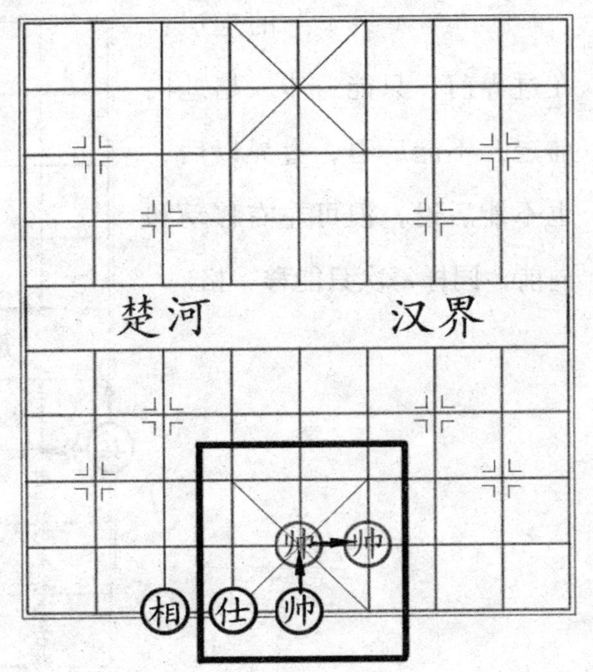

7.“炮（砲）”的走法：炮（砲）在不攻击的时候，走法与车（車）完全相同，但要吃对方棋子时，必须跳过一个棋子（我方的或敌方的都可）才行。

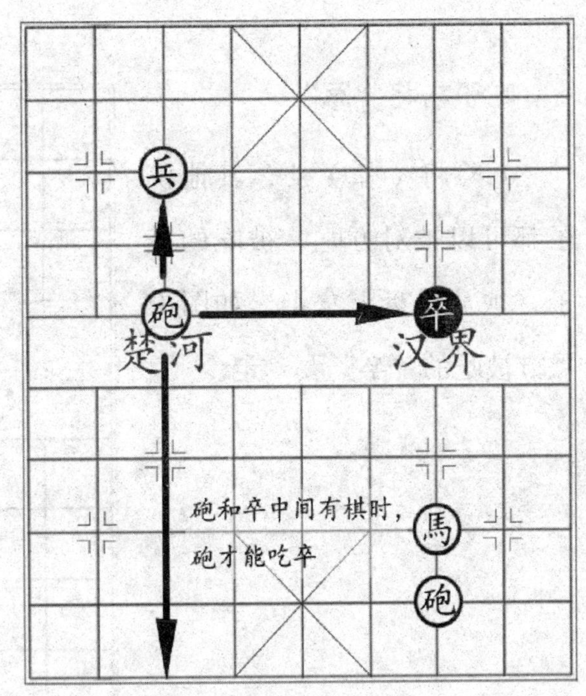

8.“卒（兵）”的走法：在过界前，只能一步一格地向前走，不能后退；过界以后，也不能后退，但可左右移动和向前，同样每次只能移一格。

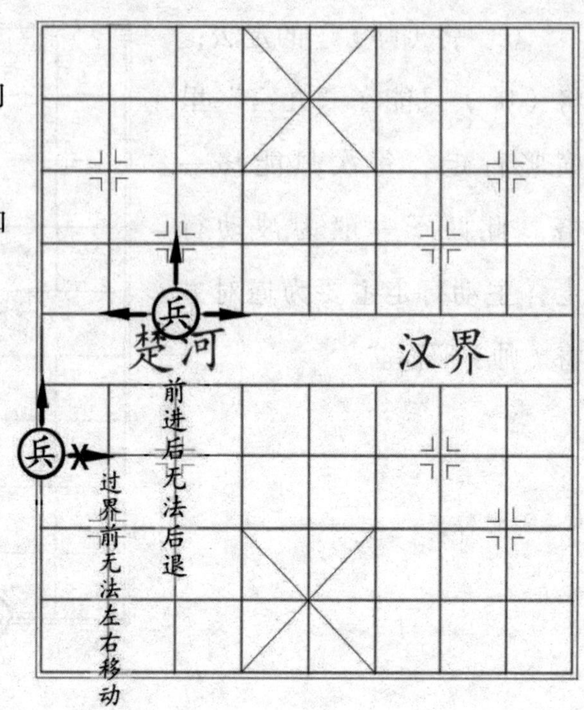

吃子与将“军”

1.除将（帅）外，其他棋子都可以被对方吃，被吃的棋子，须从棋盘上拿走。如图中黑方被吃的“卒”要拿走。

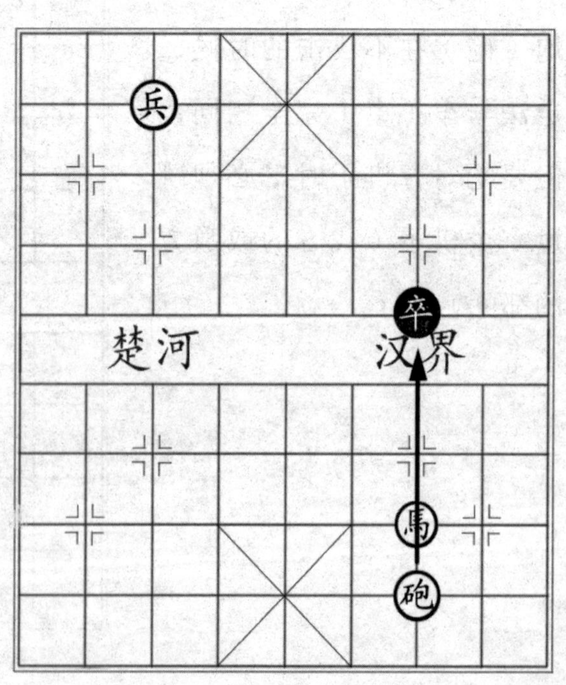

2.一方的棋子攻击对方的将（帅），并在下一着要把它吃掉时，简称为“将”。被“将”的一方下一步棋必须“应将”，即用自己的走法去化解被“将”的状态，如果无法化解，则输此棋局，如图所示。

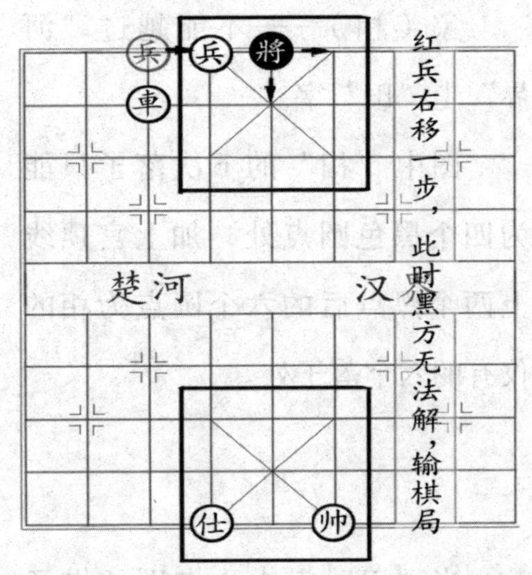

注意事项

将（帅）—— 每一着只许走一步，前进、后退、横走都可以，但不能离开“九宫”。

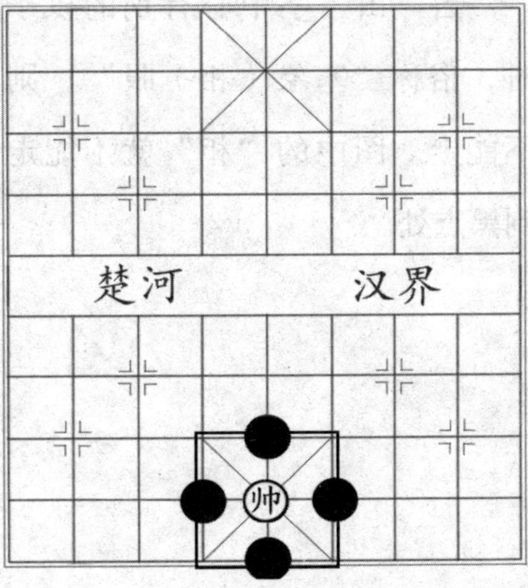

右图中黑色方框内为“九宫”，黑色圆点代表帅可落子的位置。

士（仕）——每一着只许沿“九宫”斜线走一步，可进可退。士（仕）的落子点只有右图中的四个黑色圆点和中间的位置。

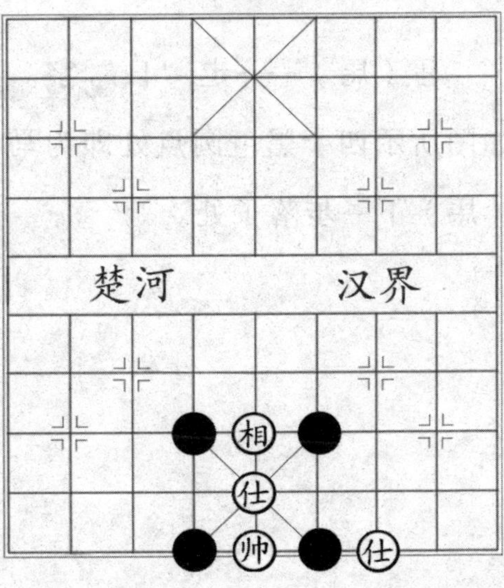

象（相）——不能越过“河界”走“田”字。

图中“相”的下次落子只能为四个黑色圆点处，加上宫顶线上两个黑点后的六个圆点为相的仅有的六个落子处。

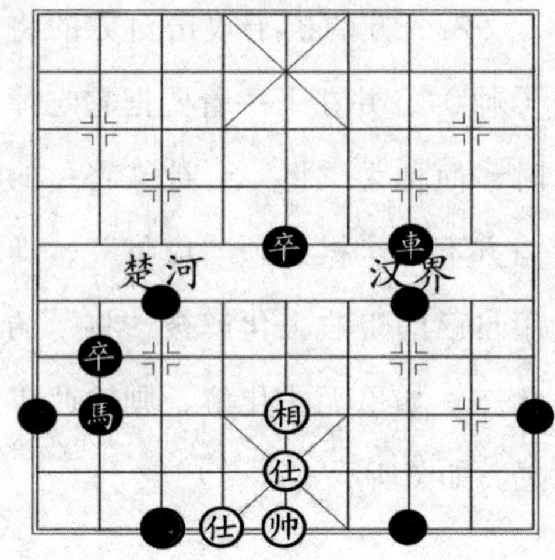

当“田”字中心有别的棋子时，俗称“塞象（相）眼”，则不能走。图中的“相”就不能走到黑点处。

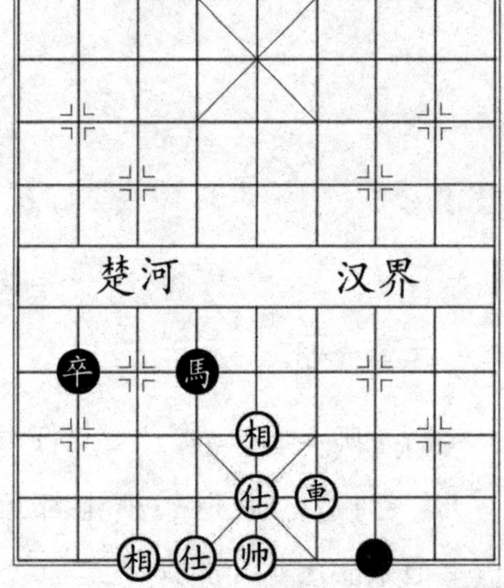

马（馬）——走“日”字。如图所示四个黑色圆点处即为马（馬）下一步落子处。

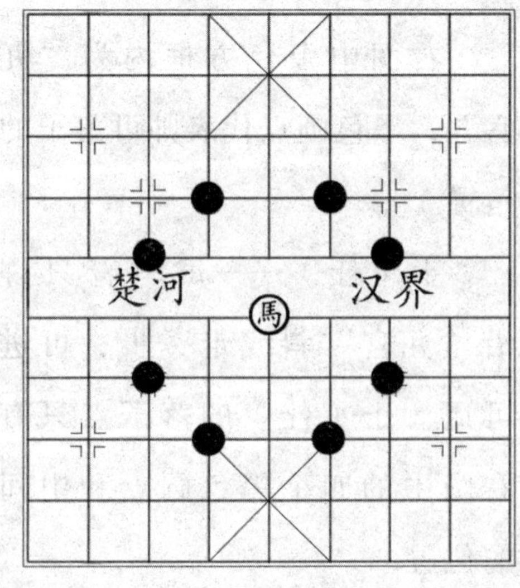

如果在要去的方向上有别的棋子挡住，俗称“挡马腿”，则不能走。右图中“马”不能走到黑点所处位置。

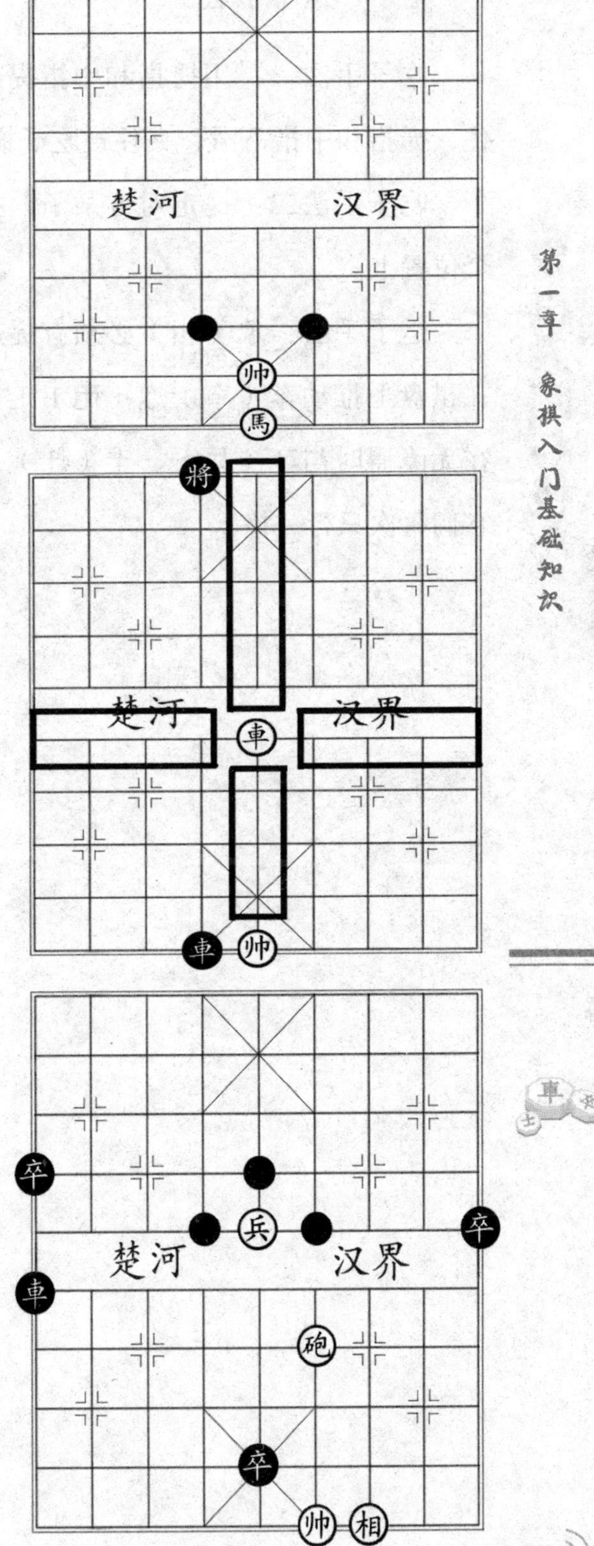

车（車）——每一着可以直进、直退、横走，不限步数。如图所示，若无阻挡，车可以走到黑框中的任意位置。

炮（砲）——在不吃子的时候，走法同车（車）一样。吃子时，则必须隔一个棋子（无论是哪一方的）跳吃，即俗称“炮打隔子”。

卒（兵）在没有过“河界”前，每着只许向前直走一步；过“河界”后，每着可向前直走或横走一步，但不能后退。如图中的“兵”可移至图中黑点处。

此处，向彼行曰“进”，向己行曰“退”。

吃子、运子手法

吃子手法一：用拇指和中指提起己方某子放在被吃子上，用食指按住，拇指和中指下滑，夹住被吃子撤出。

吃子手法二：提走对方某子，提起己方某子落在提起对方某子的那个位置上。

运子手法：象（相）必须有提起有落下，避免碰动其他盘上子。如在棋盘上推动车（車）炮（砲）走棋，起手后不得二次触摸。马（馬）在无障碍时与卒（兵）、士（仕）、将（帅）可以推动棋子走棋，因为它们每次只行一格。

第二章

象棋中各种术语和基本应用

第一节 将

将军、应将、将死

一方的棋子攻击对方的将（帅），并在下一着要把它吃掉时，称为“将军”，或简称“将”。被“将军”的一方必须立即“应将”，即用自卫的着法去化解被“将”的状态。如果被“将军”而无法“应将”，就算被“将死”。

应将的方法主要有：吃掉对方进行“将军”的棋子，或将棋子将（帅）从被攻击的位置上避开。

用自己的棋子置于对方“将军”的棋子和自己将（帅）之间，俗称“垫将”。遇到对方炮“将”时，还可以把己方被当作炮架子的棋子撤开。遇马“将”时，还可以用己方的棋子蹩住马腿。

第二节 胜、负、和

1.对局时，一方出现下列情况之一，就算输棋，对方得胜。

（1）将（帅）被对方“将军”而无法“应将”。

（2）轮到走棋的一方，将（帅）虽没被对方“将军”，却被禁在一个位置上无路可走，同时己方其他棋子也都不能走动，就算被“困毙”，也叫“欠行”。反之，利用对方欠行而胜，则对方被称为“困毙”。

（3）在规定时限内未走满应走着数。

（4）超过了该次比赛规定的因迟到判负的时限（一般定为十五分钟）。

（5）走棋违犯禁例，应当变着而不变。

（6）在同一局棋中，单方面出现第三次“违例”。

（7）因违犯纪律被判输棋。

（8）自己宣布认输。

2.对局时，出现下列情况之一，就算和棋。

（1）属于理论上公认的双方均无取胜可能的局势，双方均可提议作和。提议作和应使双方机会均等（只有三次）。先提出者如被对方拒绝（口头不同意，或走出轮走的一着棋，均为拒绝），不得再度提出。经数着后，拒绝方可以再度提议作和。只要是一方提和，另一方已宣告同意，双方都不许反悔。此外只能在提和后，方可按动对方的计时钟。

（2）双方走棋出现循环反复已达四次，符合“棋例”中不变作和的有关规定。

（3）符合“六十回合规则”的规定时。

第三节　其他象棋术语

1. 对局——双方下棋称“对局”，亦叫“对弈”。

2. 全局——指对局的全部过程包括“开局”“布局”“中局”“尾局”四个阶段。

3. 局面——对局中某一阶段双方棋子分布的状态。通常包括“先手”“后手”“优势”“平稳”“对攻”“复杂”“均势”等。

4. 开局——黑方行第一着棋后的棋图。一般常使用的开局种类有20多种。

5. 布局——前九回合双方棋子分布的状态图形，大概有1000多种。

6. 胜势——对局中，局势大体已定时，胜利在望的一方可称为“胜势”。

7. 胜定——对局中，一方多子并占优势；另一方少子，又无手段反击和变化，形成必败的局势。其中多子并占优势的一方称此棋局为“胜定”。“胜定”方没有巧胜的快着，但应注意预防偷袭。

8. 绝杀——对局中，一方下一着要将死对方，而对方又无法解救时，称“绝杀”。

9. 羊角士——把士（仕）支在“九宫”上角，称“羊角士”，是防守的一种方法。

10. 花士象或花仕相——对局中，双士象或双仕相在线联防时左右分开的一种形式。

11. 单缺士（仕）——对局中，某方有双象（相）而缺一士（仕）。

12. 单缺象（相）——对局中，某方有双士（仕）而缺一象（相）。

13. 高卒（兵）、低卒（兵）、底卒（兵）——卒（兵）过河界后，进入对方第二条横线即“卒林线”（“兵行线”）时，称为“高卒（兵）”；进入对方第三、四条横线时，称为“低卒（兵）”；到达对方底线的卒（兵），称为“底卒（兵）”，又称“老卒（兵）”。

14. 闲着——也称“停着”，是一种适宜于对局相持阶段的着法。走子不起进攻作用，目的在于等待时机。因不是连续威胁对方，属允许着法。

15. 等着——一种适宜于对局相持阶段的着法，目的在于等待时机。有时与“闲着”相仿，但较为积极，稍具进攻作用。

16. 空着——也称“废棋”，指对局中一方走出的毫无作用的一着。走出空着的一方往往不仅损失了一步棋的时机，甚至会导致局势不利而遭败。

17. 叫吃——甲方走一着棋后，对乙方某主力棋子产生被拿掉的形式，则甲方对乙方来说称为“叫吃”。“叫吃”的名称很多与取代位置的棋子有关。

18. 杀：用车（車）叫吃对方子（称车为刀）；

打：用炮（砲）叫吃对方子；

踩：用马（馬）叫吃对方子；

飞：用象（相）进吃对方子；

舔：用将（帅）吃对方子；

拱：用卒（兵）叫吃对方子或前进；

支：用士（仕）叫吃士（仕）上方的对方子；

捭：将（帅）向4、6路平行进；4、6路将（帅）回中线。

19. 甲方走一着棋后，拿走了乙方某子，则甲方这一动作统称作“吃”。“吃”的名称与“叫吃”的名称一样，与取代位置的棋子有关。

20. 巧胜——残棋阶段，由于先行而制胜的，称巧胜。

21. 巧和——残棋阶段，由于先行而成和的，称巧和。

22. 例胜——残棋阶段，胜方不分先行和后行都能制胜，称例胜。

23. 例和——残棋阶段，无论哪方先行，都成和，称例和。

24. 有杀对无杀——对局中，一方进攻有力，需要技巧；另一方进攻无力但可以寻求和机，这样的残局棋称作有杀对无杀。

25. 直角士象（仕相）——士象（仕相）呈现直角。

26. 形象排局——棋盘上呈现字形或图形的排局叫形象排局。这类排局要求构图工整，着法美观、精彩，少用沉子。

27. 连照杀局——排局的一种形式，先走方采用连续叫将，进而一鼓作气得胜。这类排局要求构图惊险，形势剑拔弩张，着法经常紧凑精妙。超过30“将军”的为超长连照局。

28. 江湖排局——也称江湖残棋，主要产生于民间，也是民间象棋艺人走南闯北走江湖的谋生手段。这类排局马力不多，但局面或精巧或美观，局势或凶险酷炫或惊心动魄，乍看可简单带胜，其实陷阱多多，变化复杂，棋路深奥曲折。

29. 一子排局——是连照杀局的一种特有形式，结局时红方只剩一个可过河子，而且将被将死，其余是自阻。也称为“一子定乾坤”。

30. 象棋飞刀——凡在36回合内将死对方的全棋局，称胜方为飞刀。其特点是短、捷、快。

第三章

象棋基本杀法和战术介绍

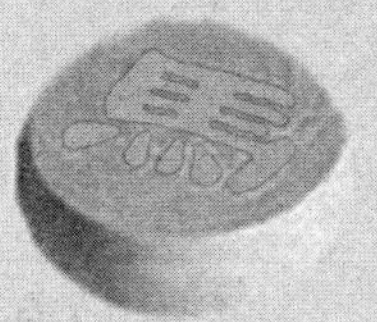

第一节 象棋基本杀法

对面笑

利用双方将（帅）不得对面的规则做成杀势，称为对面笑杀，这在蛮战对局中是屡见不鲜的。对面笑杀亦名白脸将杀。

双车错

当一方将（帅）暴露在外时，对方利用双车分占了两线，前后照将或左右照将可形成双车交错的杀势。

双车胁士

当一方双车侵入对方“九宫”两肋时，利用弃车强行杀士（仕）构成杀局，称为双车胁士杀，这在实战对局中极为常见。

挂角马

借助中炮、中车或将（帅）镇中的力量，牵制对方中士的活动，然后用马到对方士角挂角将军，此种把对方将死的杀法称挂角马杀势。

八角马

用马在对方士角挂角将军，把对方的将（帅）逼到与角马成对角“田”字位置时，即成“八角马”。这时再用车或其他棋子从纵向或横向照“将”，即成八角马杀势。

卧槽马

行进到对方底象前一格位置的马，叫“卧槽马”。这时如有车或其他棋子配合，可成卧槽马杀势。这是实战中常见的杀法。卧槽马既可“将军”又能抽子，是运用广泛的基本杀法之一。

钓鱼马

马在对方的3、7路直线，3路横线，与将（帅）之间的相对位置状如双象连环时，称为“钓鱼马”，是使将（帅）不能左右平移的等杀法。

侧面虎

一方的马与对方将（帅）之间的相对位置状如双士连环时，称为“侧面虎”，是使将（帅）不能远平移和远直移的等杀法。

列马车

把马行进到与对方将（帅）成“田”字格的对角位置上，然后再用车占中将死对方，称为“列马车”。

打滚马

打滚马也称“双马饮泉”，是指双马齐聚一侧发动攻势的一种杀法。双马方先把一个马行进到对方“九宫”侧翼位置控制将门一侧，而另一只马挂着这只马卧槽，利用抽将吃象退马中路，然后再到另一侧卧槽成杀势。

马后炮

先用马控制住对方的将（帅），然后用炮在马后照将，以杀死对方的杀势，叫马后炮杀。也可先用炮放于将（帅）的同一横线上，然后用马在炮前垫“将”，以杀死对方。

重炮杀

一方的双炮与对方的将（帅），在一条横线上，把对方杀死的杀势叫重炮杀。

天地炮

一方用一炮镇中，另一炮沉入对方底线，用车配合双炮成杀，叫天地炮杀势。

闷宫

一方用单子借助对方双士自阻将（帅），把对方将（帅）“将死”的杀法。

闷杀

一方采取弃子堵塞战术，有意识地阻塞对方将，进而合路造成各种闷杀。当一方的将（帅）被叫将时因被己方棋子阻挡而无法逃往别处，或被炮叫将时己方的炮架子因被阻挡而无法抛开（此时将帅也没法逃到安全位置）的局面均叫作闷杀。

双将

一方利用己方走棋的半回合内，使己方的两个棋子同时对对方形成叫“将”的方法叫双将，这是比较凶的一种“将”法。

铁门栓

一方用炮镇住对方中路的士象（仕相），再用车死对方将（帅）的杀法，叫作“铁门栓将”。

大胆穿心

大胆穿心又称“小刀剜心”，这是车在其他子力的配合下，硬杀对方中心士，从而摧坚陷阵，将死对方的杀法。

二鬼拍门

一方的双卒（兵）侵入对方“九宫”禁区，分列对方中心士的两旁，即分占4、6路两条肋道，有火并中士、逼杀将（帅）的作用。因兵卒有“小鬼”之称，故这种杀势称“二鬼拍门”。

三子归边

一方将车、马、炮等三个进攻性的棋子集结在一起，在对方的侧翼（左翼或右翼不限）发起进攻，进而将对方的将（帅）捕杀的杀法。俗称的“三子归边”一局棋，便是指这种杀势的厉害。

夹车炮

单车双炮配合，在对方2、3横线组成杀势，称为夹车炮杀势。

夹马炮

单马双炮配合，在对方2、3横线组成杀势，称为夹马炮杀势。

夹马车

马车配合，在对方2、3横线组成杀势，称为夹马车杀势。

三车闹士

残局阶段，用两车一卒（兵）攻入对方“九宫”，对士（仕）进行攻击，杀死对方将（帅）的杀势，称为三车闹士。

三进兵

通过“将军”等手段连续推进几步卒（兵），这种在其他子力支持配合下，以卒（兵）为主要进攻子力的杀法就称为三进兵。

仙人背剑

象棋中，兵和卒被称为“仙人”。棋局中卒（兵）临城下，弃炮看“将”，称“仙人背剑术”。

海底捞月

残局阶段，车占对方底中，用对方将（帅）作炮架，把对方守肋车打掉的杀法即称为海底捞月。

炮碾丹砂

用炮攻入对方底线，借助车九或其他子力，左右翻飞，辗转扫荡对方士、象，从而构成杀势的杀法即称为炮碾丹砂。

猴拉马

用己方的骑河炮借对方的河口卒（兵）控制对方的巡河车和河头马，称为猴拉马。

第二节　象棋基本战术介绍

捉双

捉双也叫一箭双雕，躲一躲不了二，必失一子。捉双战术可得子。

双重威胁

己方活动一子以后，同时给对方两个方面的威胁，如一面捉子，一面威胁将死，或同时从两个方面给以将死的威胁，等等，即叫双重威胁。双重威胁是象棋基本的战术之一，攻势较凶。

闪击

当一方两个棋子，一前一后和对一个棋子位于同一条线路上时，居于中间的棋子突然闪开而露出后面的棋子攻击对方棋子的战术便叫闪击，是象棋常用战术之一。

闪将

类似于闪击，一方闪开一子露出后面的棋子攻击对方的将（帅）的战术便叫闪将。

抽将

类似于闪将，闪开一子露出后面的棋子攻击对方的将（帅），同时，闪开的子吃掉对方的有根子，叫抽将，也是象棋常用战术之一。

引离

用弃子或兑子手段，把对方某个棋子从重要位置上引开的战术叫引离，也称为“调虎离山术”，一般是每局必用战术之一。

吸引

用弃子手段，把对方某个棋子从重要位置上引到闭塞处的战术叫吸引，同属“调虎离山术”，一般是每局必用战术之一。

堵塞

对局中的一方采取弃子手段，使对方子力自行阻塞其将（帅）出路，或者运子阻塞象（相）眼、象（相）路的战术称为堵塞。堵塞可破坏对方联络，是常用战术之一。

拦截

一方用弃子手段切断对方子力之间的联络或者阻塞对方进攻路的战术称为拦截。

牵制

牵制是使对方子力不能及时发挥作用，进而限制对方子力自由活动的常用战术之一。

腾挪

腾挪是指移动自阻的己方子，进而打开通路的战术。

封锁

用己方子力封锁棋盘上的某条线路，使对方子力不能越过，从而限制对方子力的发挥的战术叫作封锁战术。

借力

借用己方某子力力量或作用，运动另一子展开攻杀的战术称为借力。其表现形式主要有借炮使马、借炮使车、借炮使兵、借车使马、借车使炮等。

迂回

一方在进攻不易得手的情况下，有意识地组织子力转向敌后，进行攻杀或捉子的战术称为迂回。

交换

清洁棋面，打开通路，组织新的进攻或防守的战术。

顿挫

一方先在某处停顿，采取逼迫性的手段（如伏杀、闷杀、抽将、捉吃等）作为“垫步”，以达到预期目的（如牵制、闪击、交换等），然后有节奏地进行转将，赢得先手的战术便叫顿挫。

等着

先手方走的看似无用棋，实质是利用对方小欠行为进攻作准备。

困子

把对方主力控制在辖区内，使其不能发挥作用。

困毙

虽无法直接制敌以死，但利用各走一着之规定，使对方欠行，进而使对方输棋的战术。

第四章

象棋的局

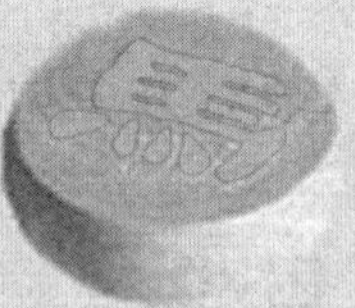

第一节 子力

子力价值是对各兵种在通常情况下的实力估计，是作为棋子交换时衡量双方得失的尺度。

各兵种的实力估计

车、马、炮：棋盘诸点，任其纵横，乃作战之主力军，称为“强子”。一般而言，车的战斗力最强，马、炮次之。

仕相（士象）：循规蹈矩，不越河界，乃防御之警卫军，称为“弱子”。

卒（兵）：过河前实力最弱，过河后随着位置不同，其实力难以定论，一般来说，当在“强子”与“弱子”之间。

各兵种之间的对比关系

车略优于双马、双炮或马炮。

一马相当于一炮，双马相当于一炮一马，双炮相当于一炮一马。

车、马、炮相当于车、双马或车、双炮。

一马（一炮）相当于双士或双象。

以上是就一般情况而论，特定的形势下，各个子力的价值可能与以上所列完全不同。

棋例

在对局中，有时会出现某种特定局势。双方着法重复、循环不变时需依据规则，分析确认是属于“允许着法”，还是“禁止着法”，判定应由一方变着，不变作负；或是双方均可不变，不变作和，从而保证比赛顺利进行。据以判决这些特定局势的有关规则条例，就叫“棋例”。棋例不是一着一势的判断，而是三着六势的判断或更多，所以要进行分析。

第二节 开局

开局口诀

先出大子，快活马腿，找好位置，想法吃子。

开局要领

在开局阶段，没有保证占先得势的“万能”布阵，任何开局变例都有它本身的优势和局限，因此在丰富多彩的布局变例中，要有意识地选择适合自己风格的套路，这样才能扬长避短，争取主动。要掌握开局基本原则，用统一的战略思想去指导自己分析、研究、判断不同的局面。

1.迅速出动大子。开局阶段抢出子力非常重要。要使每个大子都能充分发挥作用，切忌频繁地走动某一个子，以至于影响其他主力的开动，影响布局完成的速度，甚至造成布局失当，各子力之间配置失调。更不要孤军深入，以免造成被动。

2.抢占要位。重要的战略据点是兵家必争之地。哪一方抢占了重要据点，也就争得了主动，争到了控制权。因此，在开局阶段要尽快抢占重要据点。

3.子力协调。出于防守和进攻的需要，布局阶段一定要注意子力的协调性。左右两翼战斗力的配备要大体上均等。切忌出现一边子力拥塞，另一边子力空虚的局面，以致授人以隙。一旦出现薄弱环节，一定要很好地通过运子技巧弥补漏洞，不让对方有空子可钻。但有时在特殊情况下，基于某种战略目的或为了进行一场特殊的战斗，在开局阶段有意识地把子力集中在某一侧，以便向对方实施突然袭击。但这种情况毕竟是少见的，因为自己空虚的一侧也同时暴露给对方，自己也要承担很大的风险。

4.子路通畅。在开局阶段，要尽量做到保持自己的子力出路通畅。拿车来讲，车的控制威力最大，因此车的占位一般要抢占四通八达的位置，以便充分发挥作用。而双马则需要抢先挺起马头的卒（兵），以保证马路通畅，这是由于马怕蹩腿的特定条件决定的。如果自己双马的马头都被对方制约住，局势就会被动。炮的位置则是根据需要，例如，架中炮是为了从中路进攻，威胁对方中兵（中卒），三路炮或七路炮的作用则是瞄住对方7路或3路的卒（兵），同时兼窥对方7路或3路马象（相）。而八、九路炮也各有其独特的作用，需视具体情况和个人喜好而定。总体来讲，开局阶段要尽量做到子路通畅，哪一方做到了这一点，棋就易走，获胜的机会就大；反之，棋则难下，容易失败。

第五章

象棋杀法具体实操

拔簧马

拔簧马，指的是一方利用自己走棋的机会，将蹩住己方马腿的棋子移开，从而形成叫将的局面。在种杀法中，由于车可以从马那里获得进攻能量，这只马就像一个强有力的弹簧那样具有极大弹性，故而得名“拔簧马”，是非常实用且应掌握的杀法。

如右下图是拔簧马的基本排局。

拔簧马的优势在于能够利用叫将的机会，占据主动，实际上像是多走了一步棋，因为在己方叫将时，对方必定要应将，从而己方“拔”出来的那颗棋子便可以利用此次机会进行双将、抽将、作杀、吃子等攻击手段，虽说不一定一下子能将死对方，但是却可以使己方占据极大的优势。但拔簧马的缺点也很明显，拔簧马要求己方至少要布置两颗棋子进入对方的阵地，且其中一子必为马，这样就是说形成的条件非常苛刻，尤其是对于行动不算太快的“马”来说，可能要费很多的步数。另外，一旦己方的马被对方看死，拔簧马就无法实施。

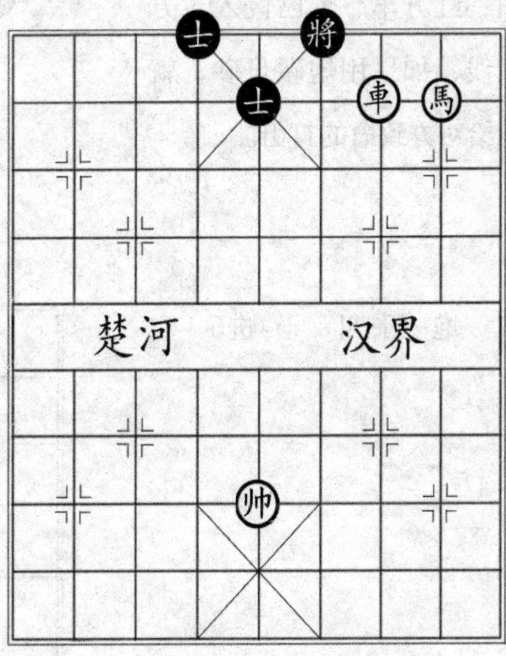

炮碾丹砂

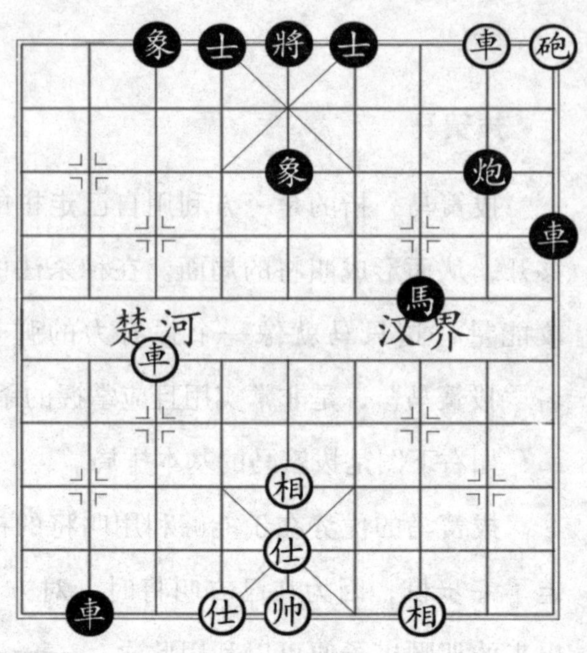

炮碾丹砂是非常实用的杀法，又可叫“打剥皮”，是指炮左右翻飞打士的一种杀法。它指一方用炮侵入对方底线，借助车力，辗转扫荡对方士（仕）、象（相）或其他子力，从而取胜的方法。如右图，红方车、炮已侵入对方底线，如果用炮碾丹砂，就能给对方致命的打击。

炮一平四　士4进5

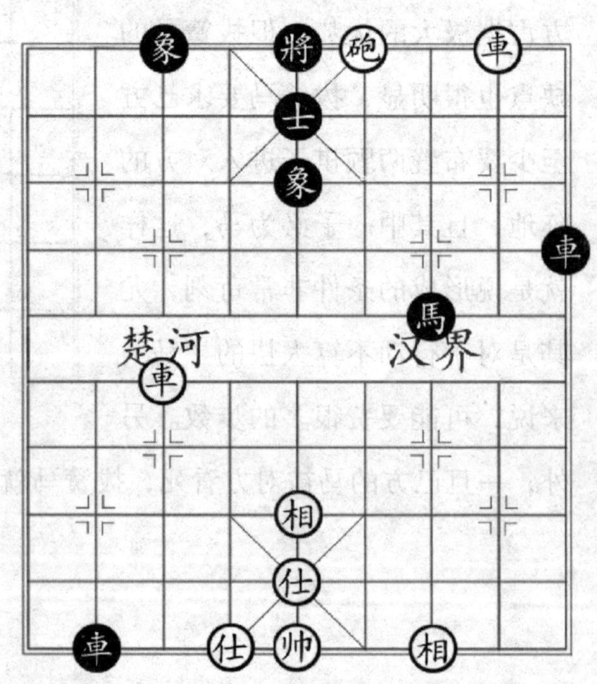

炮四平七　红方翻滚叫将，瞬间黑方防线支离破碎。

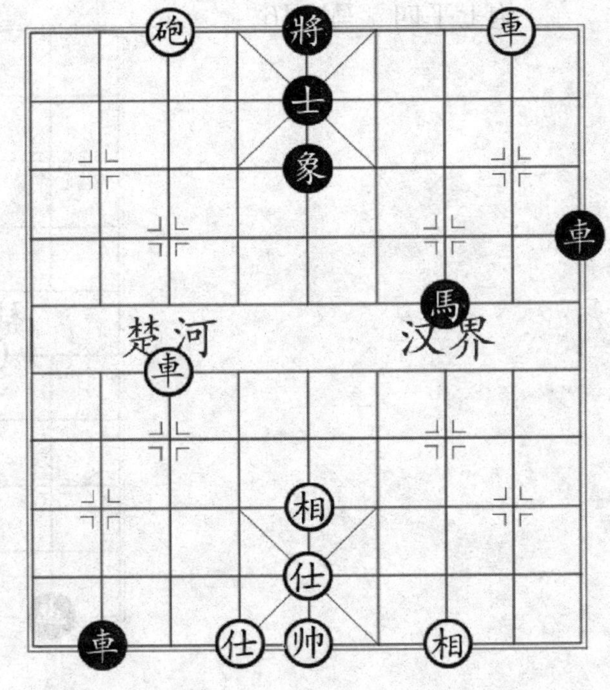

士5退6

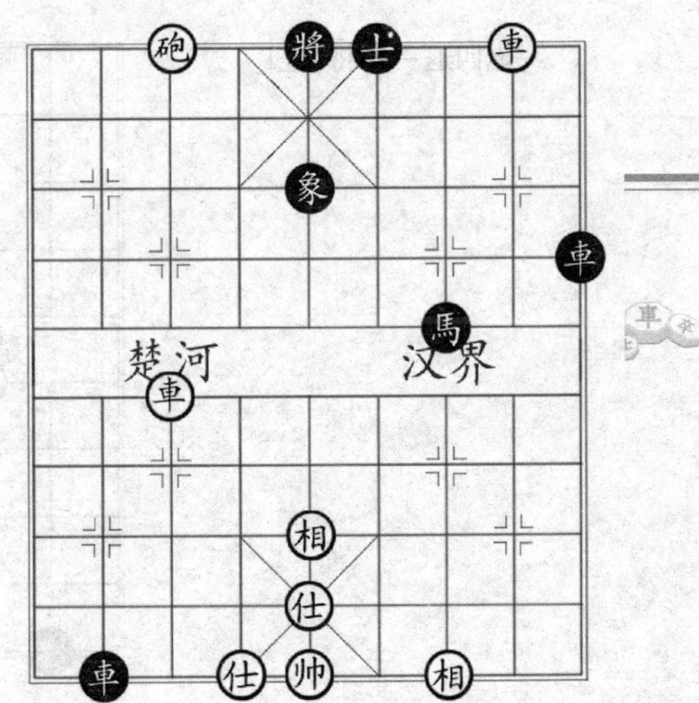

炮七平四　马7退6

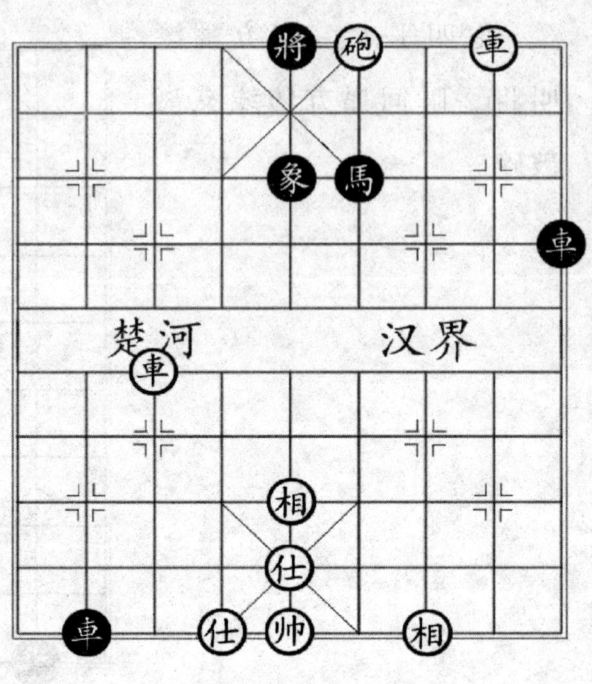

炮四退一　将5进1

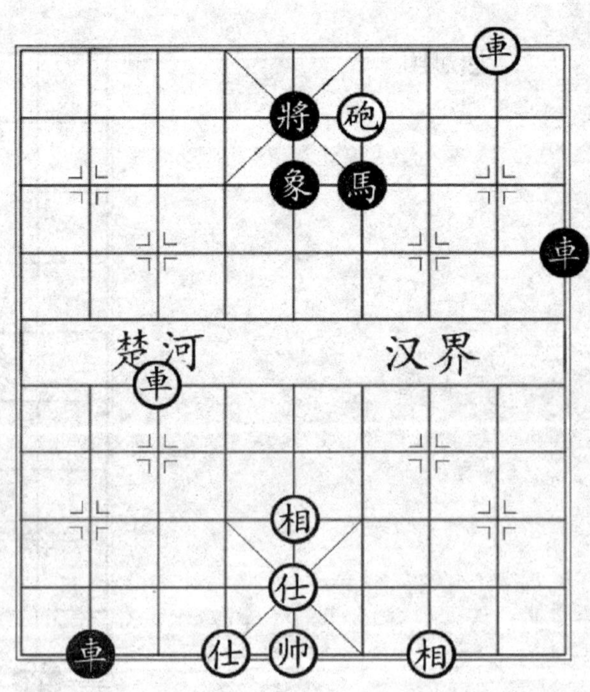

车七进四　炮碾丹砂

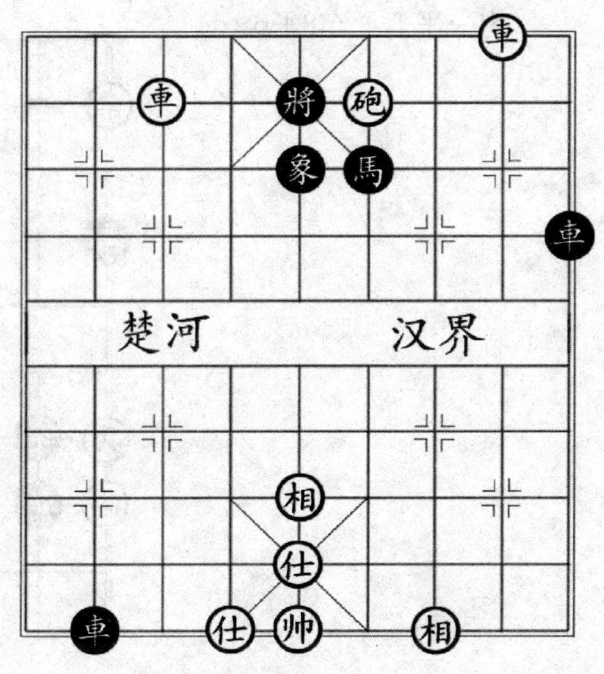

右图所示为炮碾丹砂的又一棋局。

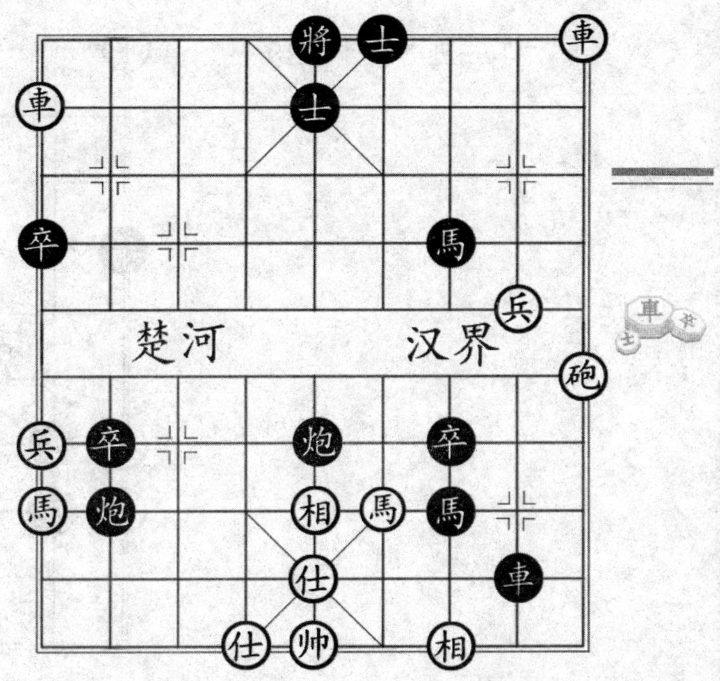

炮一平七　车8平6

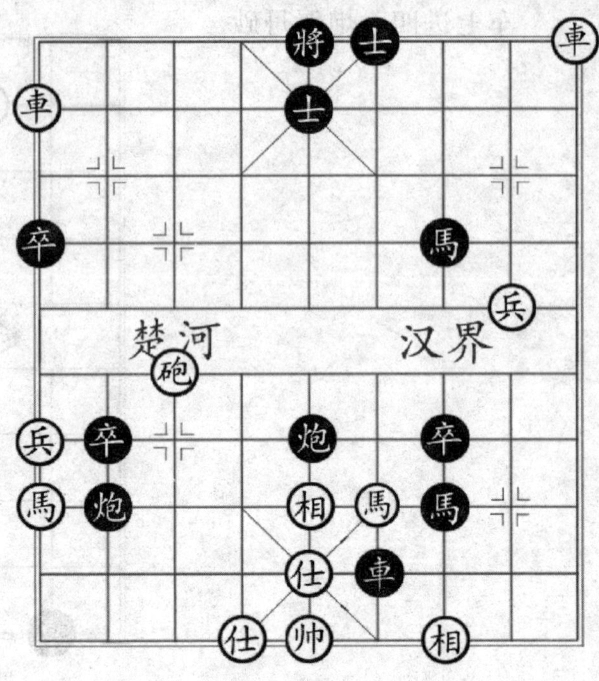

车一进一　士4退5

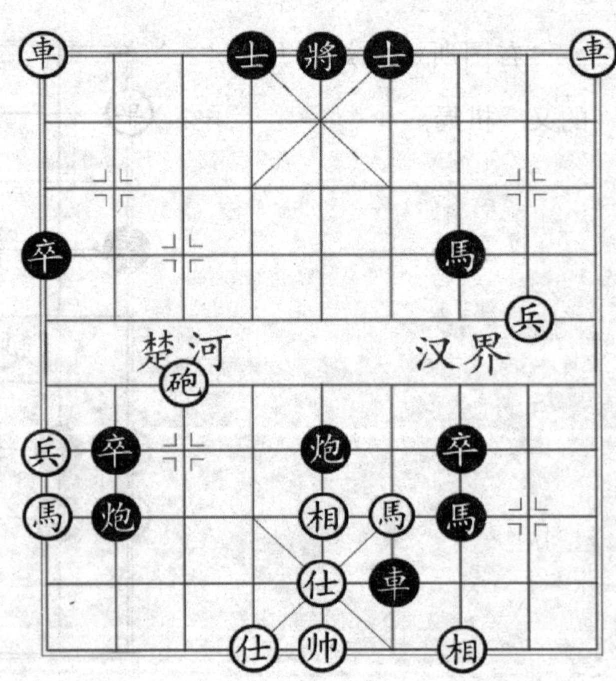

炮七进五　士4进5

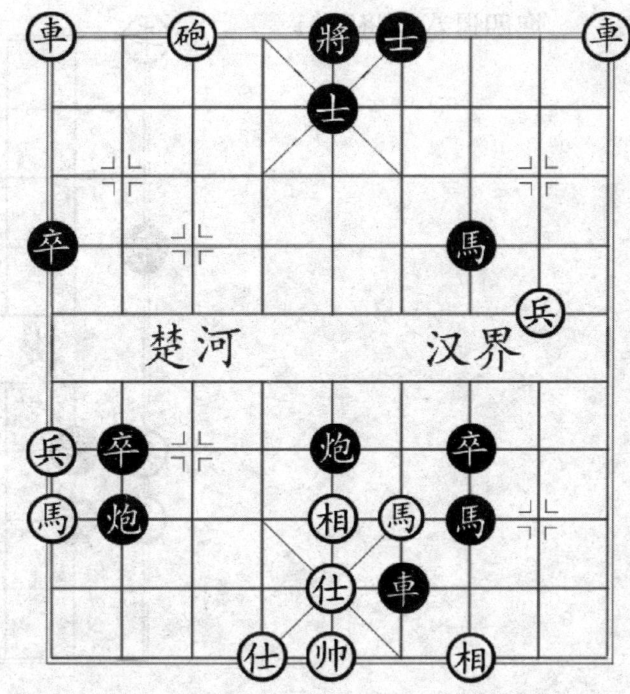

于是红方进行来回翻滚打将，如右图排局。

炮七平四　士5退4

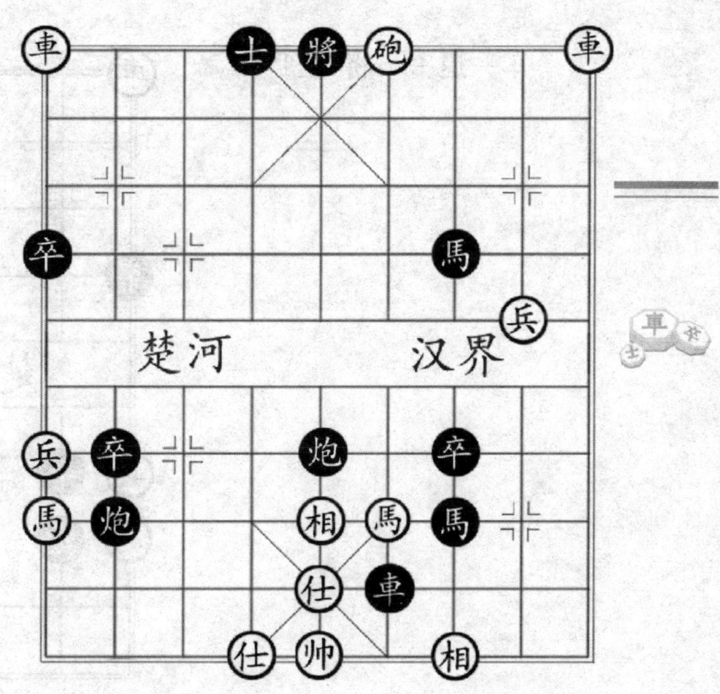

炮四退八　将5进1

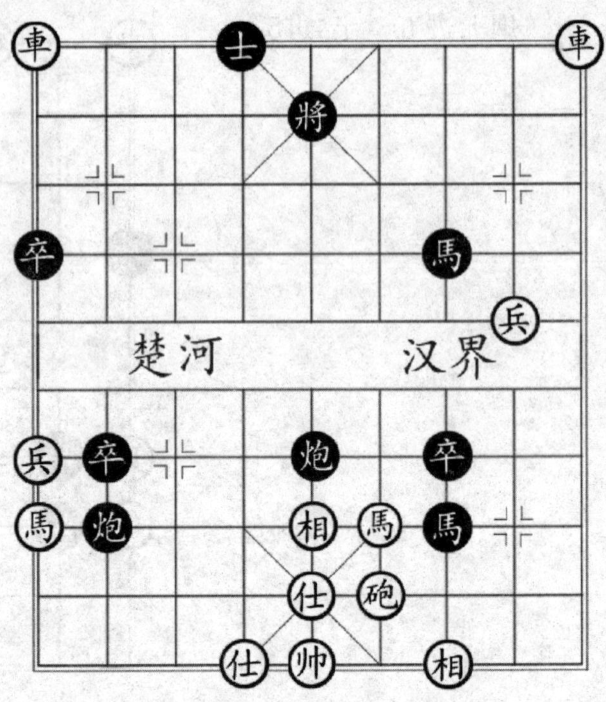

车一退一　将4退1

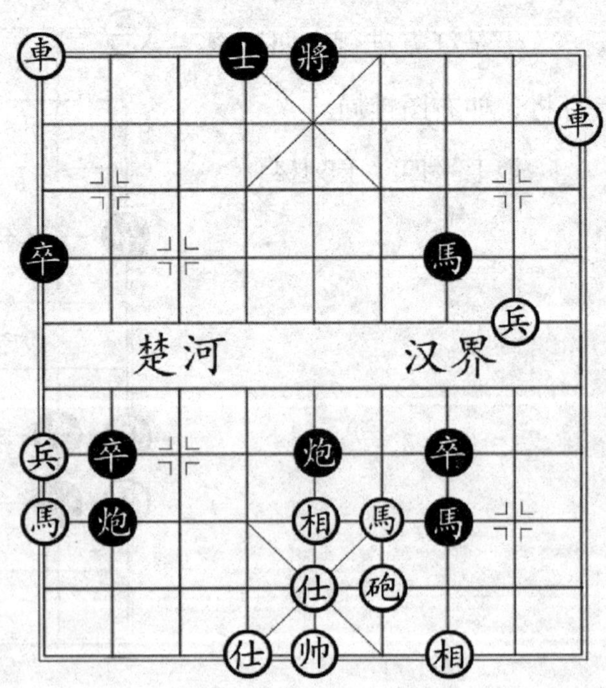

车九退一　控制横向

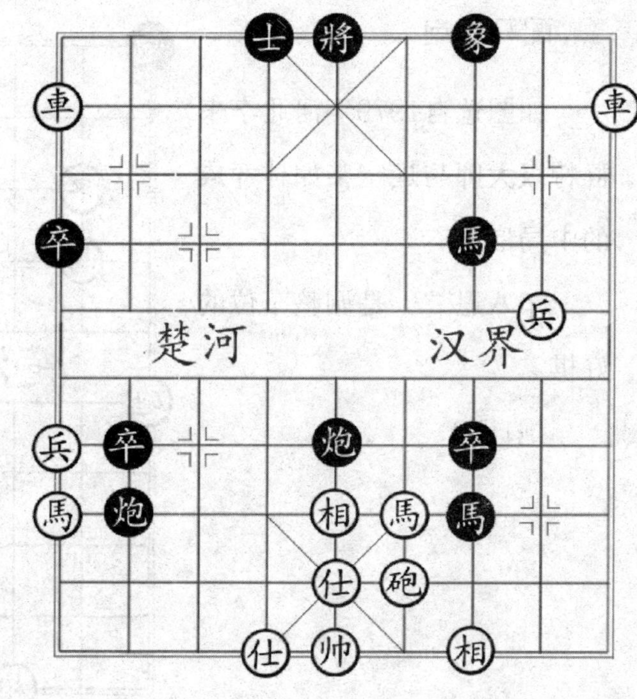

挂角马

挂角马又叫士角马，指的是一方的马在对方“九宫”的两个士上角中的任意一个对还没有移动位置的将（帅）形成叫将的局面。如右图就是挂角马取胜。

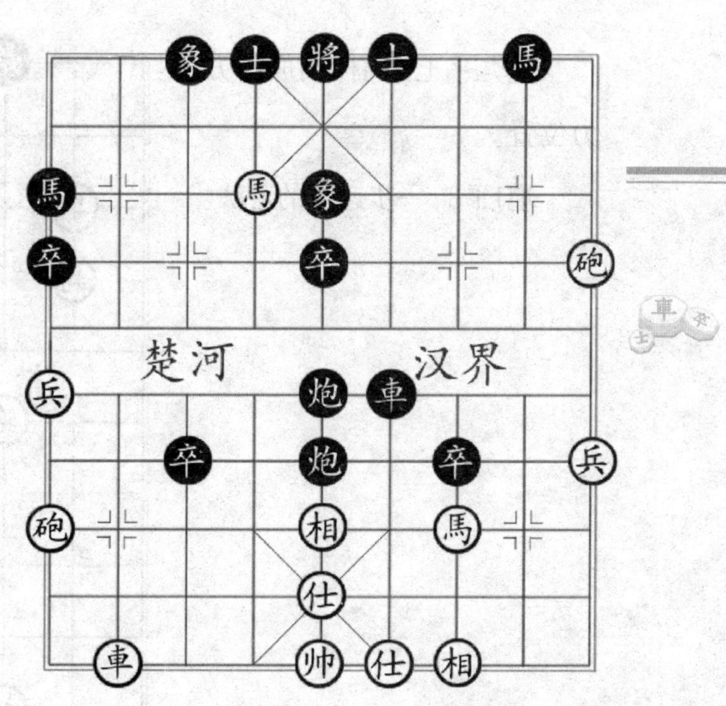

配马后炮

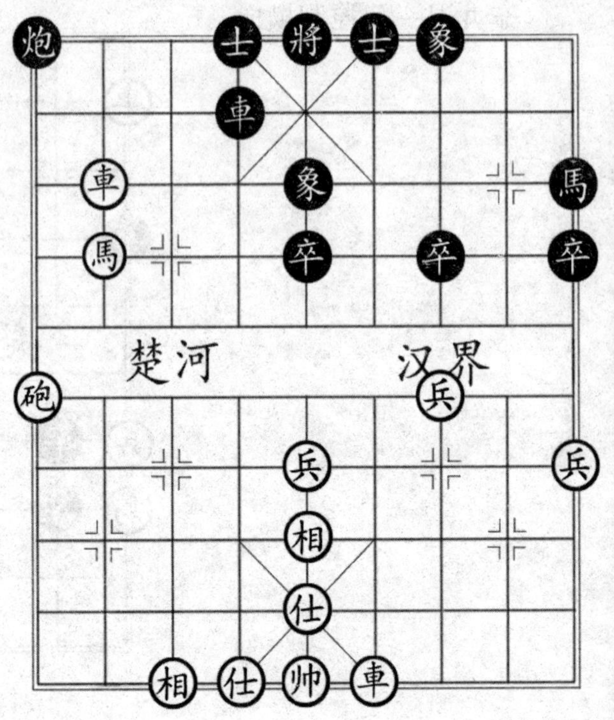

如图选自1979年河北李来群特级大师与辽宁柴如林弈成的中局形势。

车八退二　是调整车位的好棋。

炮1退2

炮九平七　同样调成己方子力位置。

炮1平3　一步速败的着法。

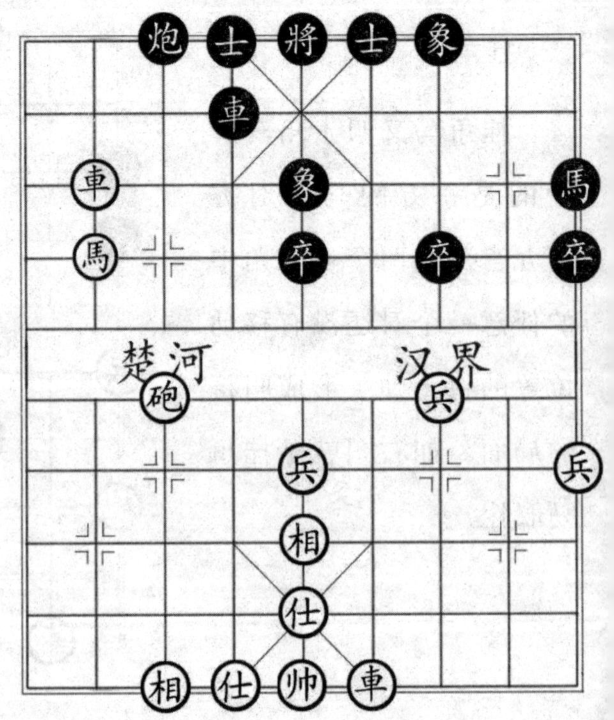

车四进八　进车弃车塞象眼。

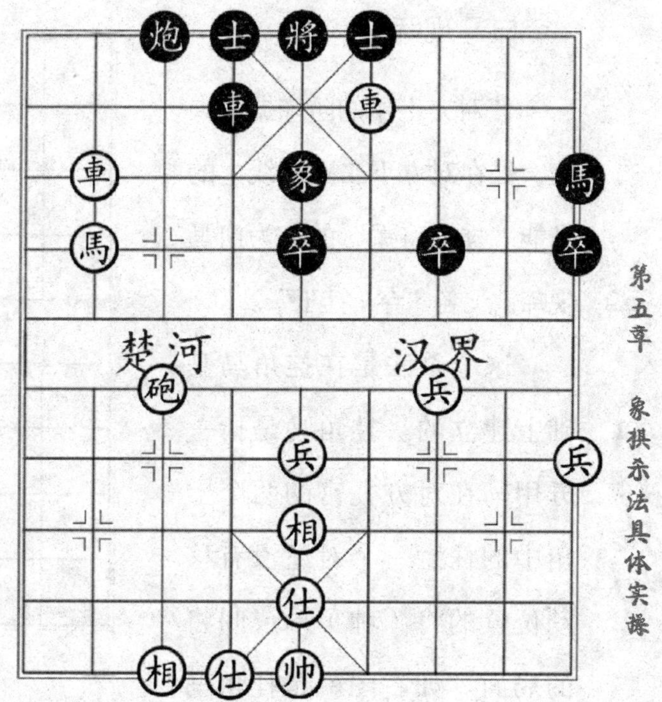

车8进1　实战中黑方走车8进1，但是红方车四平二之后就认负了，因为红方还有马八进七挂角的凶着，即红又以马得车（马八进六，车8平4；炮七平六，士6进5；炮六进四，士5进4）。

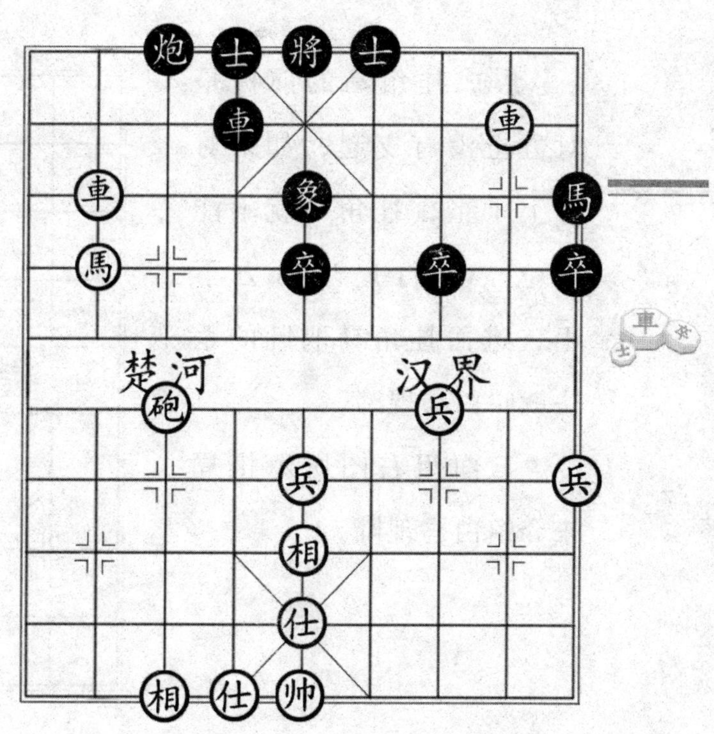

白马现蹄

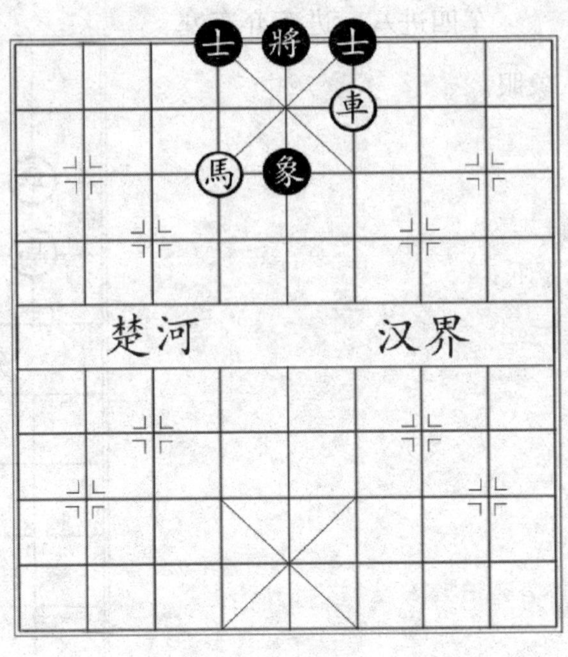

使对方士角的防守据点失控，处在对方下二路横线上的马能“挂角将军”的称为白马现蹄，又名“弃车挂玉”。

这个杀法是在挂角马基础上建立的。挂角马是指一方用马在对方九宫的两个上角中的任意一个对还没有移动位置的将（帅）形成叫将的局面。如右图就是挂角马取胜。

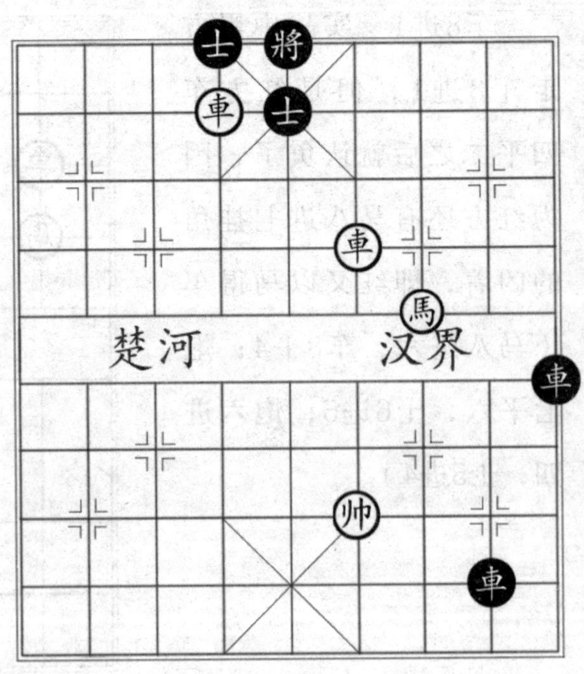

形成挂角马的前提是对方士没有支起，如果对方上了士，挂角马就不能成立。强行逼迫对方下士，进而挂角马取胜的杀法就叫白马现蹄。

下面用右图所示棋局来介绍白马现蹄。

车四进三（弃车强行逼迫对方下士）

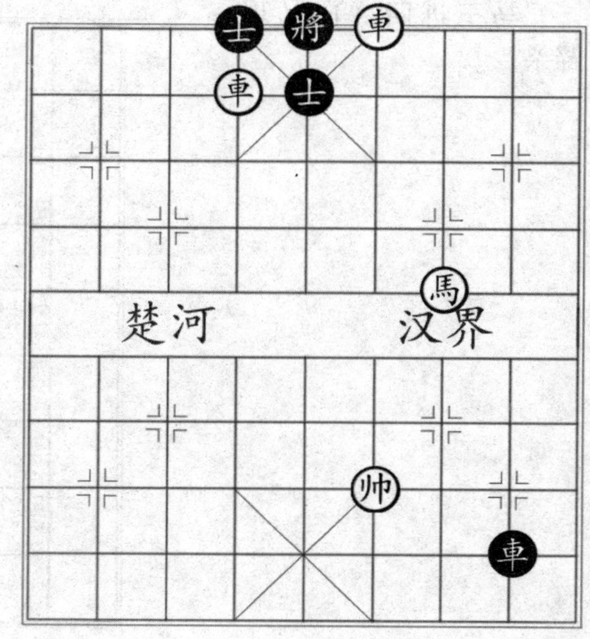

士5退6

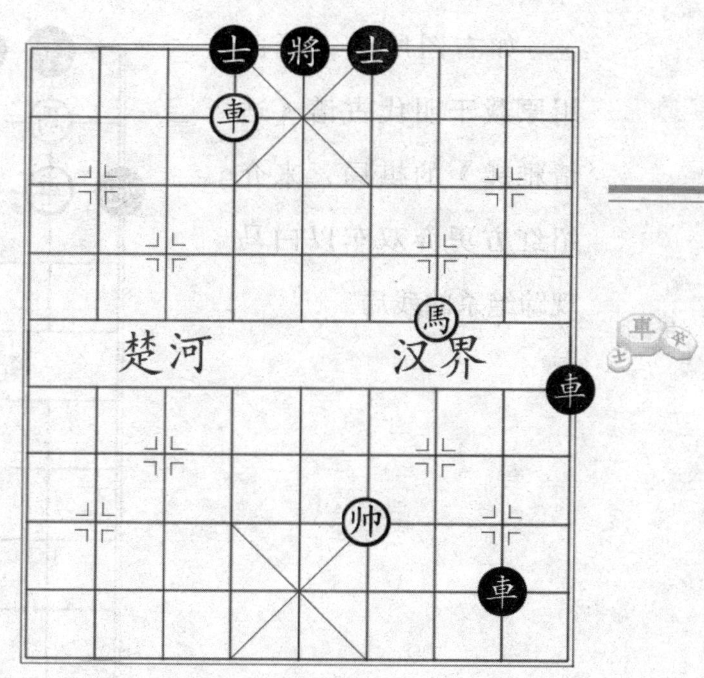

马三进四　白马现蹄杀。

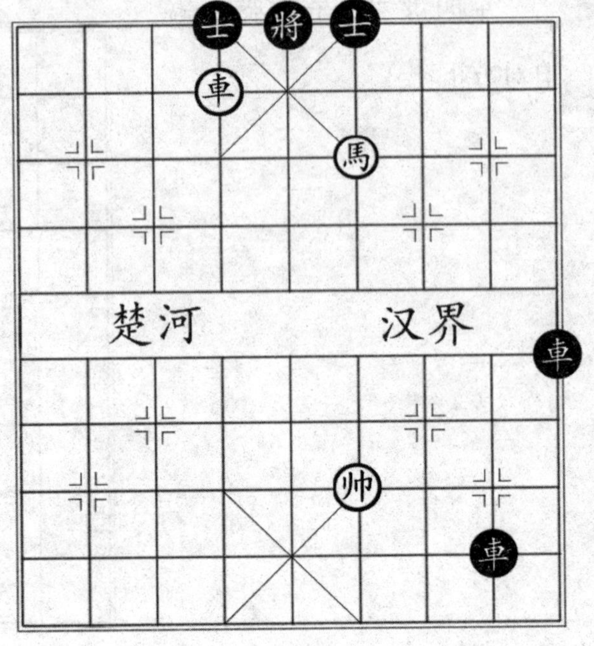

如右图所示，下面用原载于明代古谱《适情雅趣》的棋局，来介绍红方勇弃双车以白马现蹄绝杀的残局。

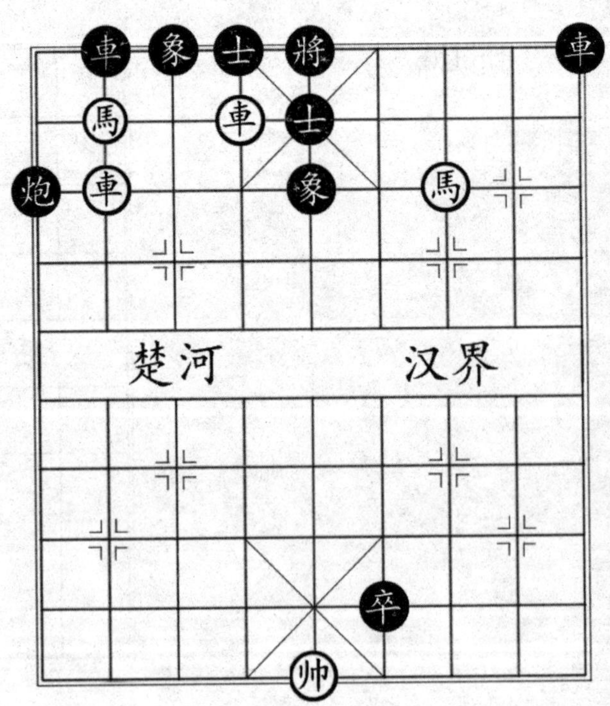

车六进一　构思出了白马现蹄杀势。

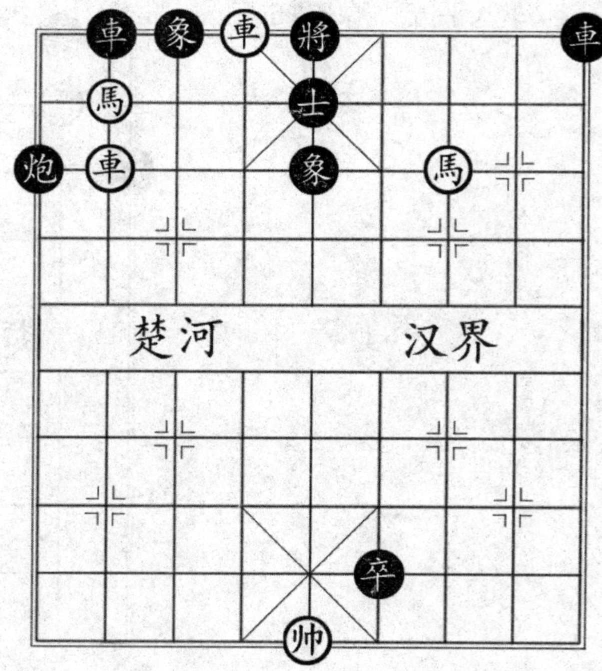

士5退4

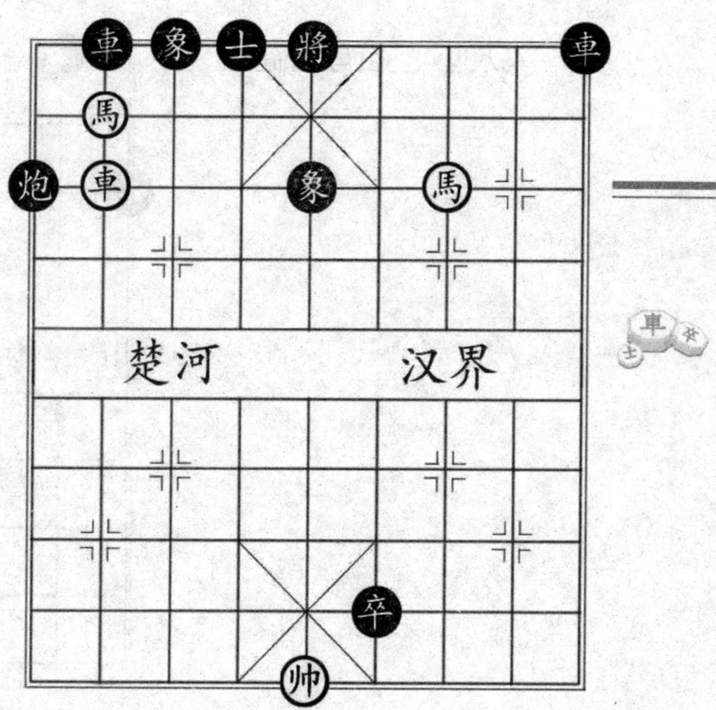

车八平五　象3进5

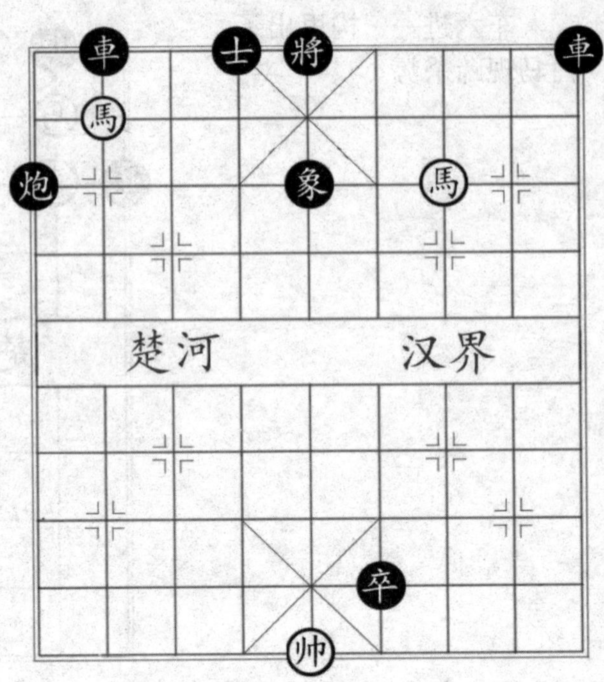

马八退六　白马现蹄杀。

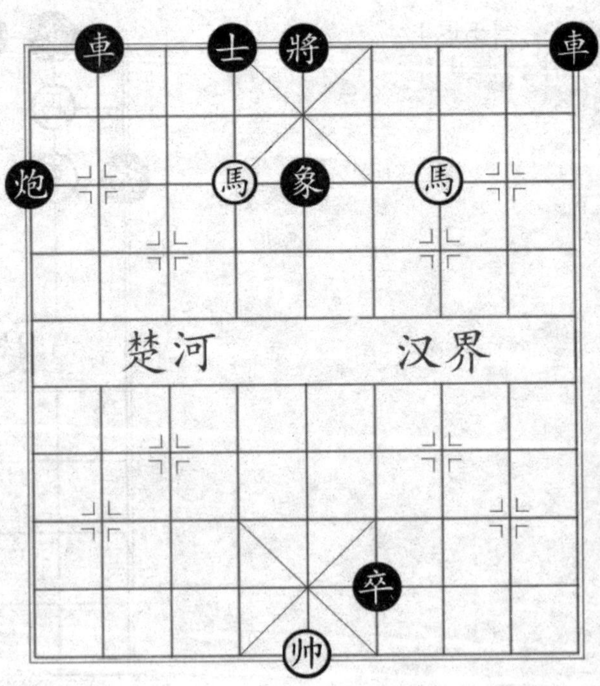

卧槽马

卧槽马是指马跳到底象前一格位置的马，既可将军，又可以抽车，是象棋里一种比较常见的杀法。

如右图所示，红方马二进三，卧槽叫将。

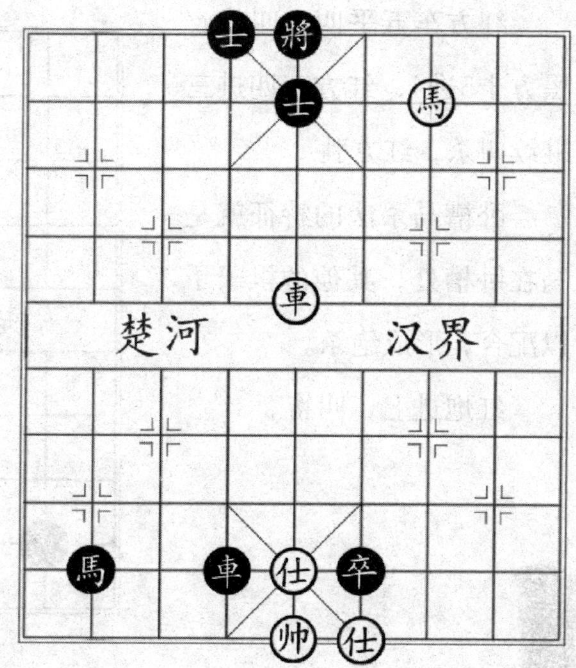

黑方将5平6应招。

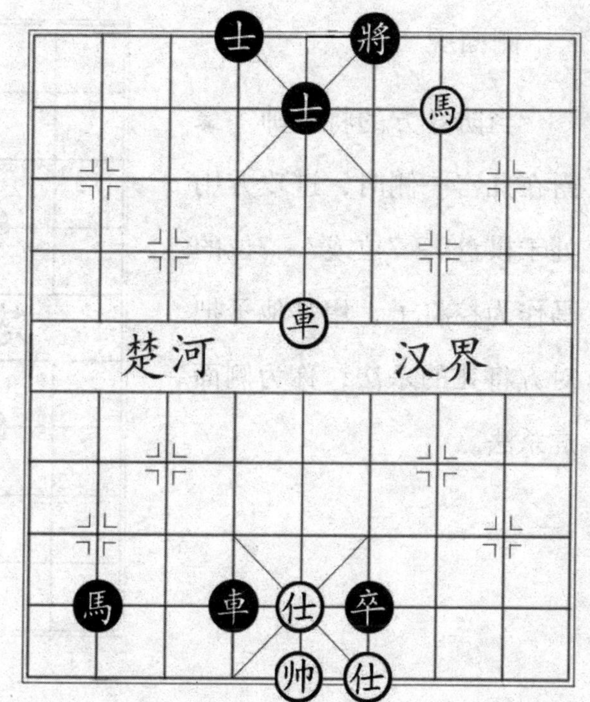

红方车五平四，叫将，黑方士5进4，红方车四进三继续叫杀，红方胜。

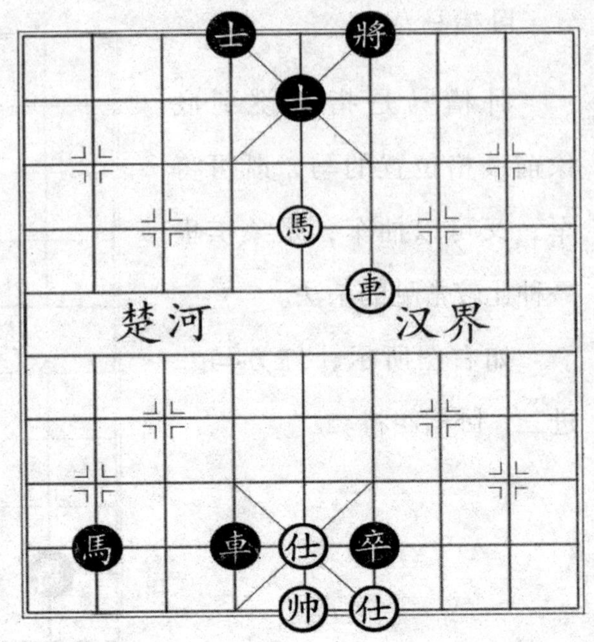

卧槽马杀法的特征就是马在卧槽处，其他的棋子予以配合，形成绝杀。

红炮进七，叫将。

侧面虎

当防守方的将（帅）暴露在九宫一侧时，进攻方用处于棋盘3～7位或7～7位的马作为控将子，用其他子把对方将死的杀法，称为侧面虎杀法。

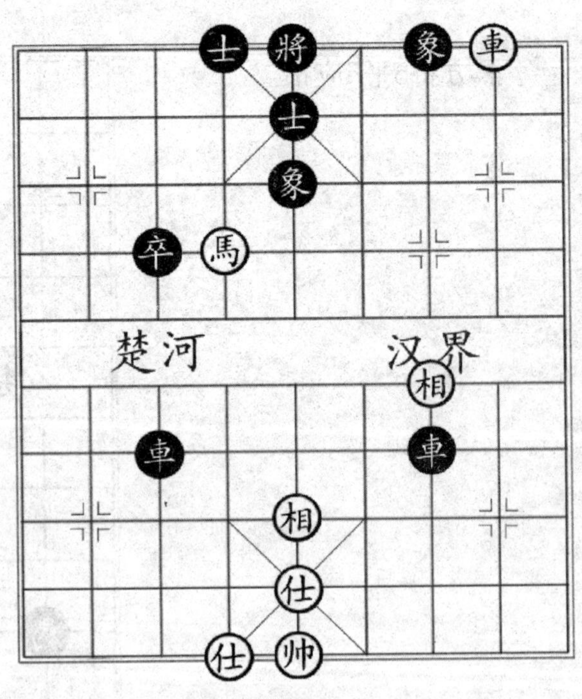

下面以右图所示棋局介绍侧面虎杀法。

红方　马六进七　将军。

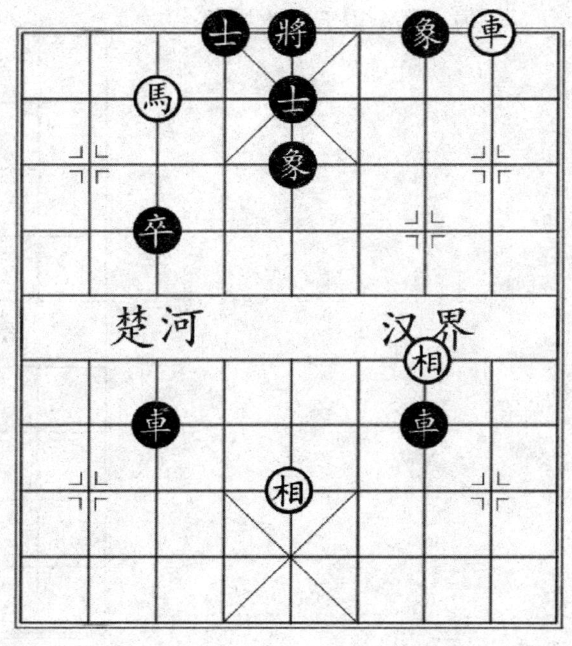

黑方将5平6闪避。

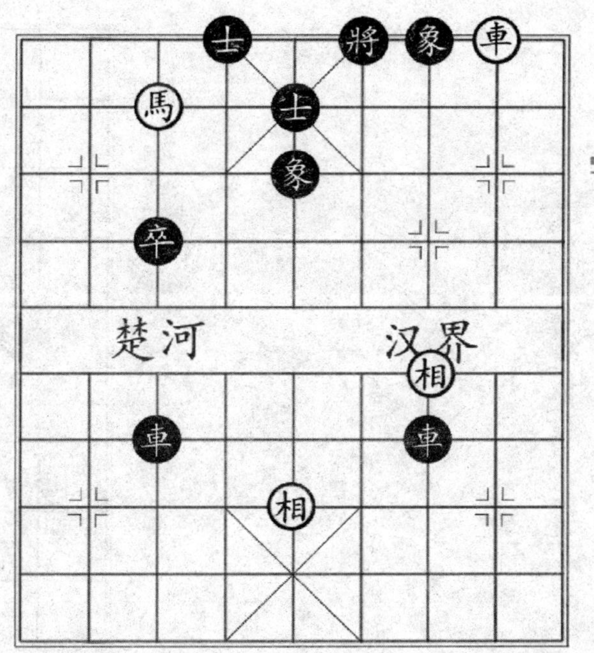

红方　马七退五　吃黑象。

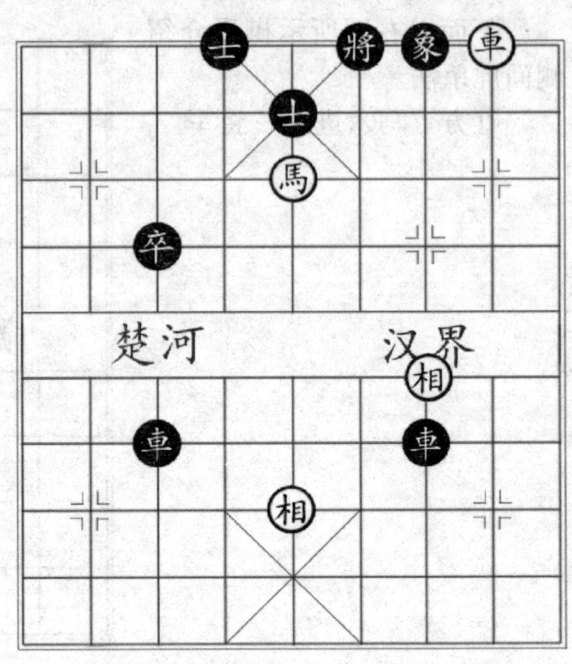

黑方　车3平6

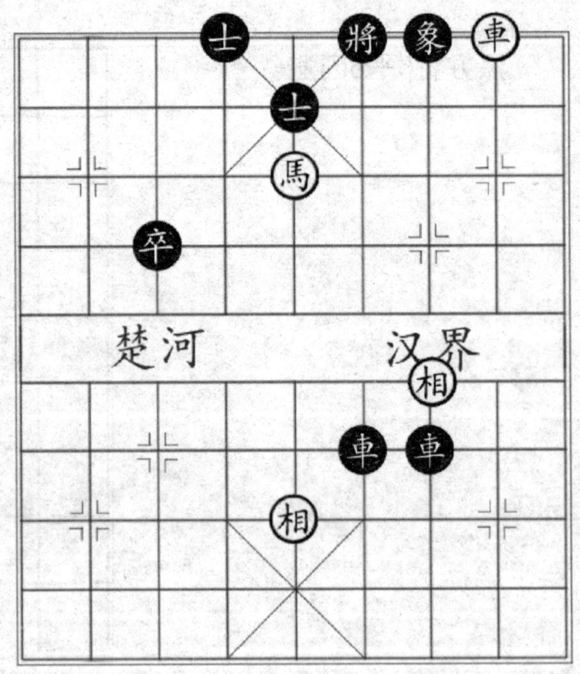

红方　车二平三　吃象将军。

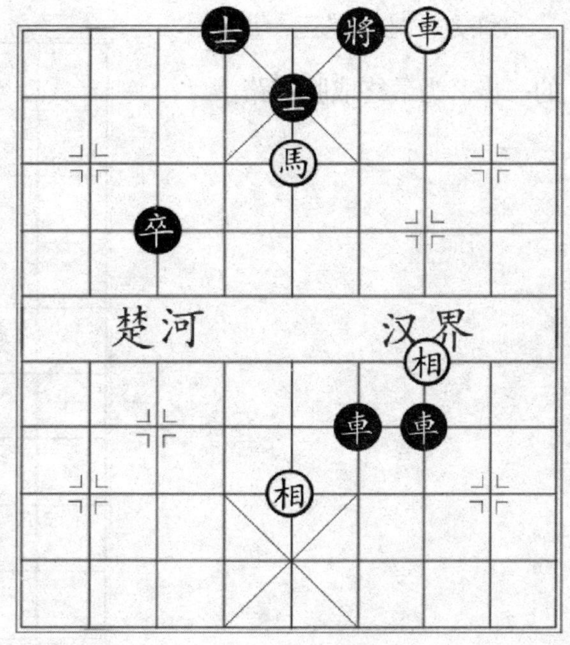

黑方　将6进1　躲避。

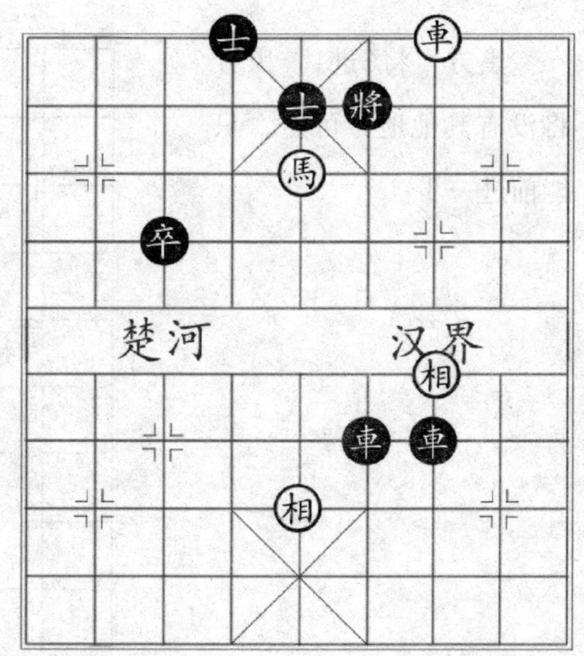

红方　马五退三　重要的一步，为最终取胜铺路。

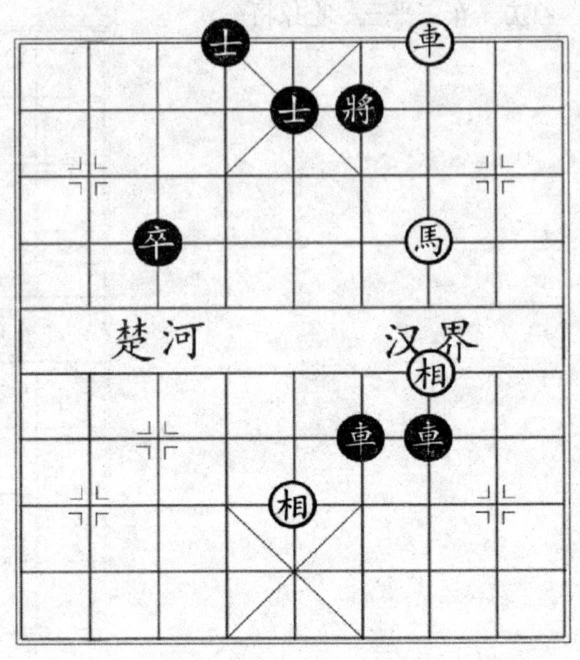

黑方　将6进1　黑方将没有其他地方可走，只能前进一步。

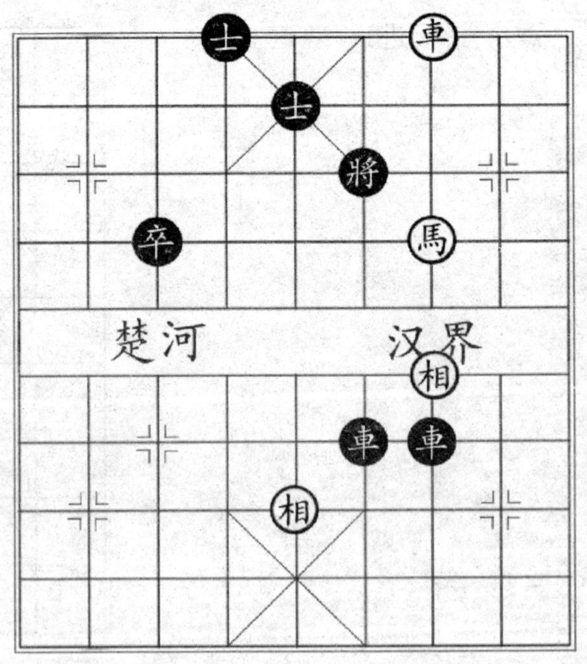

红方　车三退二将军。

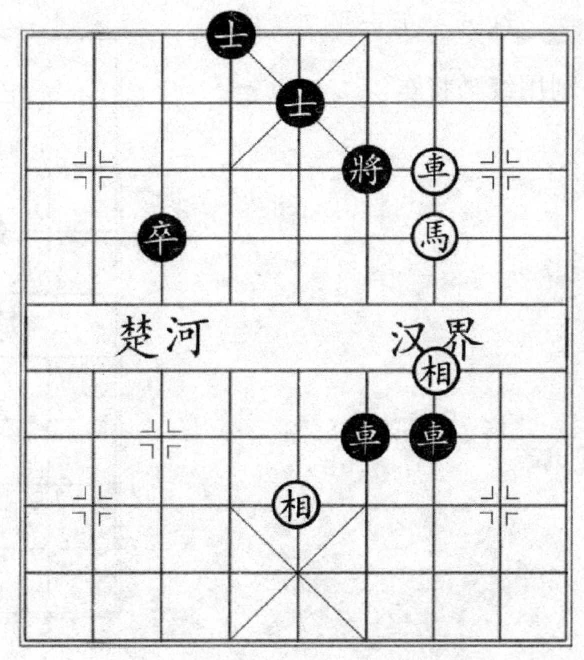

黑方　将6退1　无奈之举。

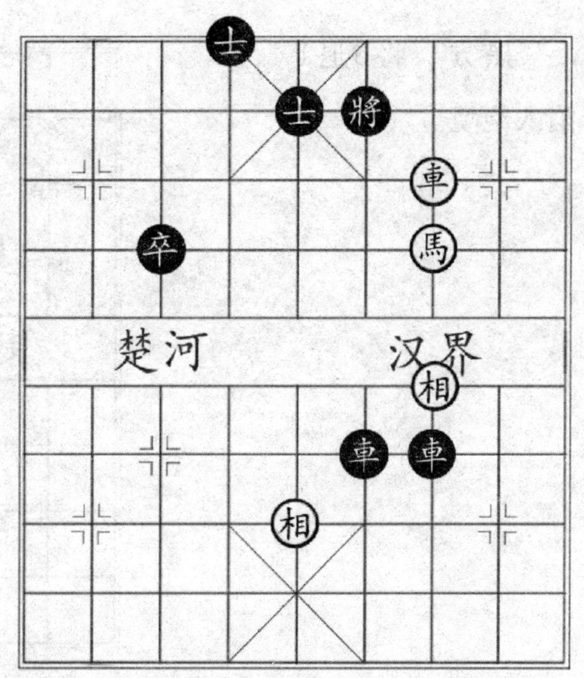

红方　车三平二

利用红马将军。

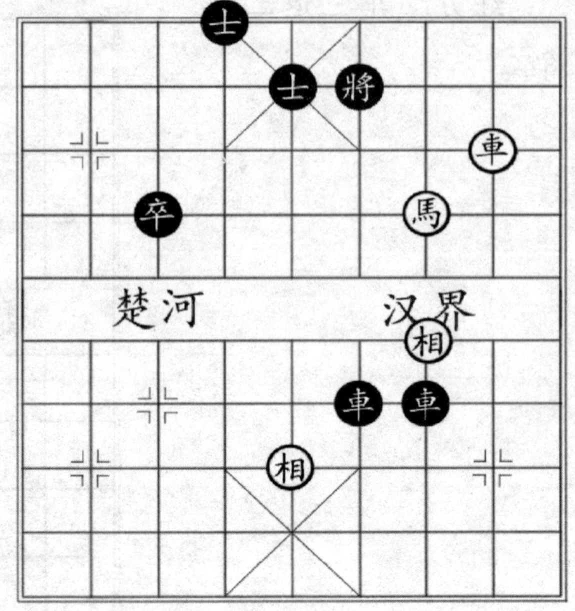

象棋入门与技巧

黑方　将6退1

陷入绝境。

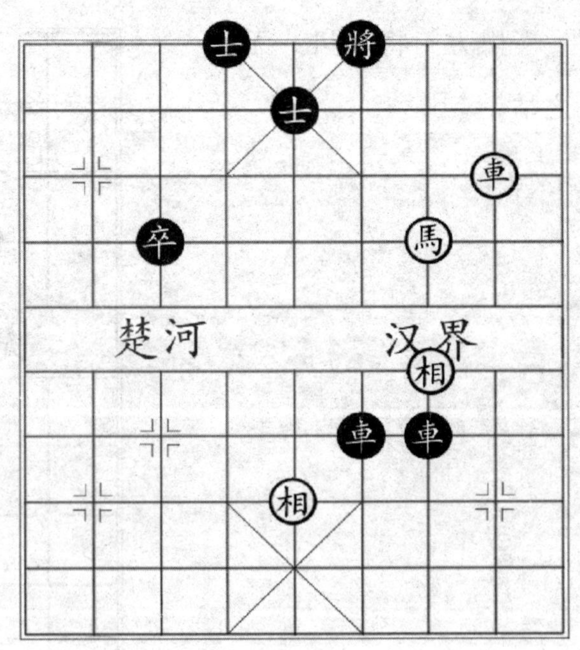

红方　车二进三　取胜。

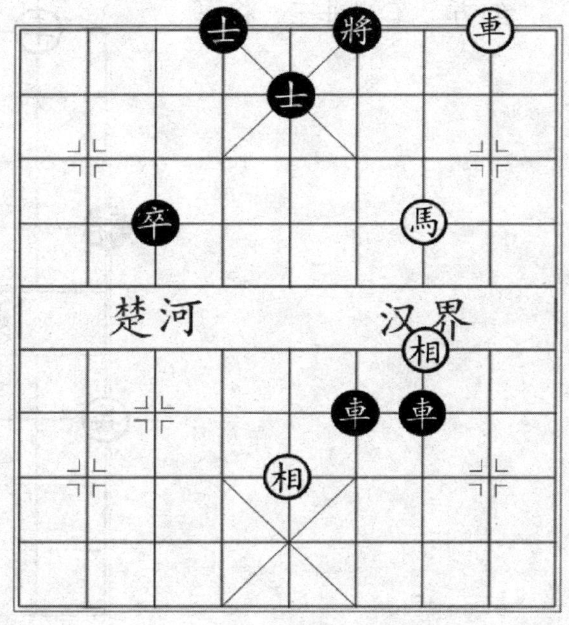

右图所示为侧面虎的又一棋局。

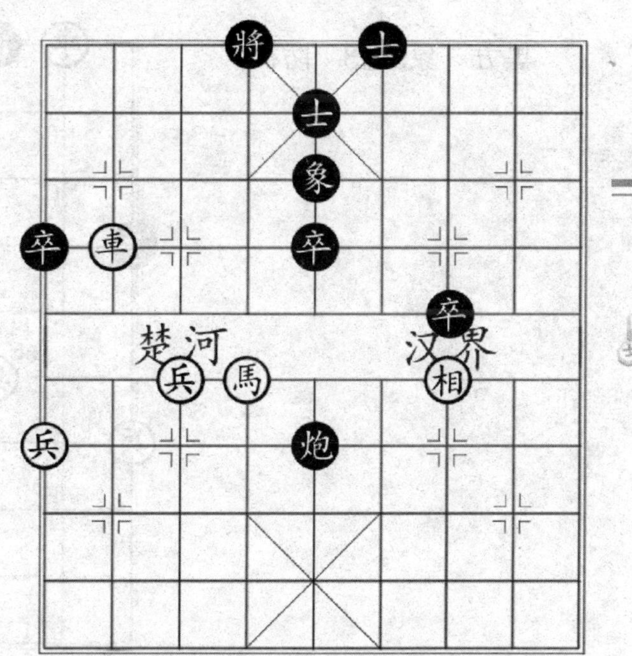

红方　车八进三　将军。

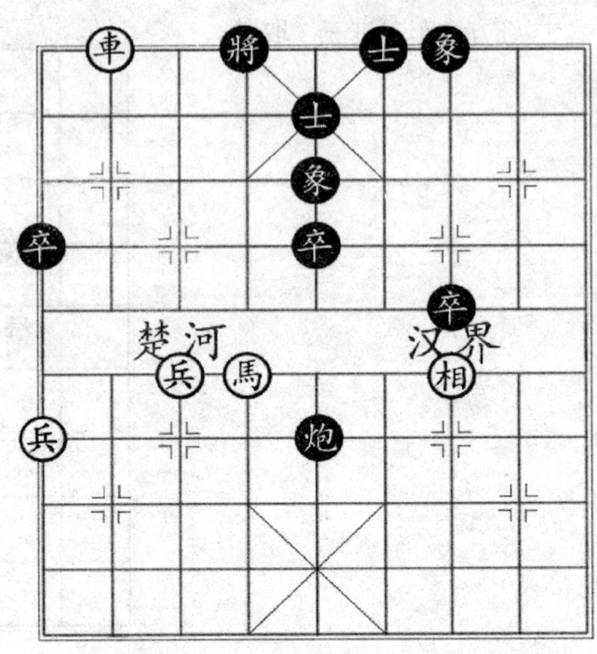

黑方　象5退3　防御。

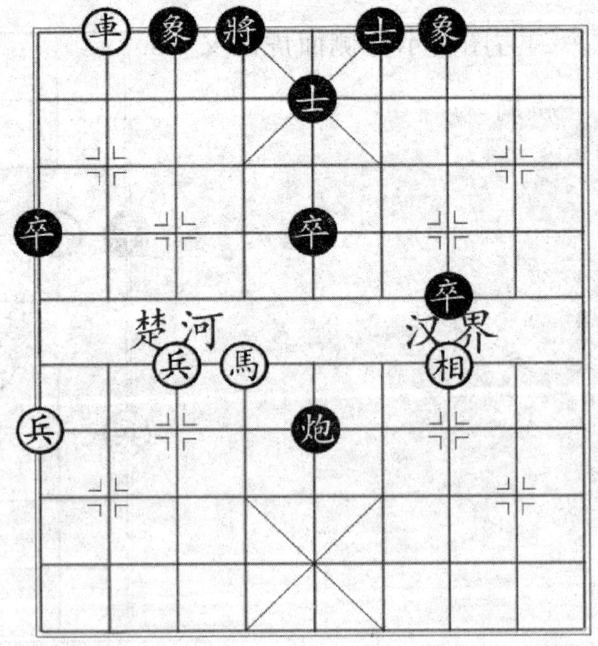

红方　车八平七　　吃象将军。

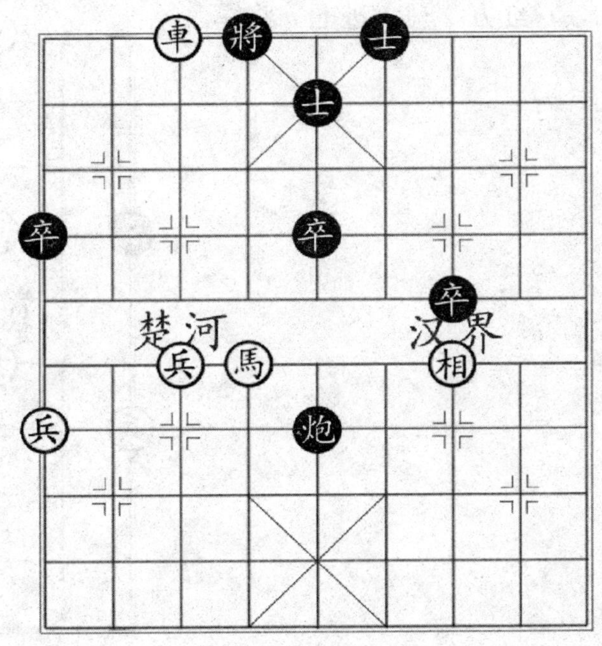

黑方　将4进1　躲避。

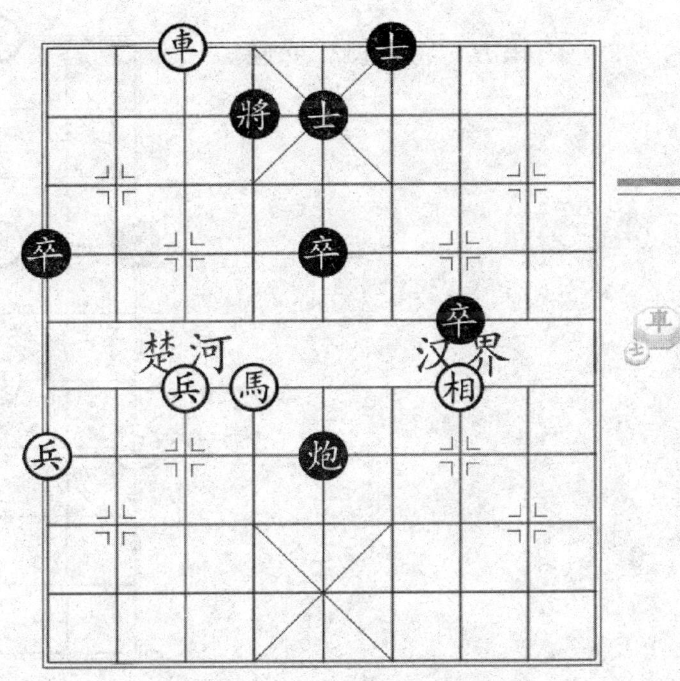

红方　马六进七　将军。

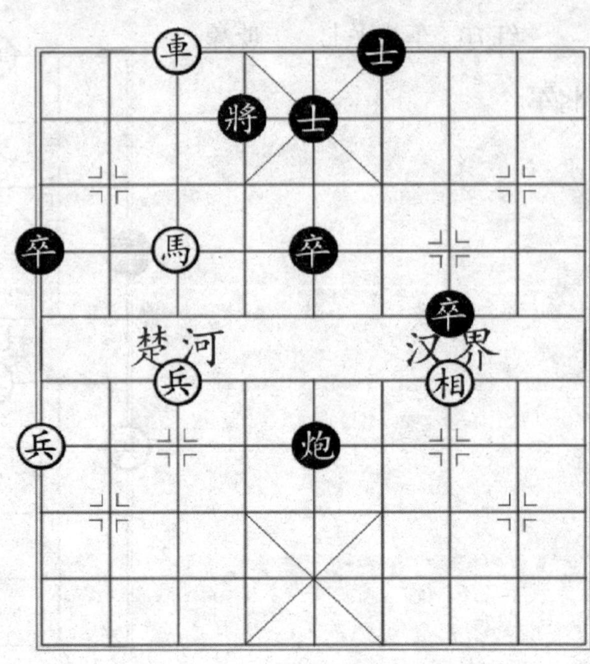

黑方　将4进1　躲避。

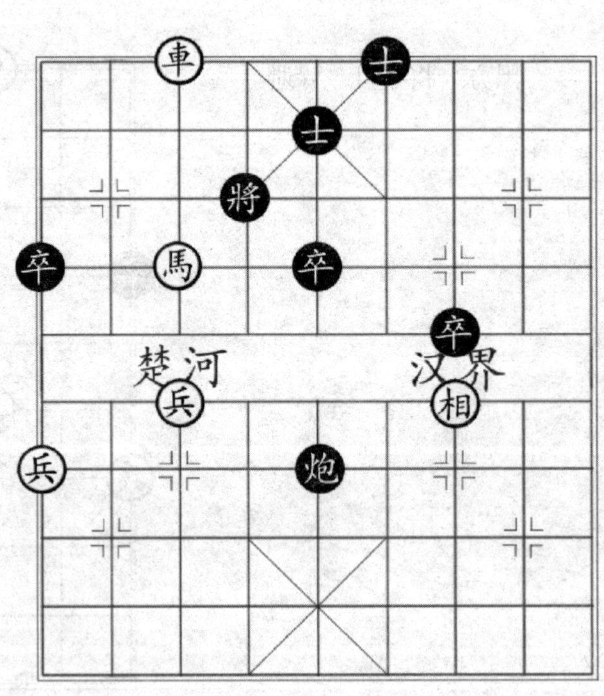

红方　车七退二　将军。

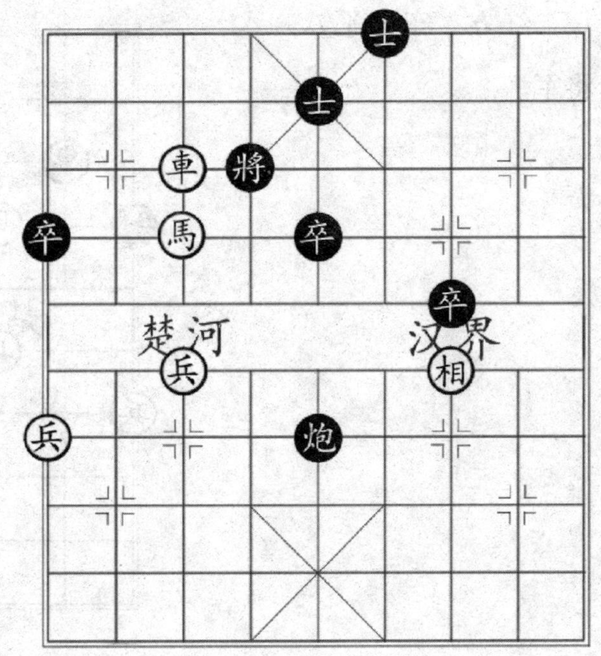

黑方　将4退1　躲避。

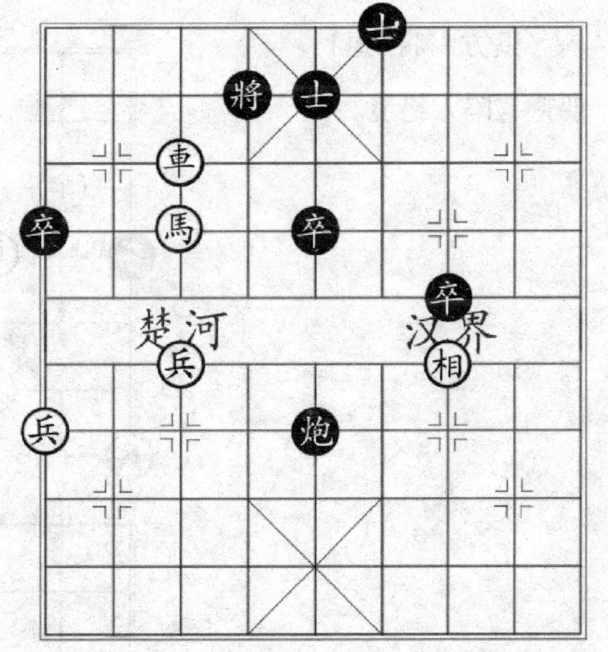

第五章　象棋杀法具体实操

红方　车七平八

将军。

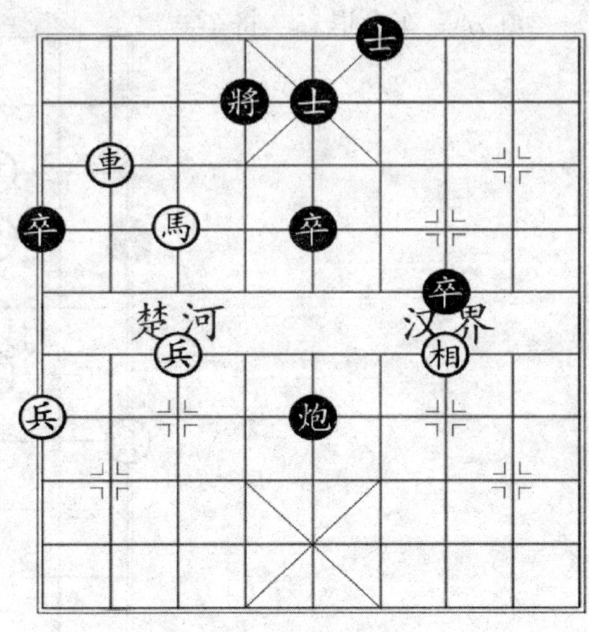

黑方　将4退1

躲避，陷入绝境。

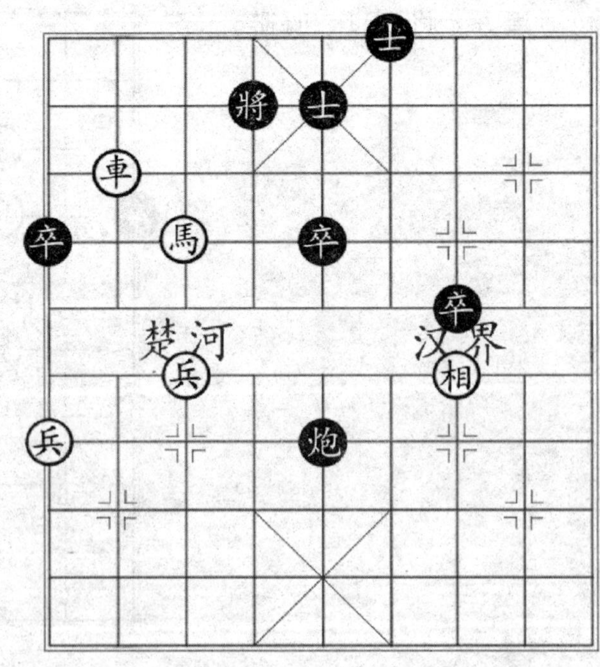

红方　车八进二　绝杀取胜。

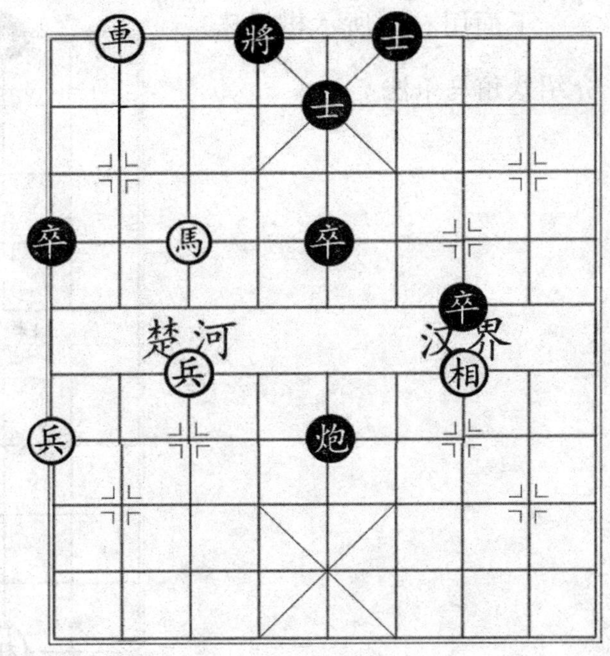

八角马

八角马也称“定将马”，用马在对方“九宫”的任何一个士角位置上，与对方将（帅）形成对角，使其失去活动自由，然后用其他子力将死对方的杀法称为八角马杀法，也称车心马角杀法。其布局如右图所示。

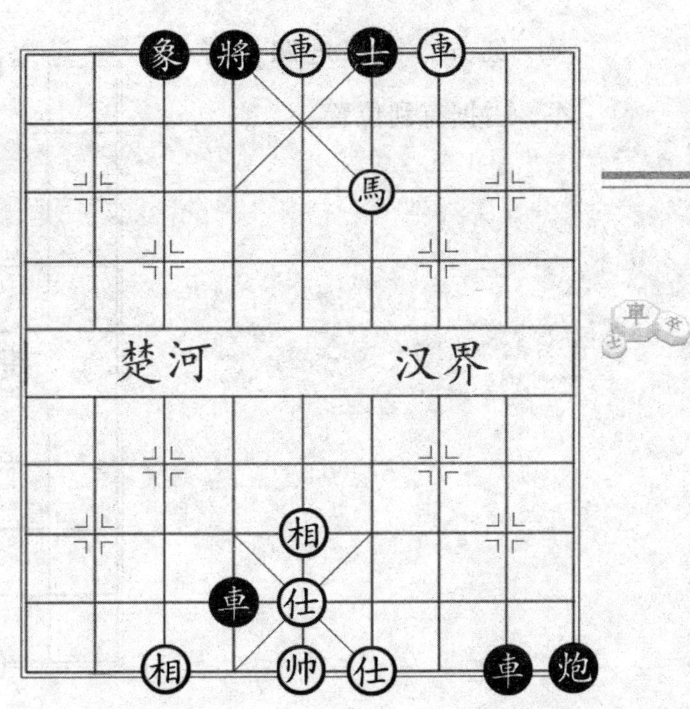

下面用右图所示棋局来介绍八角马杀法。

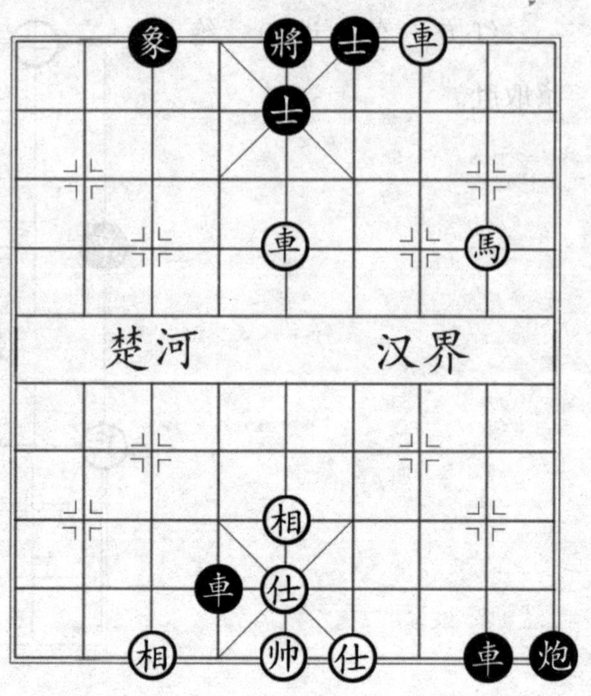

红方　马二进四　将军，占据有利位置。

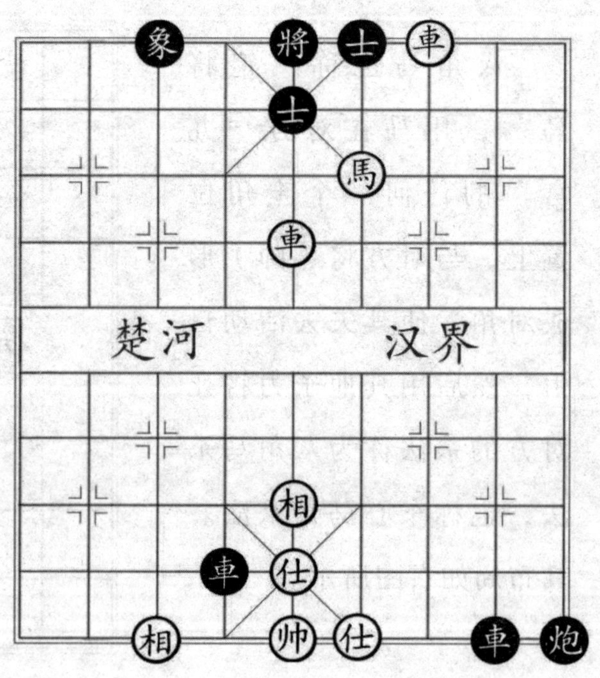

黑方　将5平4　躲避。

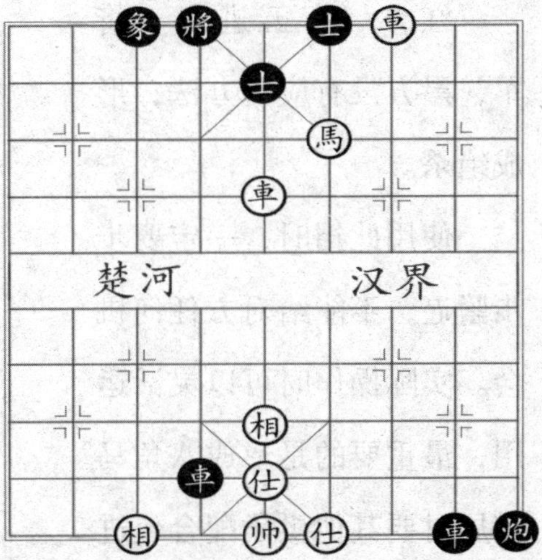

红方　车三平四　将军，弃车引士，为下一步叫杀铺平道路。

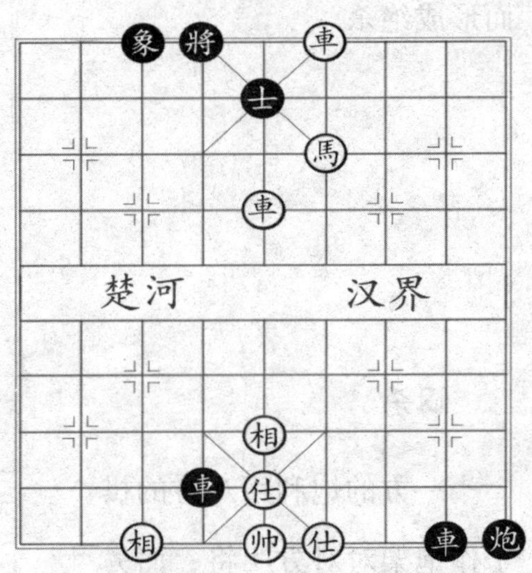

黑方　士5退6　吃红车反抗。

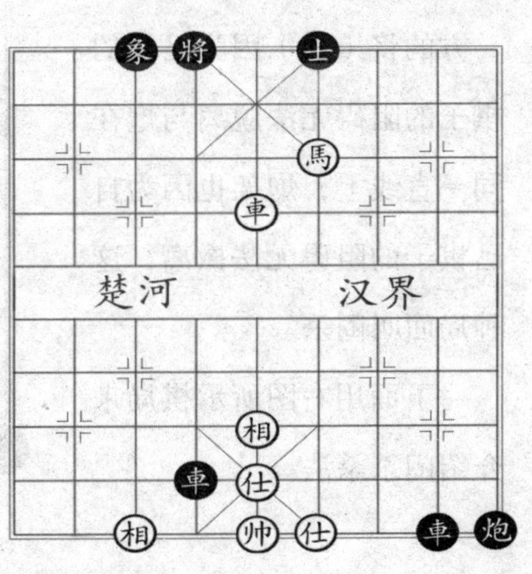

红方　车五进三　将军，黑方没有应对办法，形成绝杀。

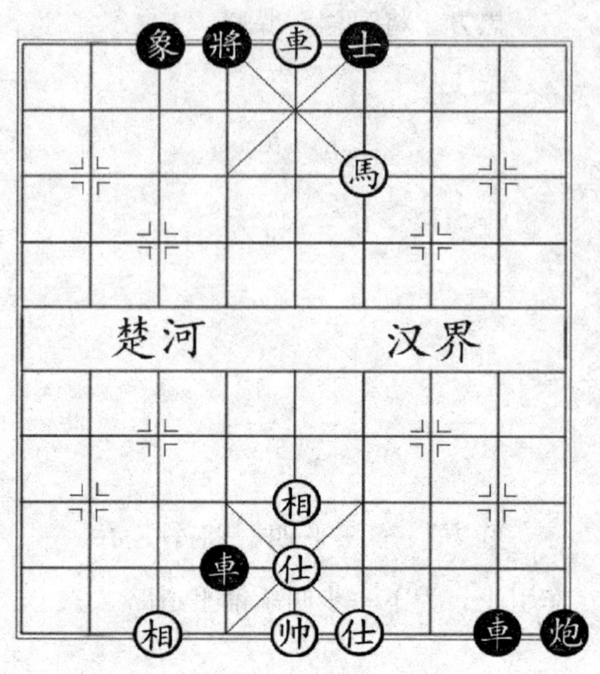

使用此招时，一定要步步紧逼，不能给对方任何机会。实际操作时可以灵活运用，最重要的是形成八角马棋局时要其他棋子配合，进而形成绝杀。

闷杀

一方的炮利用对方的棋子作炮架对对方叫将，而另一方的将（帅）因为己方的棋子的阻碍无法脱离与炮在同一直线上，炮架也因为自己棋子的阻碍无法撤离，这种局面叫闷杀。

下面用右图所示棋局来介绍闷杀杀法。

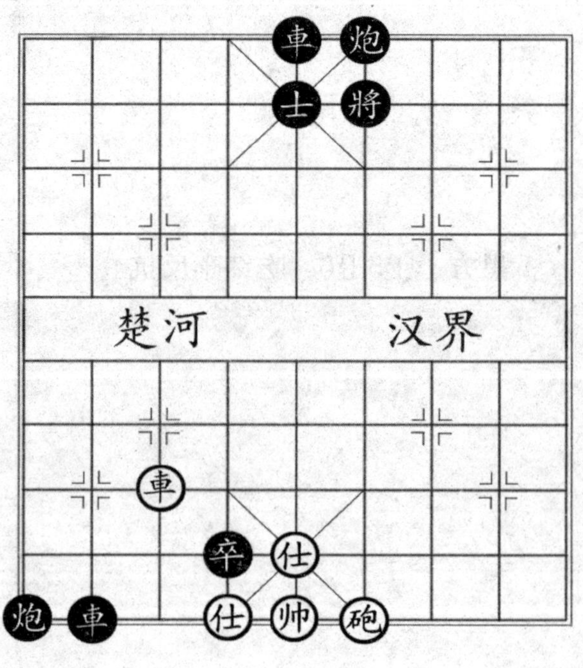

车七平四　士5进6

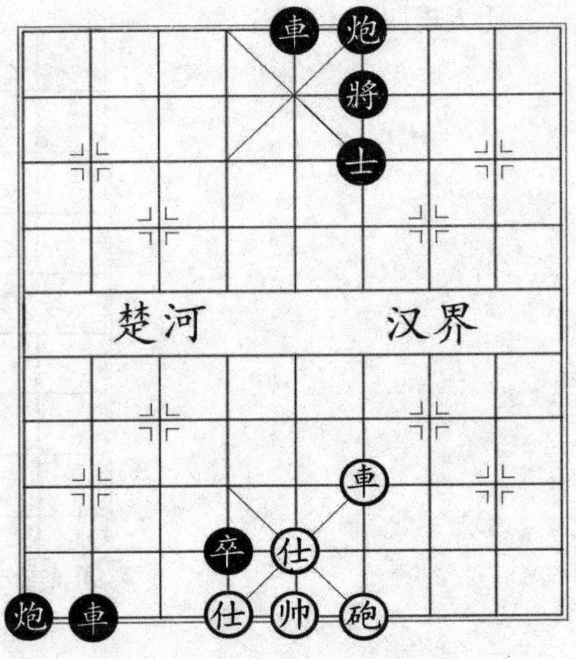

车四平五　士6退5

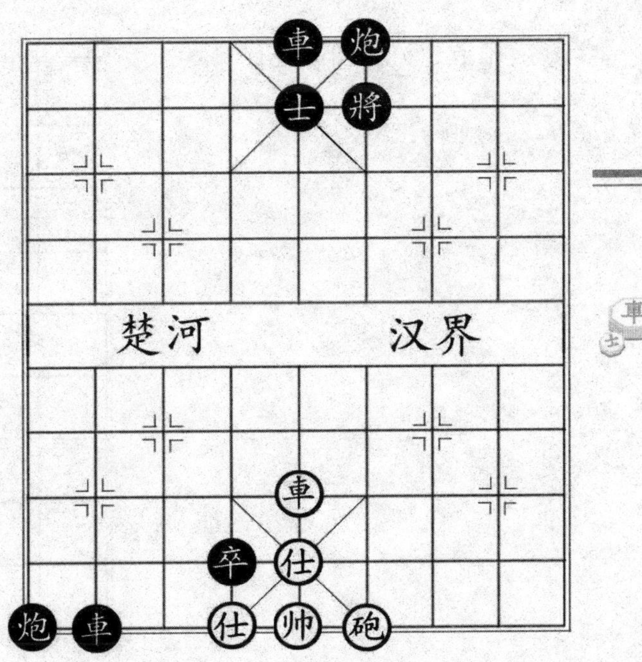

士五进四　士5进6

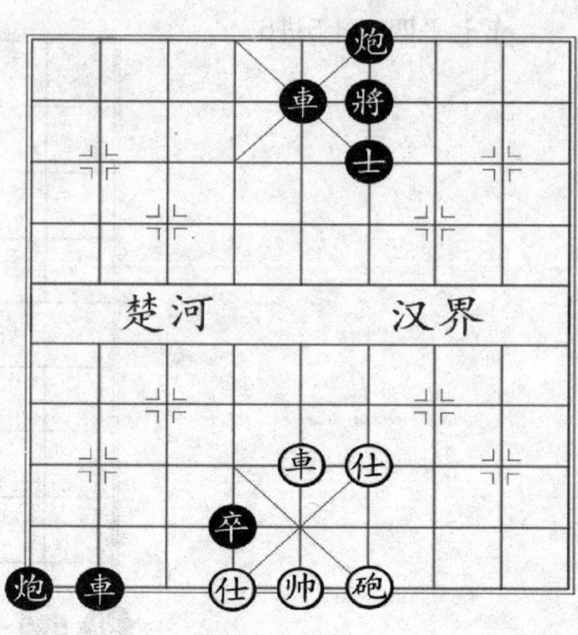

象棋入门与技巧

车五进六　车5进1

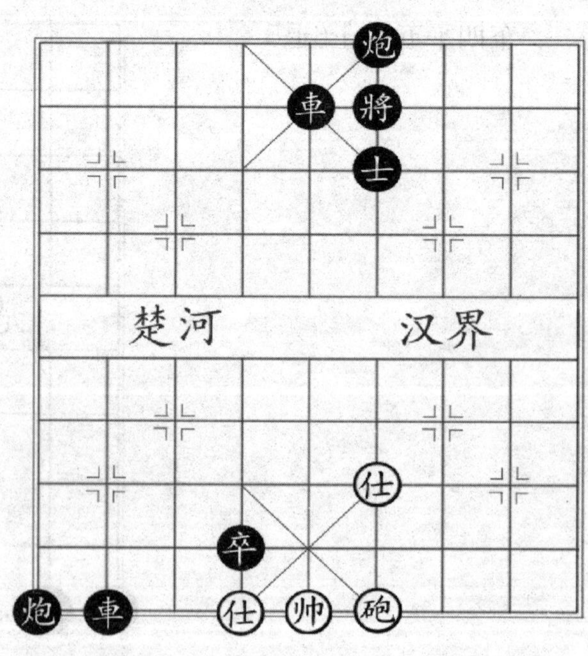

红方士四退五，黑方将无路可走，红方胜。

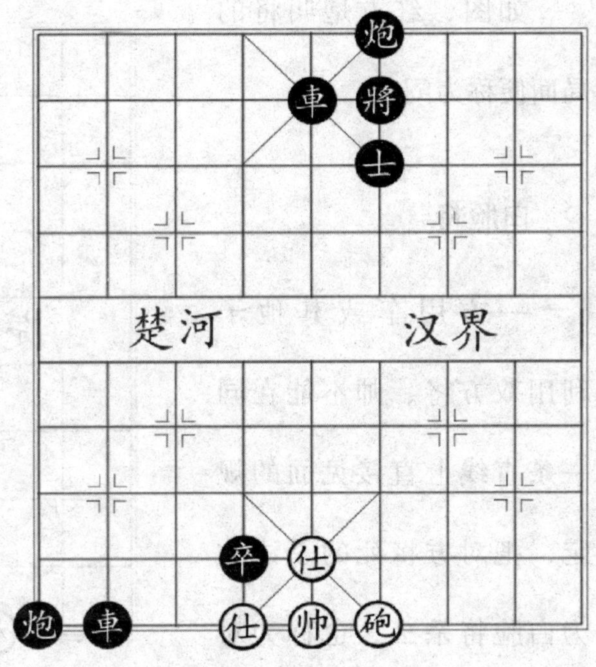

闷宫

闷宫，象棋术语。一方的炮利用对方的棋子角上的士作炮架对对方叫将，而另一方的将（帅）因为有己方别的棋子阻碍（一般是士、车、炮亦可，马的话需蹩脚或牵制）无法脱离与炮在同一直线上，作为炮架子的士也因为棋子的阻碍无法撤离，这种局面叫闷宫。

闷宫与闷杀的区别：闷宫的进攻方一定要有炮，而闷杀则不一定；闷宫的炮架子一定是士，而且要求将（帅）紧贴炮架子；如果炮架子不是士（如车或马），或对方将（帅）已移动至肋线（或纵线叫将时在底线），则是闷杀。

如图，红方炮叫将的局面便称为闷宫。

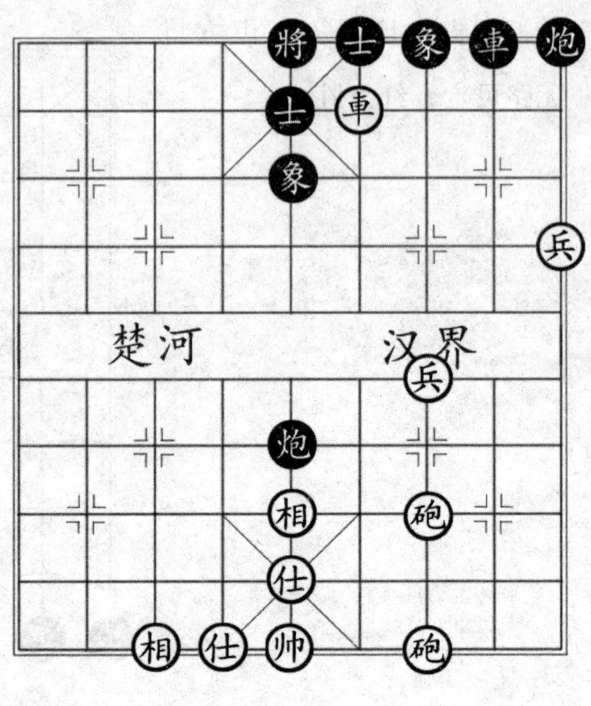

白脸将

一方用车或其他子利用双方将、帅不能在同一条直线上直接见面的规定，把对方将死的杀法称为白脸将杀法，也称为对面笑。

此杀法分将（帅）占中路和将（帅）占肋道两种。

1.将（帅）占中路：一般在残局阶段应用较多，是残局争胜的重要手段之一，它的主要作用是控制、牵制和助攻。

2.将（帅）在肋道：一般在中局应用较多，在进攻时和其他杀法配合取胜，它的主要作用也是控制、牵制和助攻。

为了实现这种杀招，需要敞开士象，使己方老将所在的竖线前方没有阻挡的棋子，因此有时这样的做法会产生危险。

此招的实现一般在双方拼子太多，最后往往只剩一个主动进攻的棋子，如车、马、炮，甚至是卒时。

此局是白脸将的最基本排局。

如图，选取的是1980年北京市“智慧杯”象棋赛殷广顺对弈马云海的残局形势。现轮红方走棋，请欣赏一气呵成的“白脸将”杀局。

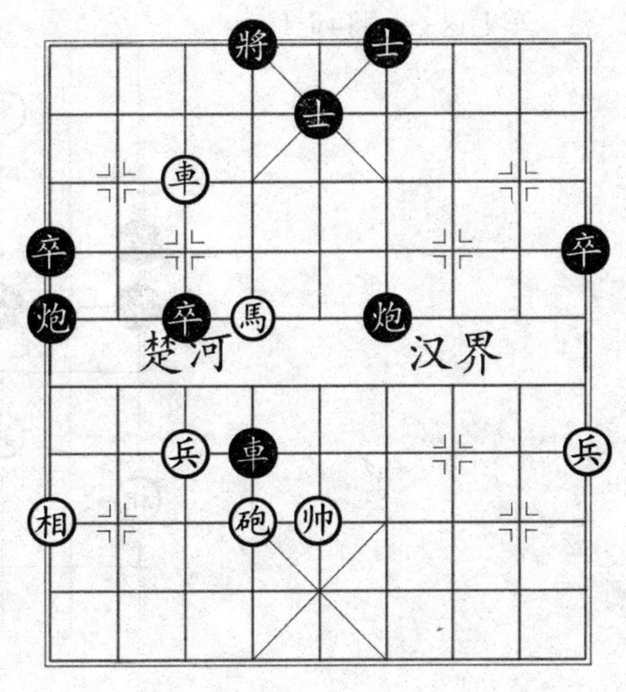

车七进二 将4进1

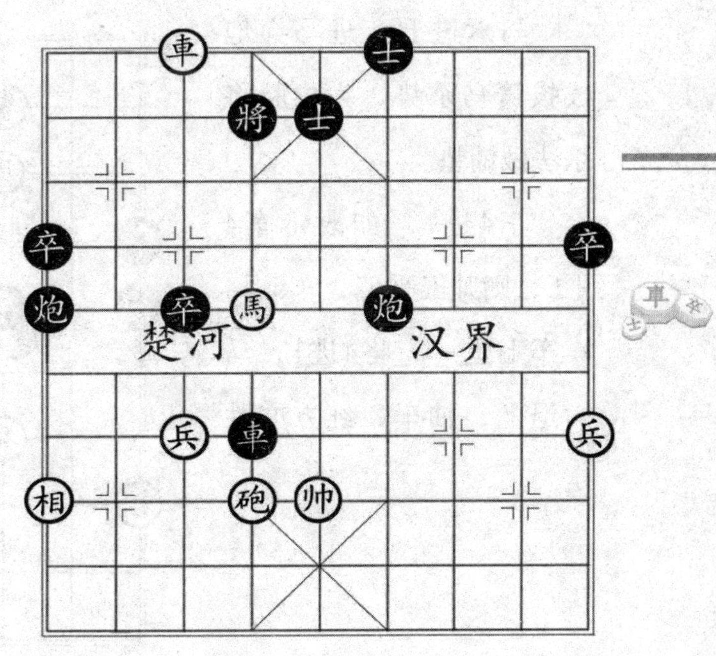

车七退一　将4退1

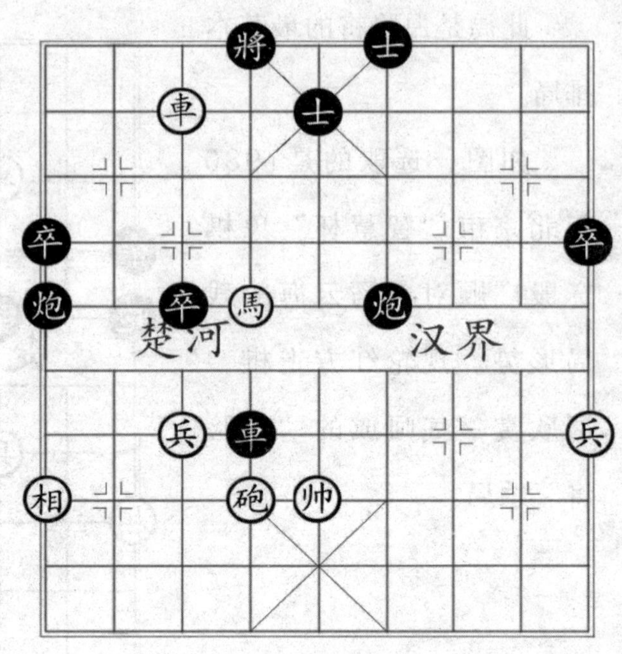

马六进七　进马弃炮成拔簧马杀势，为白脸将杀法做铺垫。

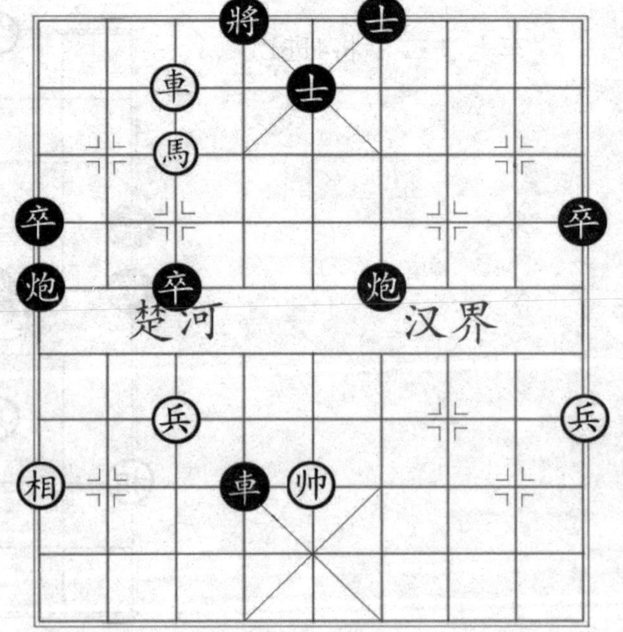

车4进1　如改走车4平5，则帅五平四，车5退4；车七进一，将4进1；马六退七，抽车，红方亦胜定。

帅五退一　车4进1

帅五退一　车4退6

应红方伏有车七平五，拔簧马绝杀。

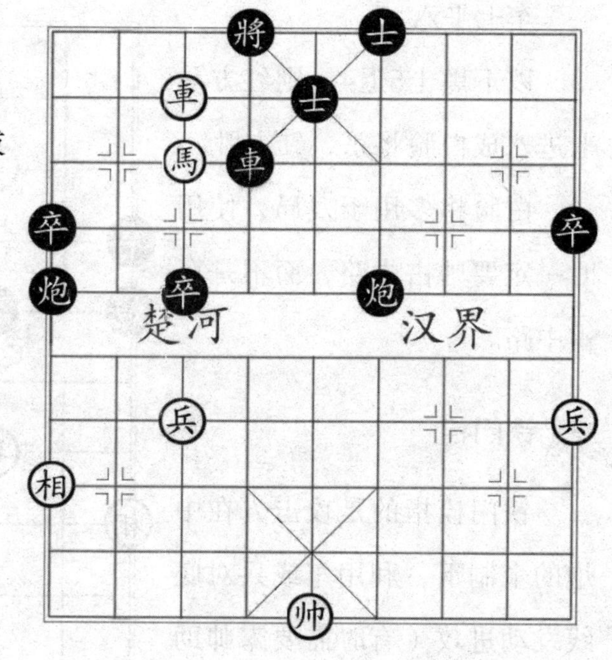

车七进一　将4进1

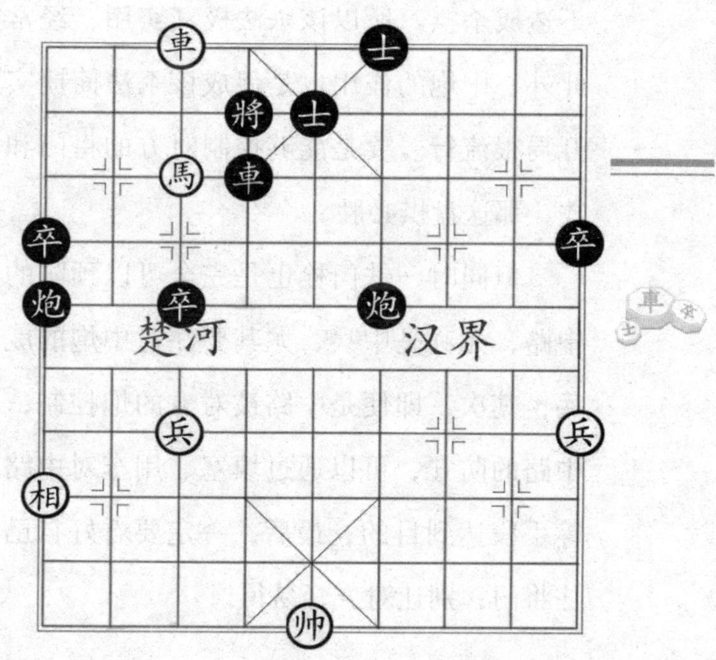

车七平六

以下黑士5退4，则红方马七进八成白脸将杀，红方胜。

白脸将多用于残局，使用时一定要帅占中路，而不是车占中路。

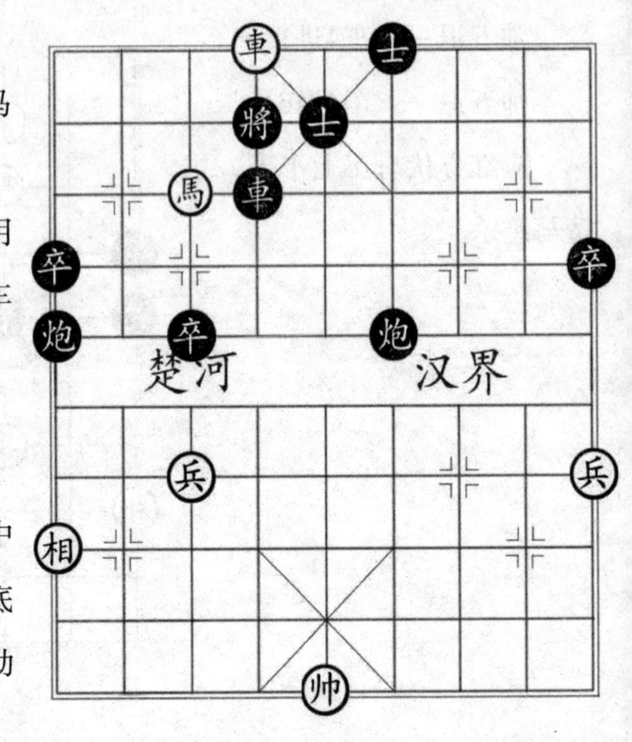

铁门栓

铁门栓指的是攻击方在中炮的牵制下，利用车或兵对底线发动进攻（有时需要露帅助攻），从而形成的杀局。

铁门栓的特点是只要两个攻击棋子，且能在对方士象齐全的情况下造成杀棋。所以该杀法极其实用，经常能在象棋的玩家对局中看见。此外，中炮的作用也是促成该杀法简捷实用的原因之一，因为当头炮的开局很流行。要是能够控制对方的将门和中路，还能在底线进行直线进攻，那这盘棋必胜。

但同时，铁门栓也是完全可以预防的。防守方首先要保护好自己的中路，尤其是中兵，尤其要注意中炮的威力，最好别让它轻易地吃掉中兵；其次，即便是中路被对方的炮控制，也要及时调遣攻击的棋子进行中路的防守，可以通过填塞、用车对中路进行二次争夺、以及用马回防等手段达到目的；最后，一定要看好自己的将门，可以利用车、马等锁住将门，别让对方轻易得逞。

铁门栓开局界面如右图所示。

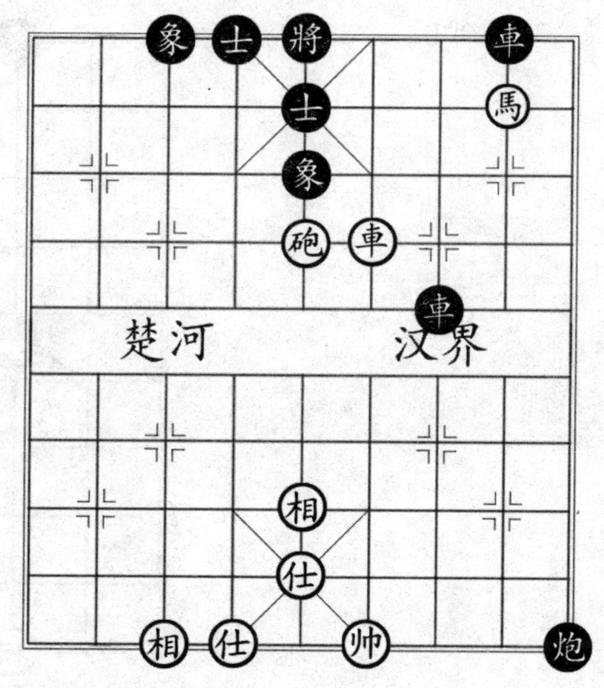

马二退四

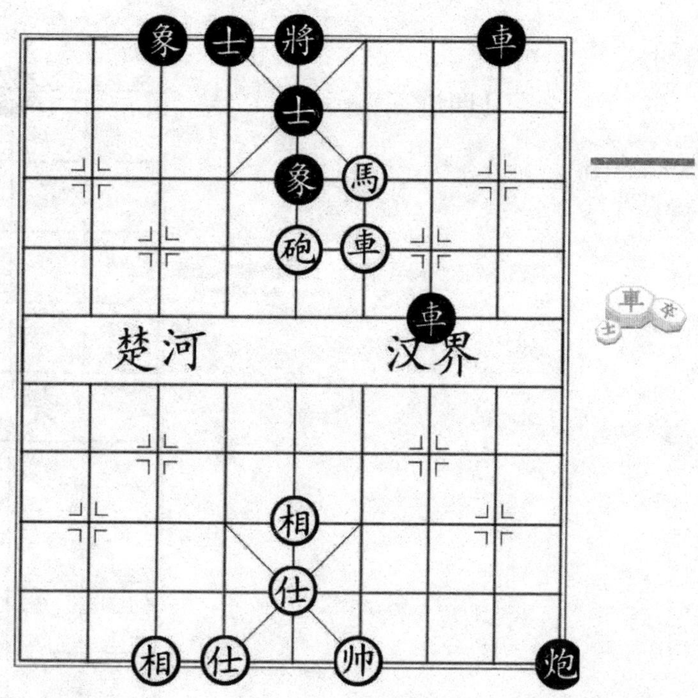

将5平6

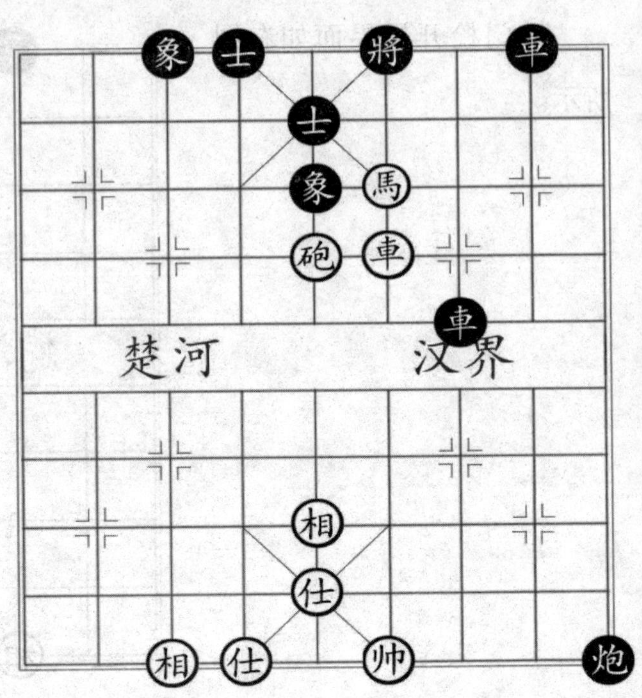

马四进三

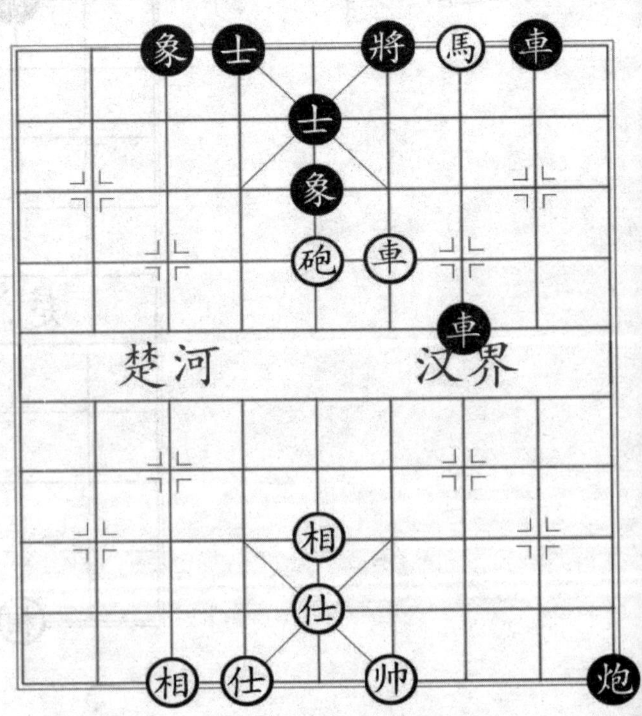

将6平5

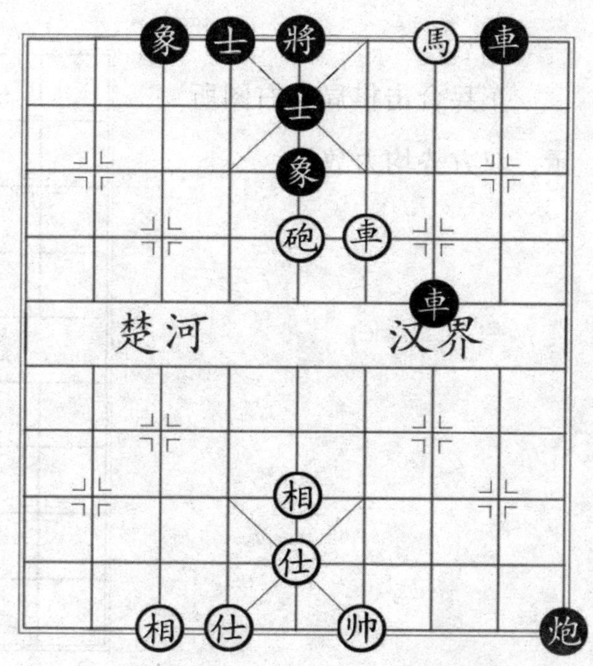

红方车四进三，黑方将无路可走，红方胜。

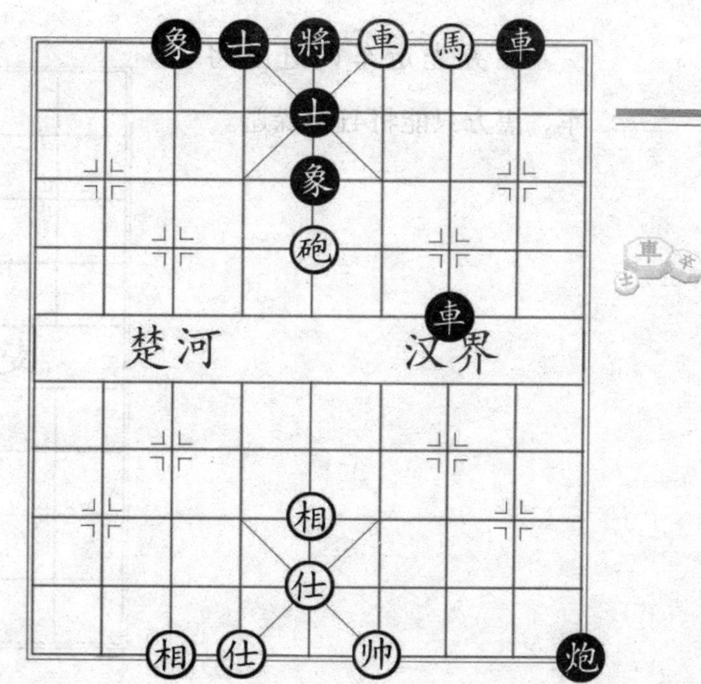

车兵合击棋局如右图所示，双方势均力敌。

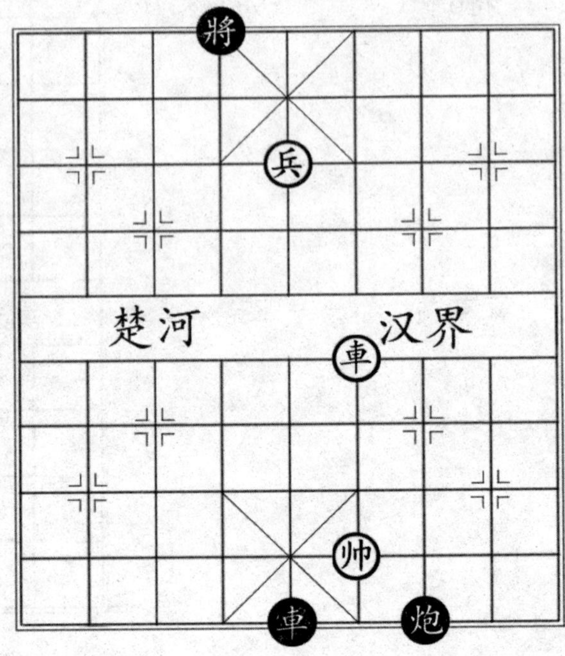

红方先走车四进五将军，黑方只能将4进1躲避。

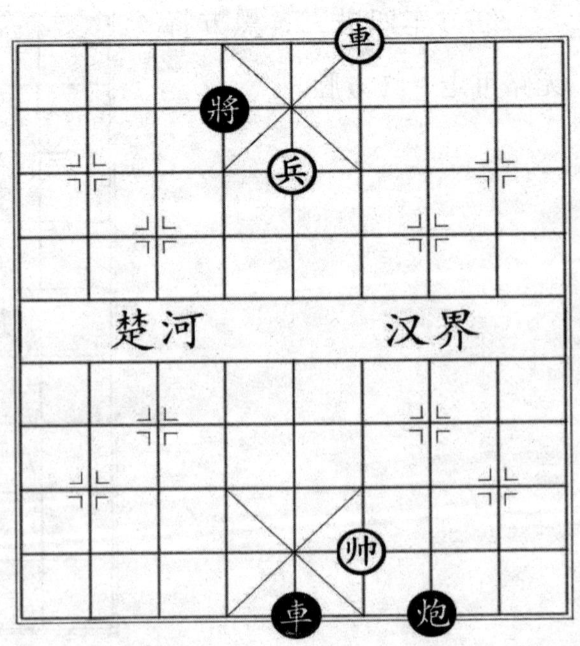

红方车四退一将军，黑方只能将4退1躲避。

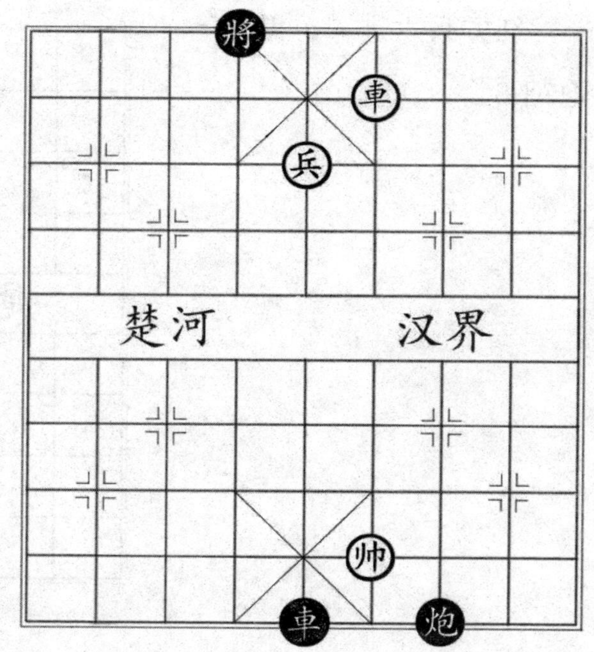

红方兵五平六，黑方将4平5躲避。

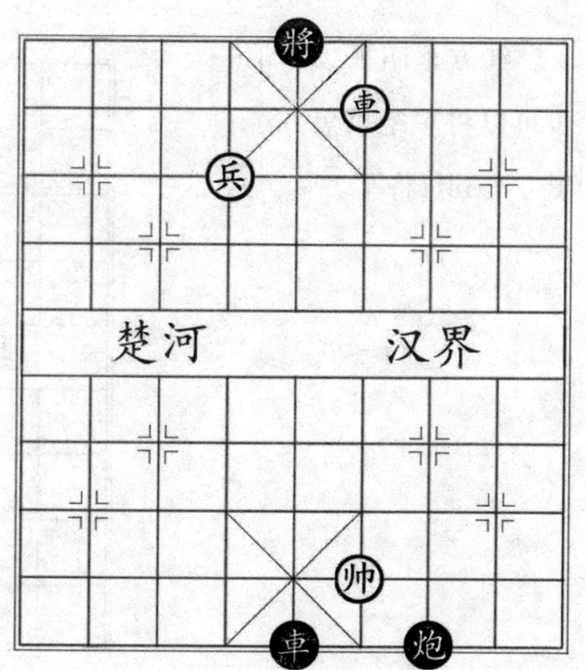

红方兵六进一，黑方炮7平6。

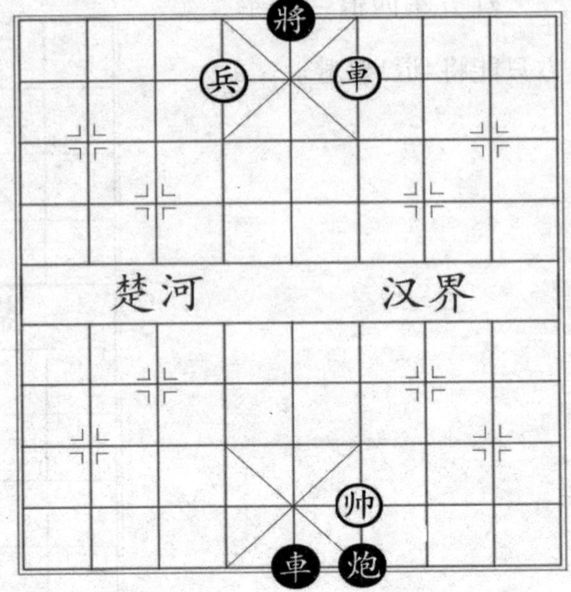

红方车四平二，下一步可以将军绝杀黑方了；黑方车5退1将军。

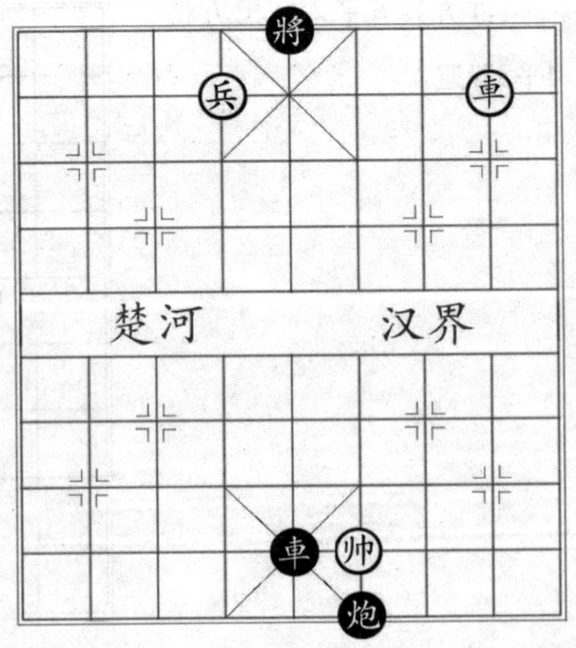

红方帅四退一，吃掉黑方的炮；黑方车5进1将军。

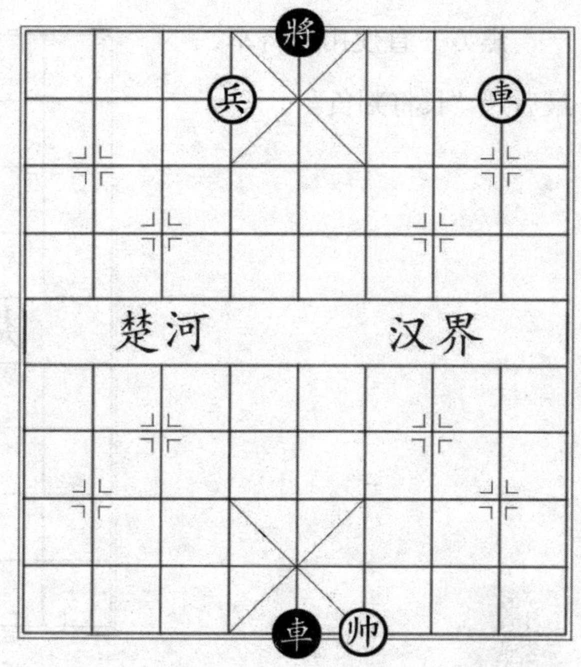

红方只能帅四进一躲避；黑方车5退1将军，紧追不舍。

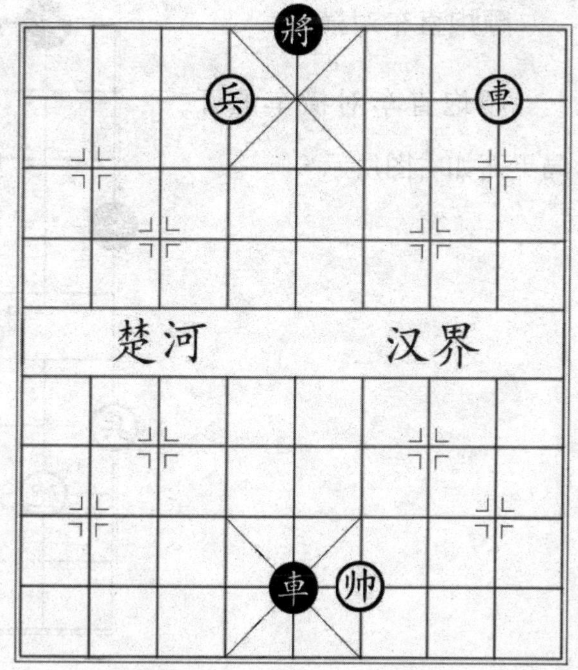

黑方一直使用车将军，最后判“长将判负”。

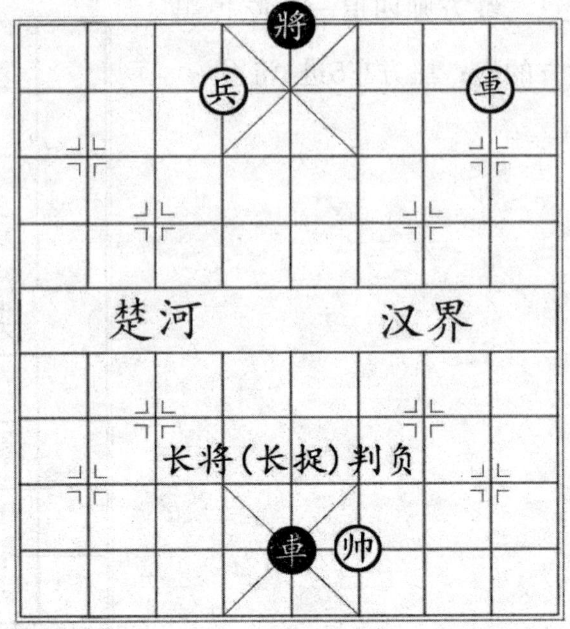

顺炮直车对横车

顺炮直车对横车的开局界面如右图所示。

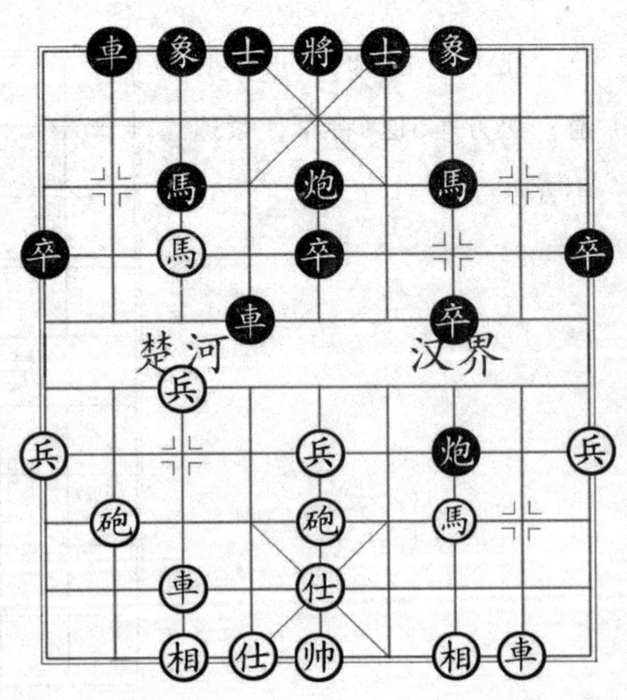

兵七进一　车4进2

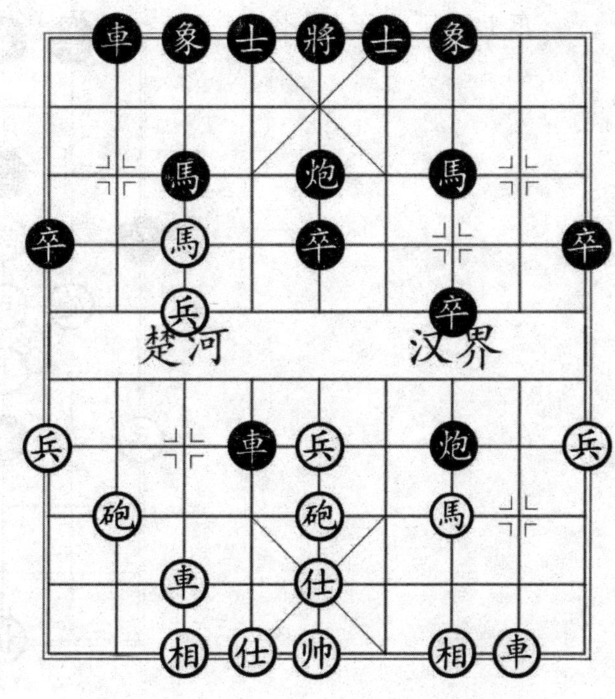

炮八进三　卒7进1

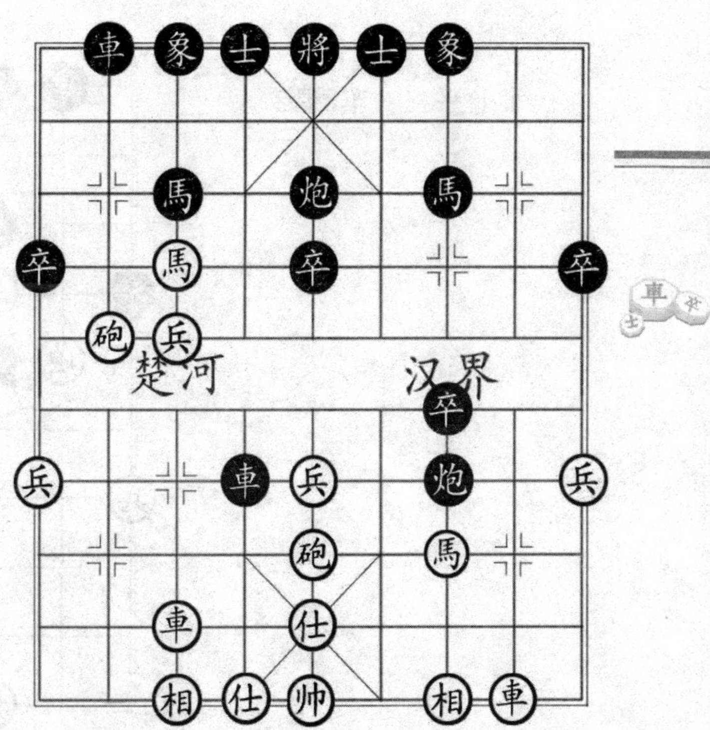

车七进三　车4平3

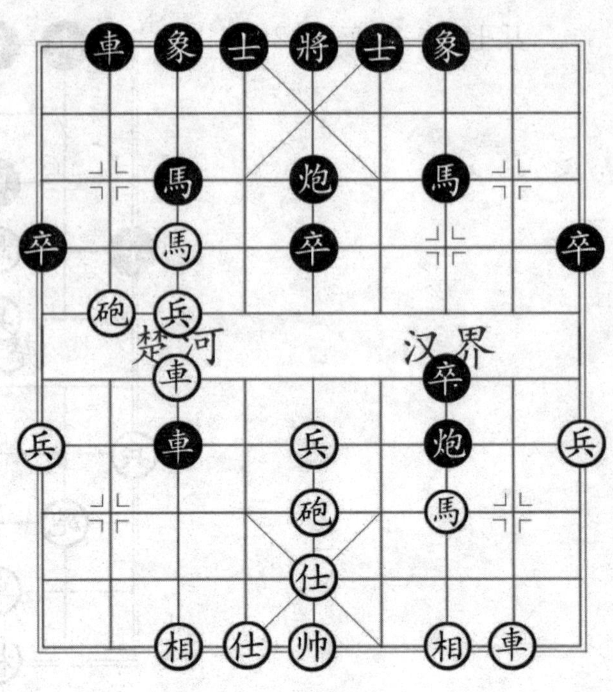

车七平三　车3退2

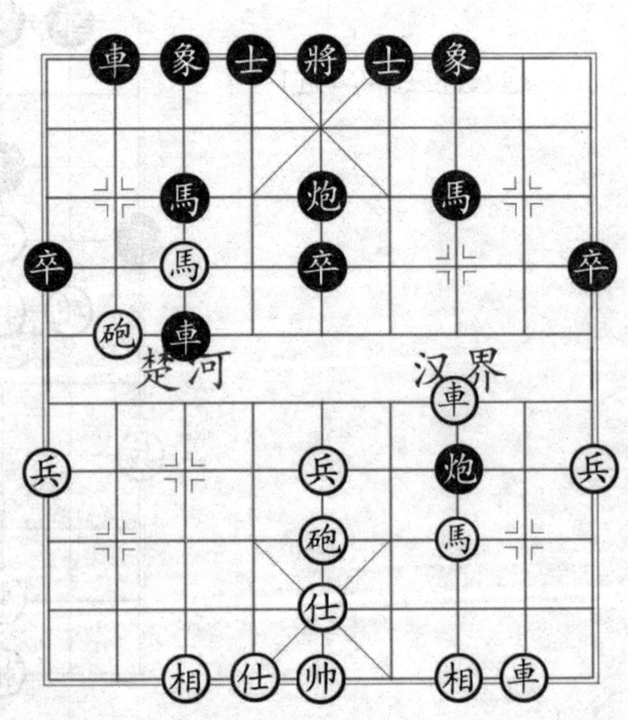

车三退一　车3退1

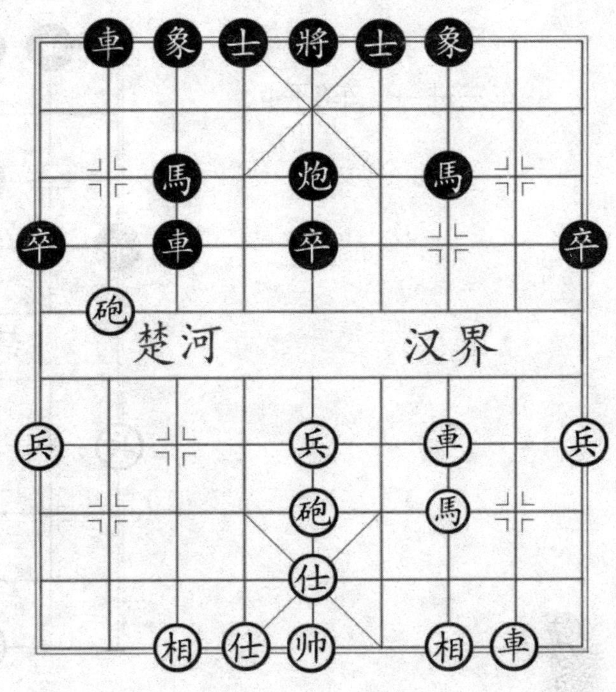

炮八平三　马7进6

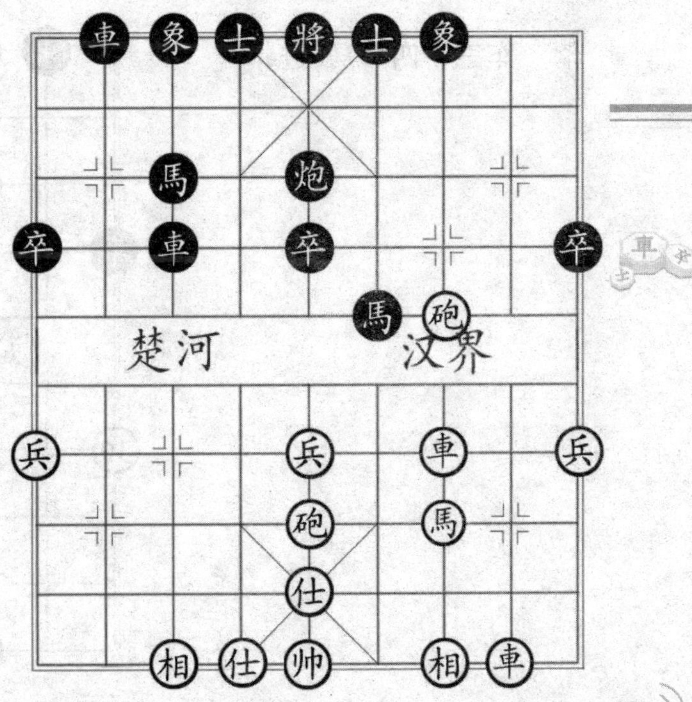

车三进一　车3平4

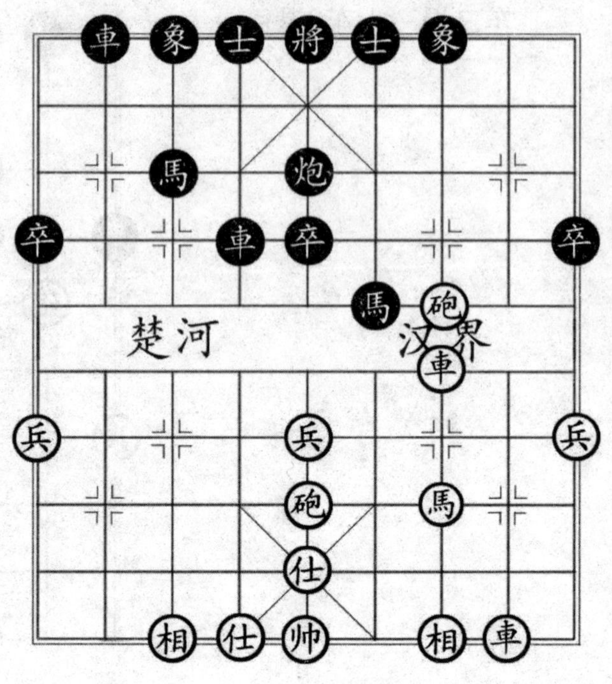

车三平四　马6进4

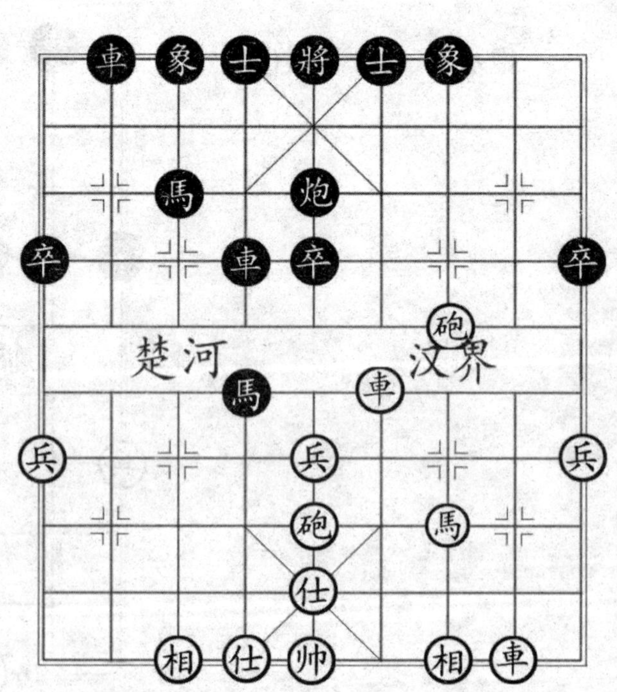

车二进九　该棋局到此结束。

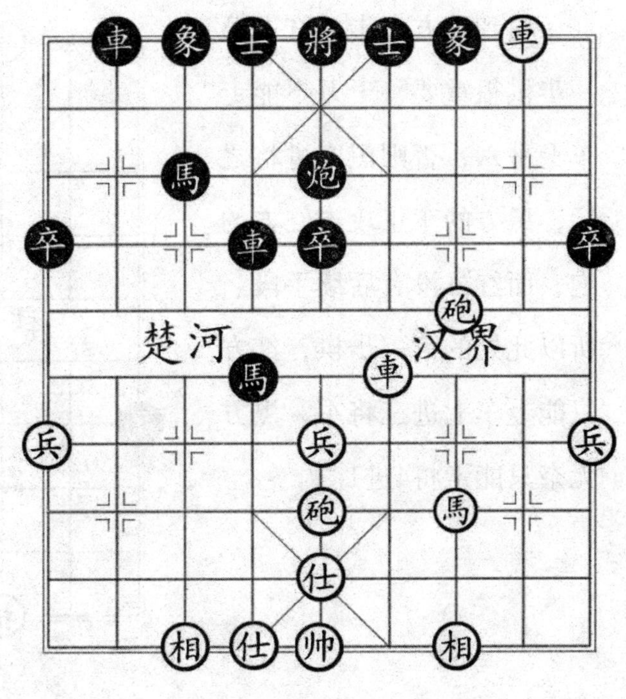

残局中的车炮兵巧杀

象棋中车的威力是最大的，但是单单依靠一个车，往往不能对对方将构成威胁，所以需要综合运用其他的子力形成配合，才能取得一局棋的胜利。下面以右图为例，介绍一则由车炮兵构成的巧杀。

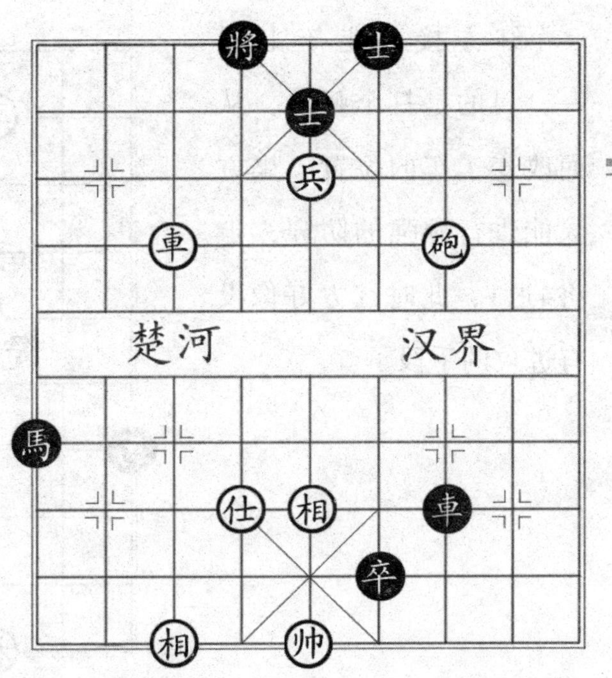

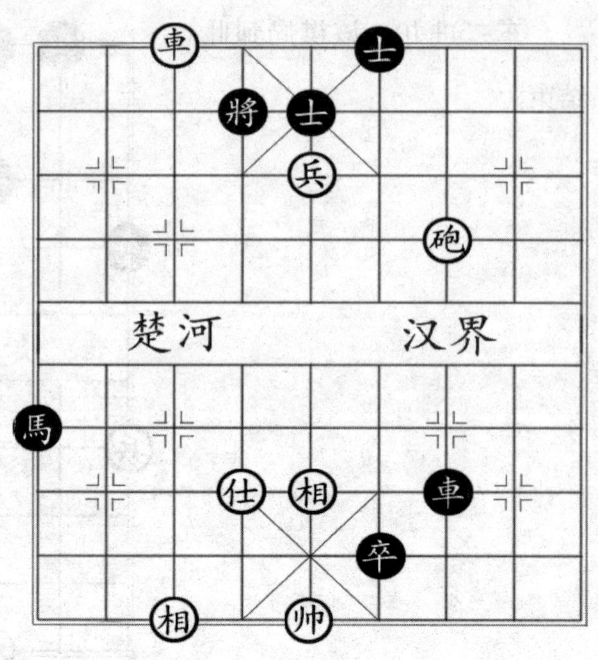

轮到红方先走，红方第一步棋很重要，千万不能走车七平六，否则黑方进将之后，黑方的车正攻击红方的炮，而红方没有后续手段。所以此处的第一步棋，红方只能走车七进三将军，黑方无奈只能走将4进1。

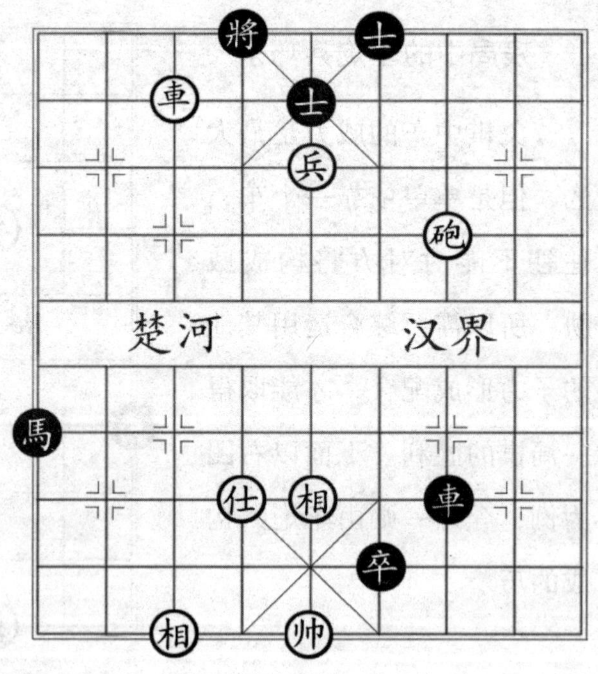

红方接着走车七退一，目的是打个顿挫，从而改变了车的位置，黑方只能进行顽强的防守，走将4退1，此时红方好像没有进攻的手段了。

红方走相五进三，红方目的是借助帅的力量，且红方下着有炮三进三的绝杀，黑方只能车7退2杀相。

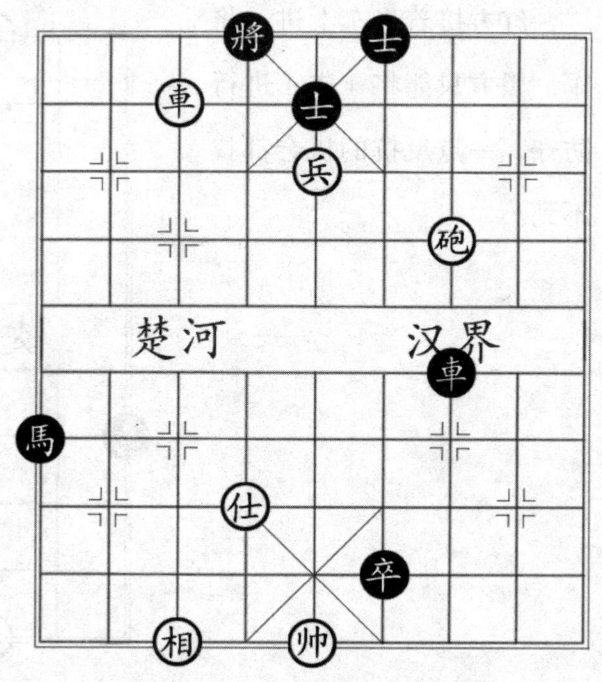

红方接着走炮三进三，非常的巧妙，目的是让车离开好的位置，为下面的抽车做好铺垫。黑方只能车7退 5 吃炮。

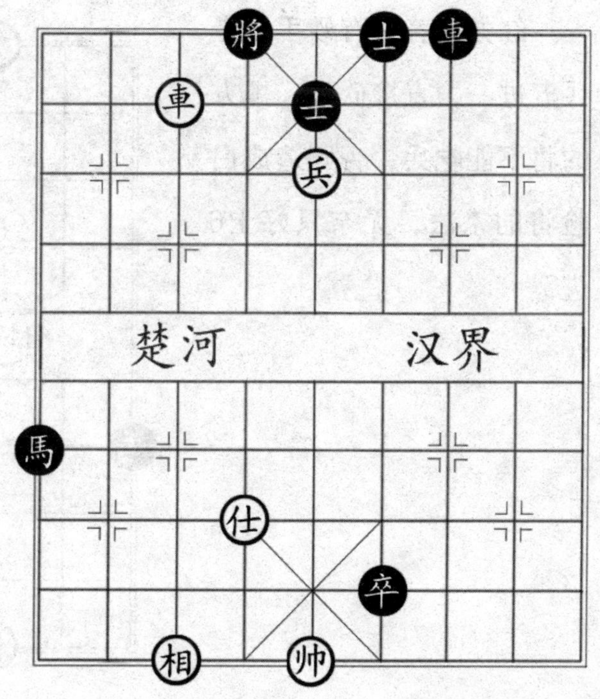

红方接着走车七进一将军，黑方只能将4进1进行防守，一点反抗的机会都找不到。

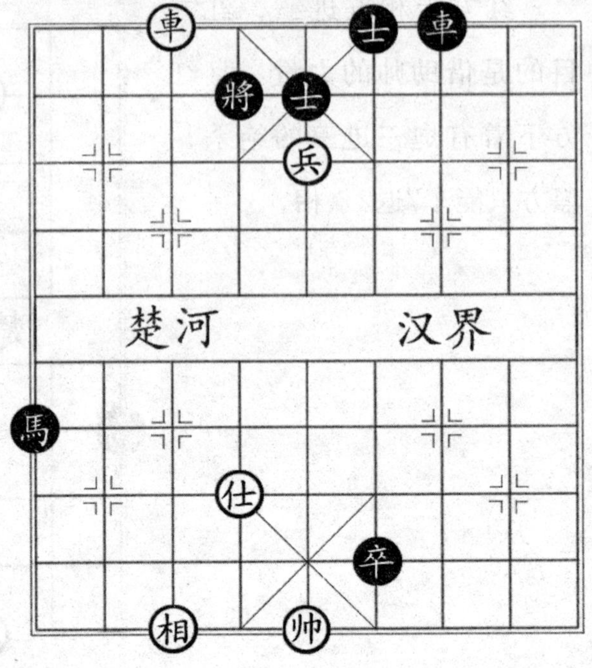

红方接着又有妙手，走兵五进一，直接砍士；黑方的将不能吃兵，否则造成白脸将的杀法，无奈只好士6进5。

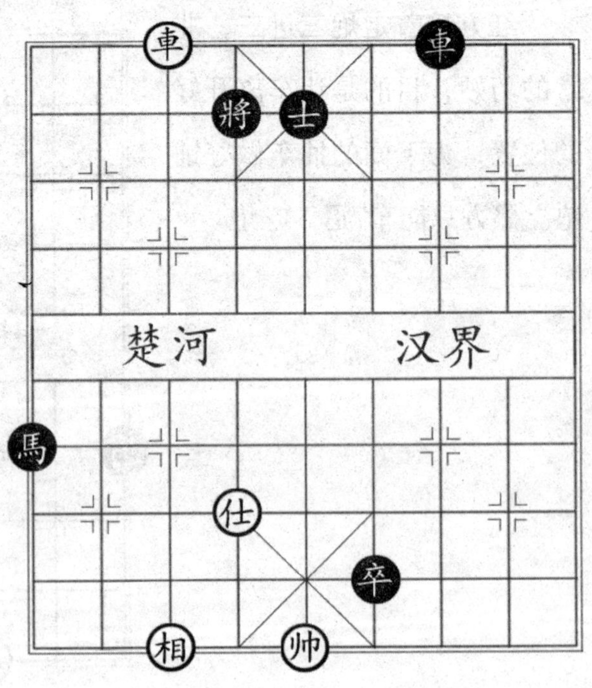

红方很从容地把黑方的车吃掉，终局成为红方必胜的残局。这局棋红方表现得非常出色，并且以一炮一兵的代价换得了黑方的车，表现十分抢眼。

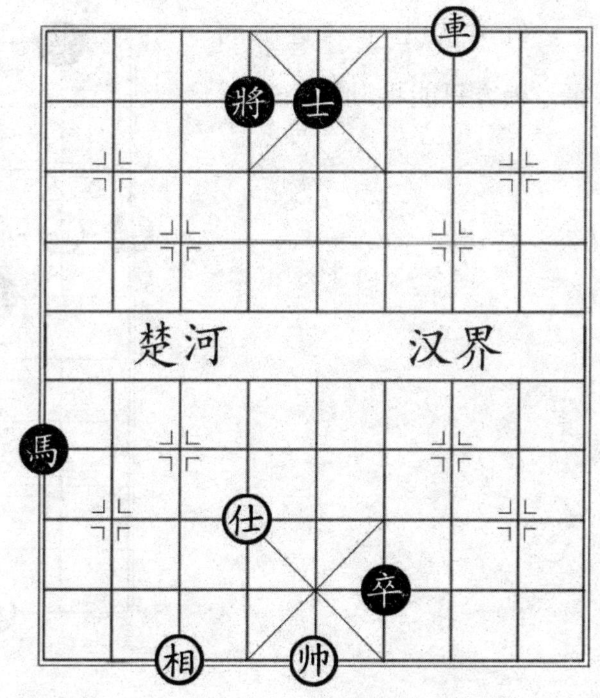

残局之强势双炮

如右图所示为强势双炮棋局。从整体上看，双方势均力敌。

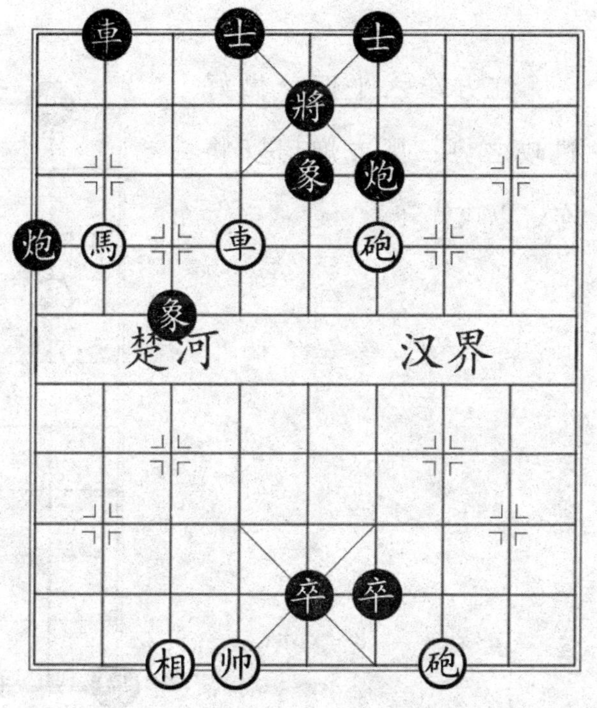

红方先走车六进二将军，黑方只能将5退1躲避。

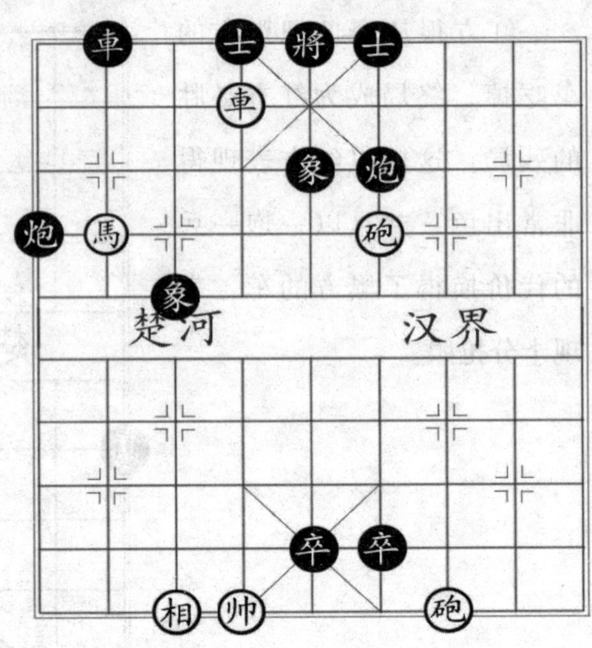

红方车六平四，做好进攻之势；黑方炮1进6将军，以攻代守。

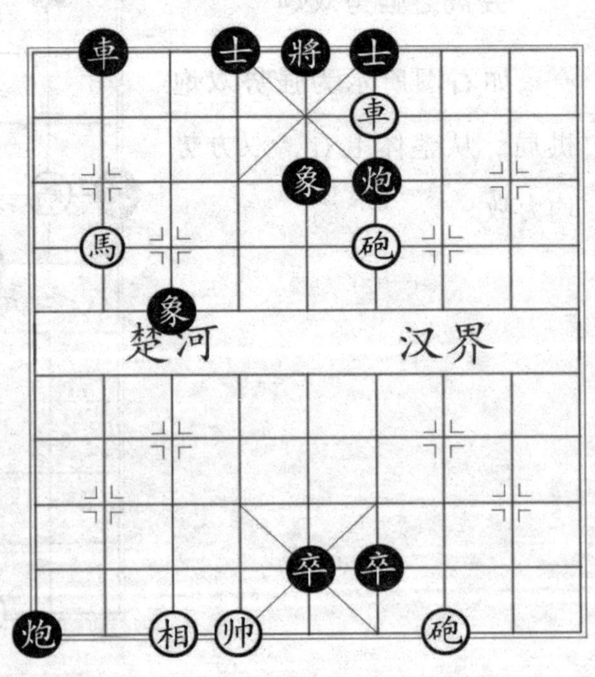

红方相七进五躲避，黑方卒5进1将军。

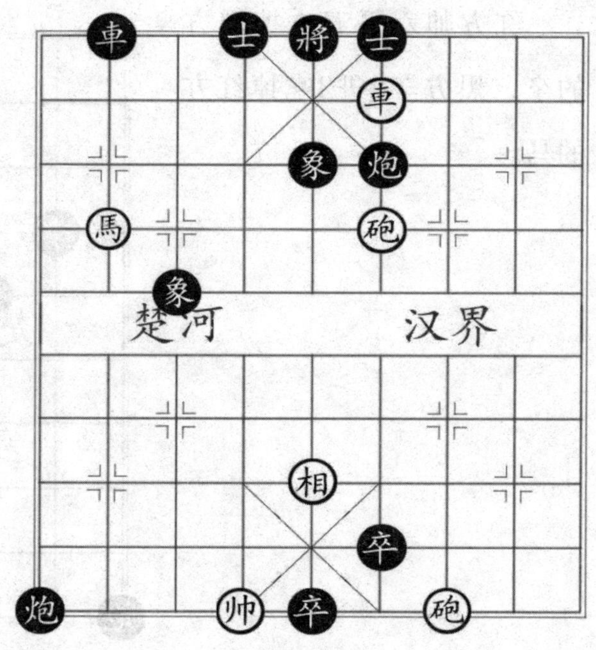

红方帅六进一躲避，黑方卒6平5将军，穷追猛打。

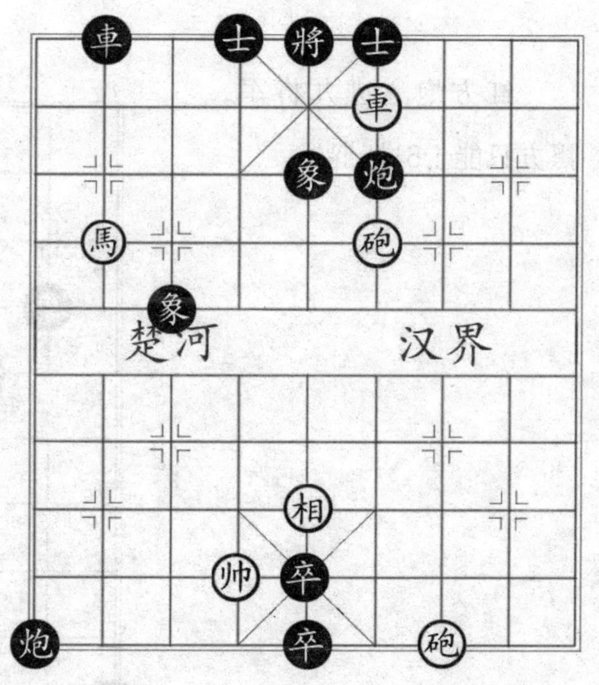

红方帅六平五吃掉黑方的卒，黑方车2进3吃掉红方的马。

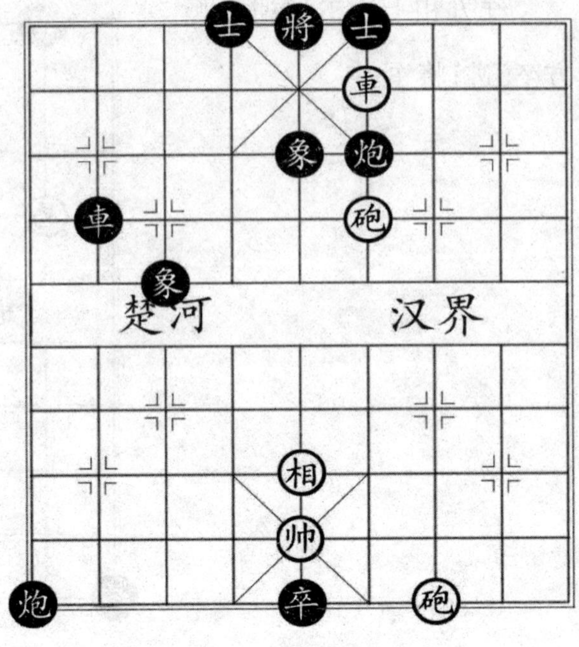

红方炮三进九将军，黑方只能士6进5躲避。

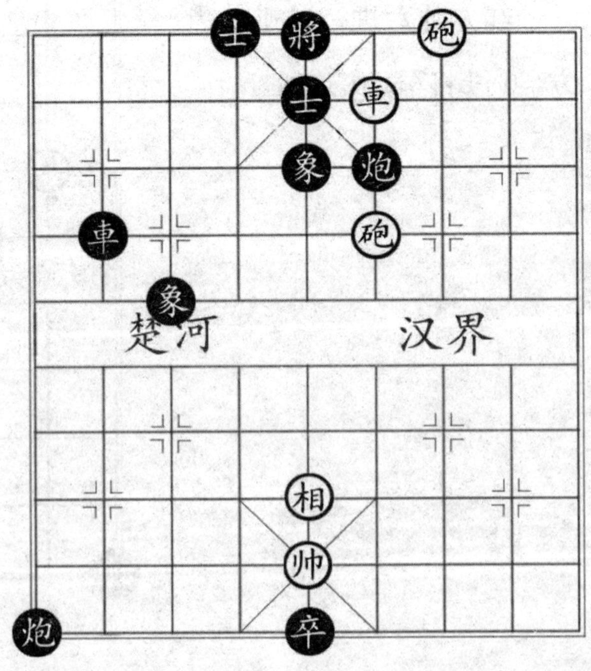

红方车四进一将军，黑方无路可走，红方胜利。

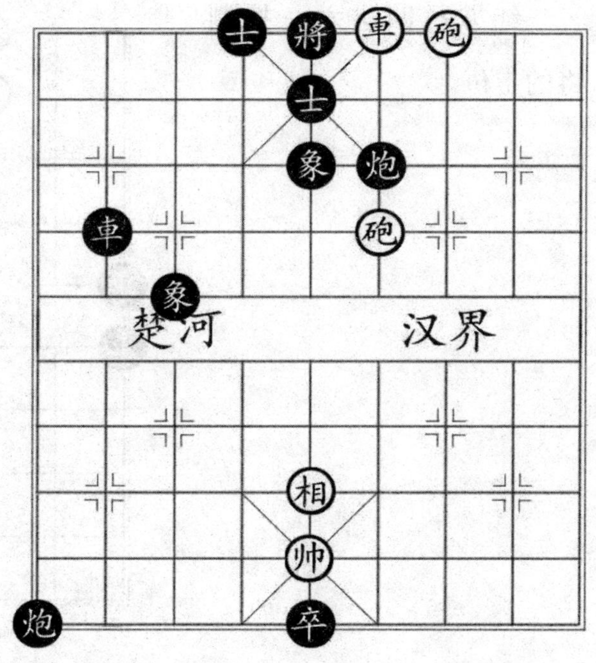

借力走法

借力是一种非常精妙的棋谱走法。下面以右图所示棋局为例来介绍借力走法。

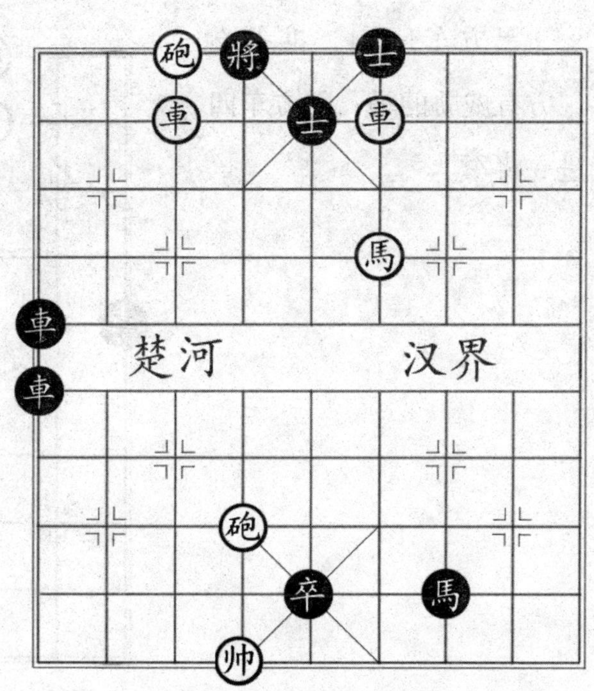

红方马四进六，控制将的走位。

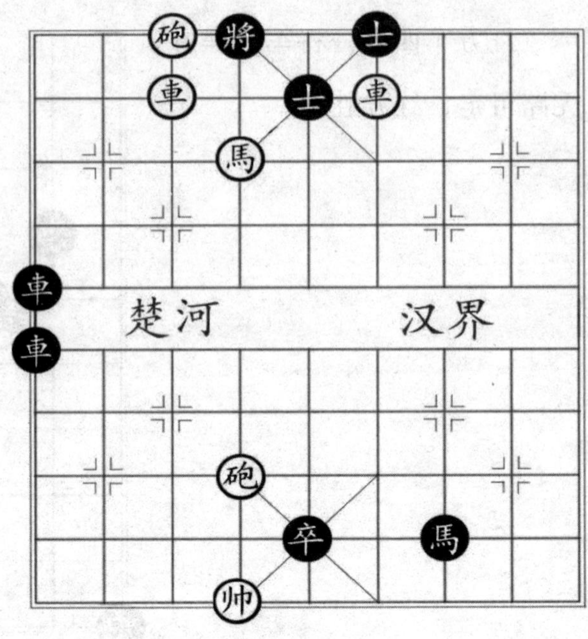

黑方车1平4，准备吃红方有威胁的马；红方车四进一将军。

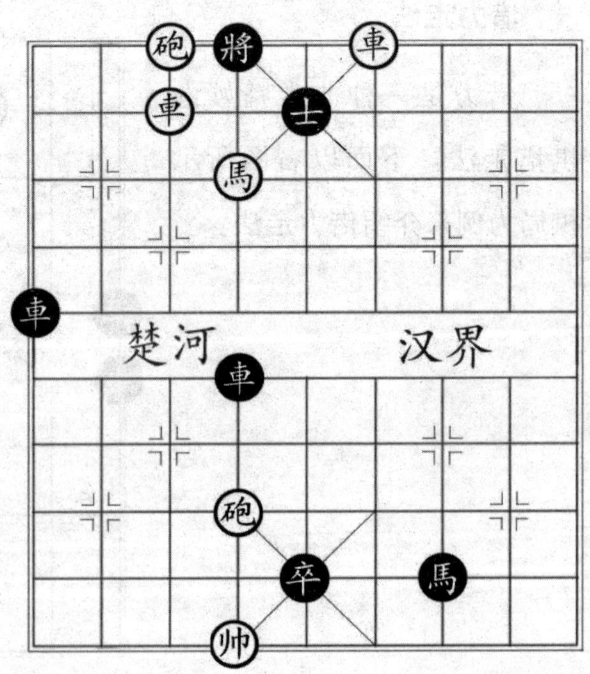

黑方士5六6，吃到红方的车。

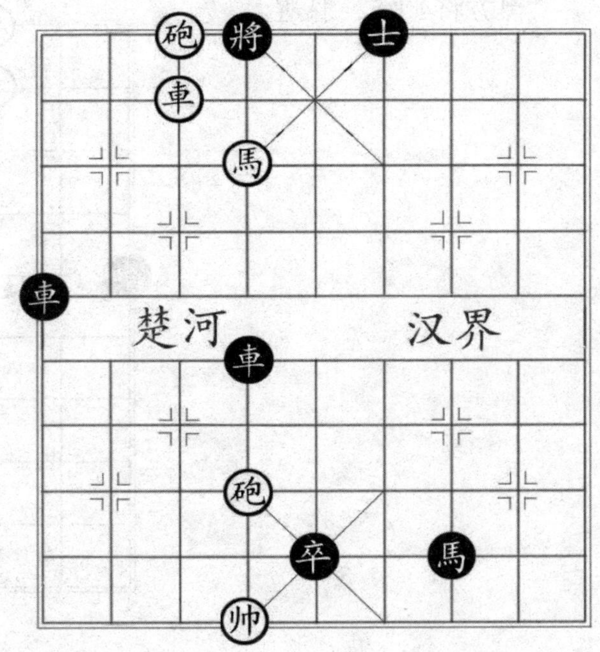

红方马六进四，将军。

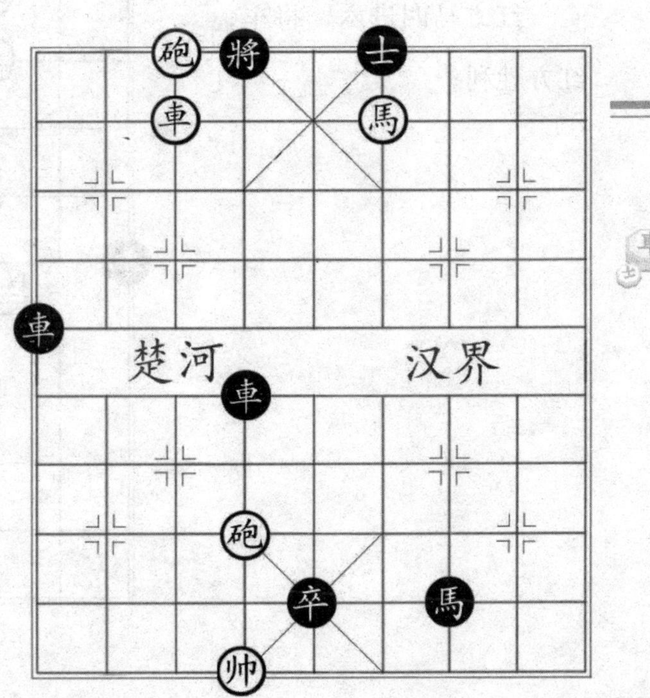

黑方将4平5，躲避。

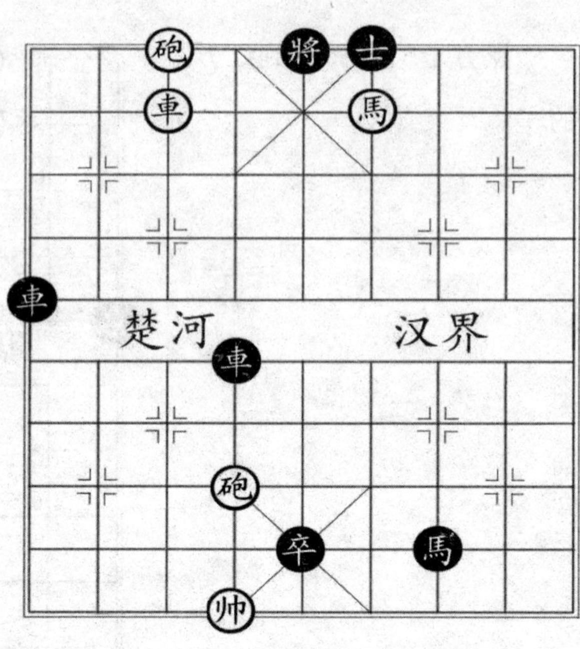

红方马四进六，将军，红方胜利。

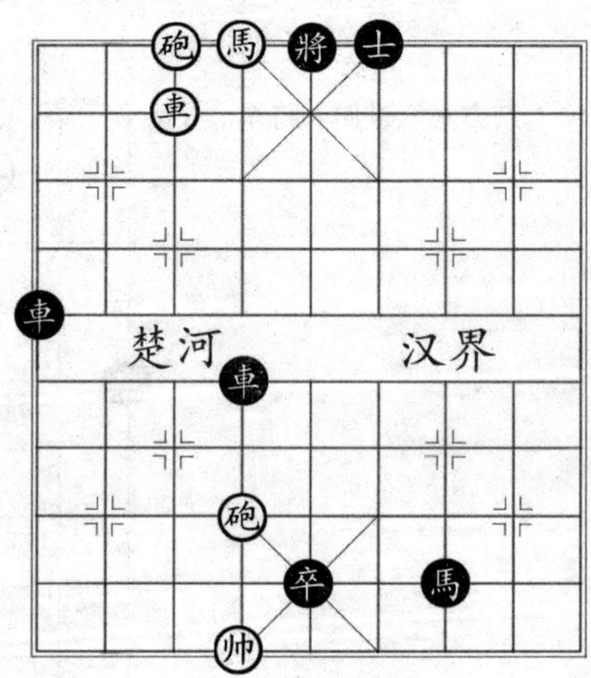

仙人指路对卒底炮

黑方卒底炮开局界面如右图所示。

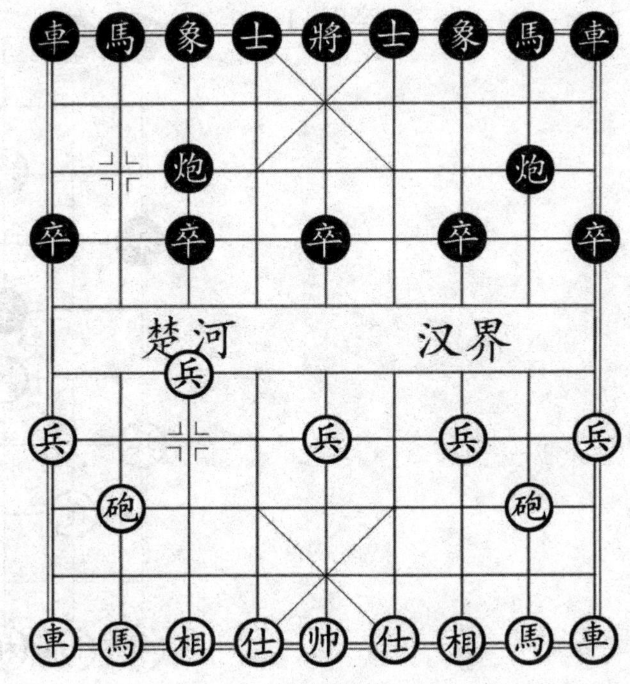

兵七进一　炮2平3

炮二平五　象3进5

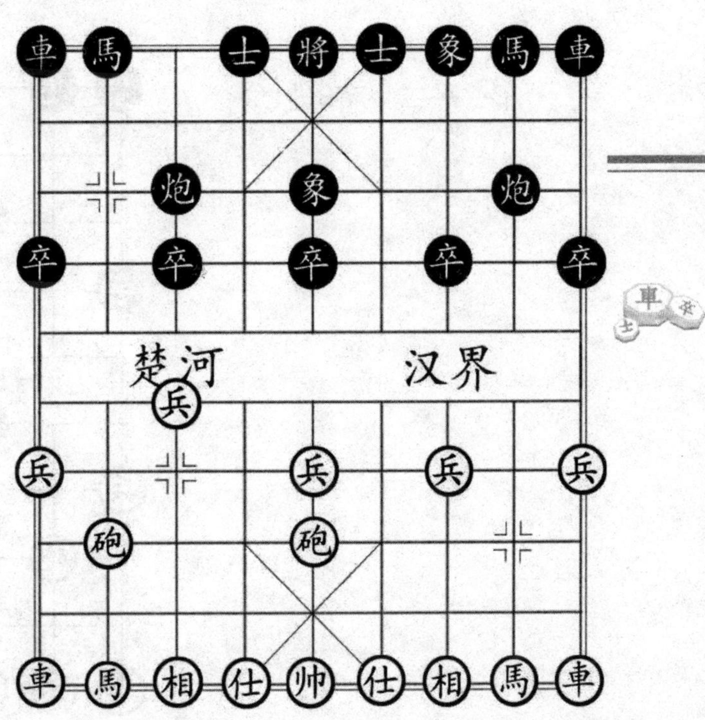

马二进三　卒3进1

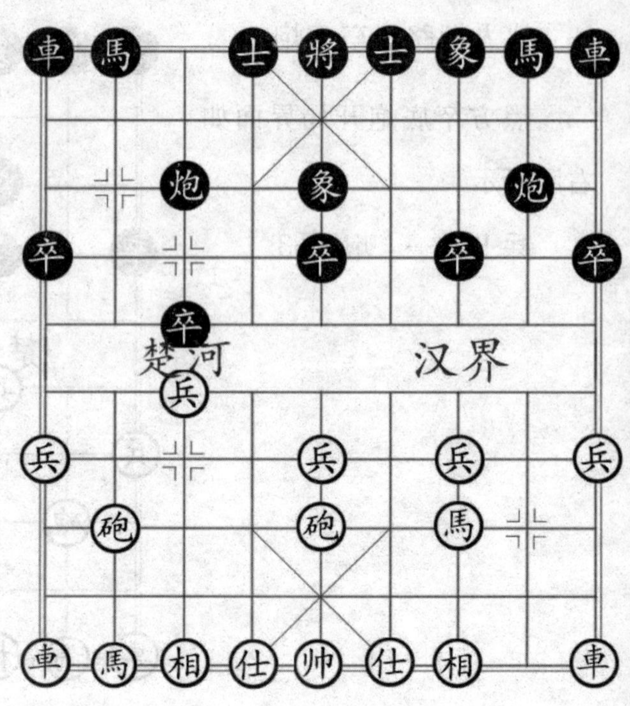

车一平二　卒3进1

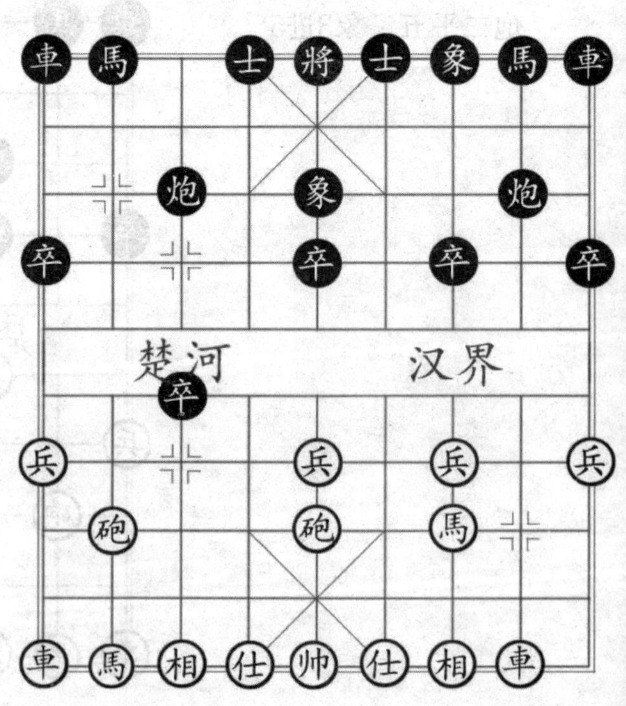

马八进九　车9进1

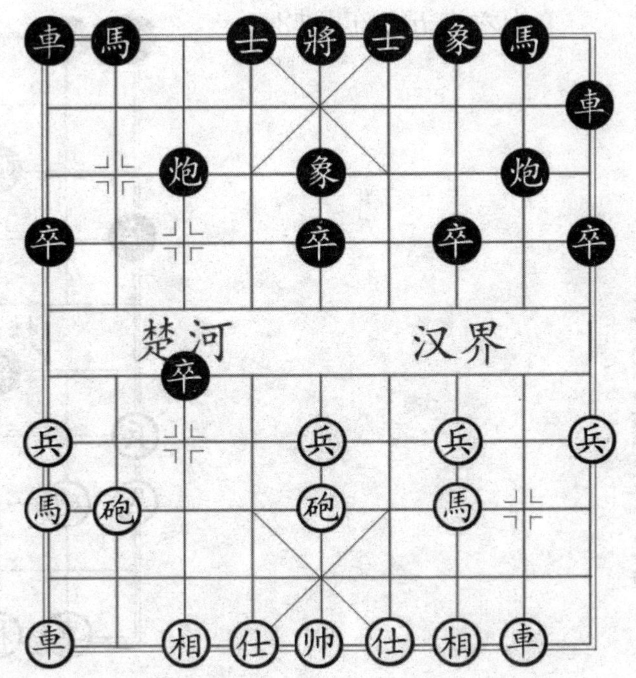

车九平八　车9平4

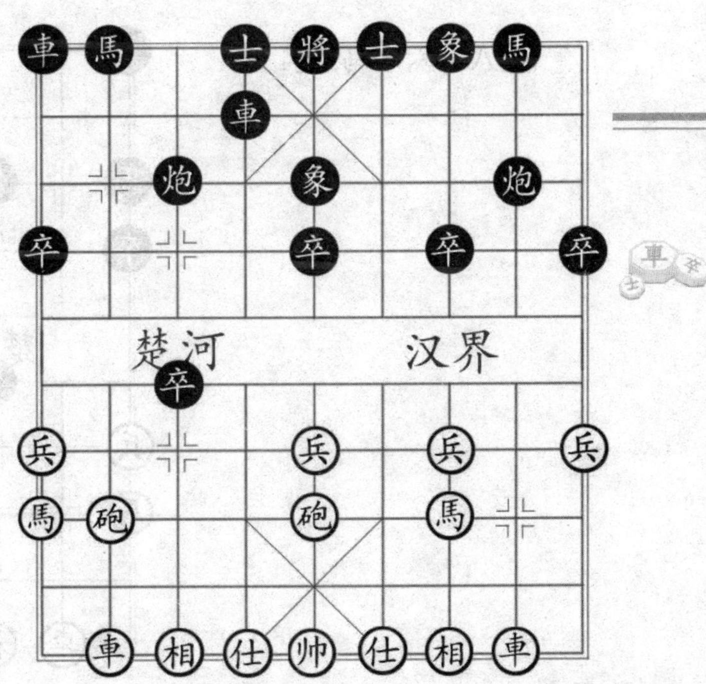

士六进五　车4进2

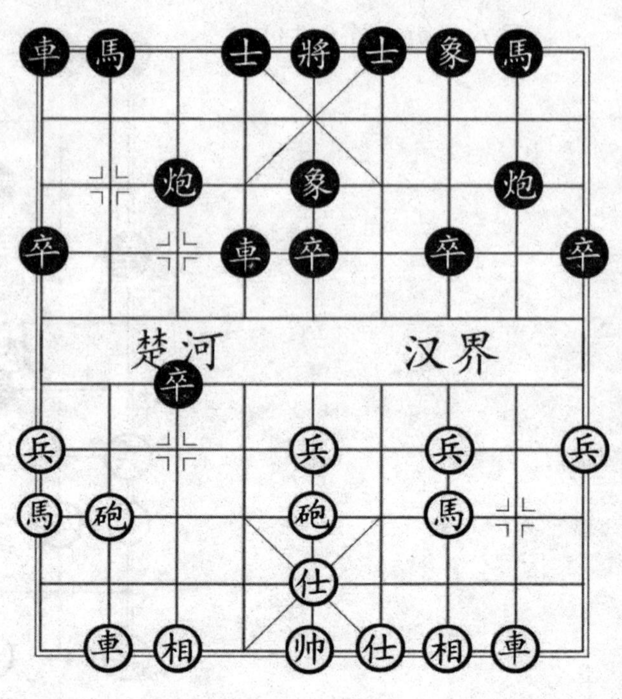

炮八平六　马2进1

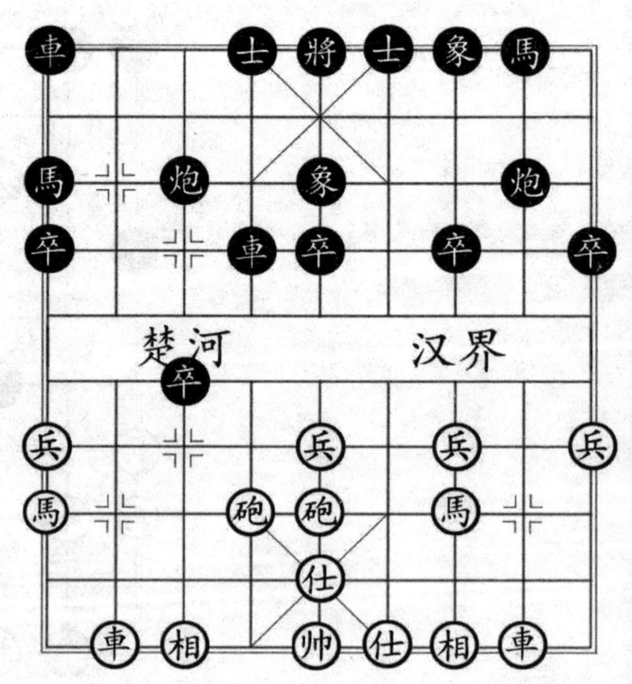

兵三进一　马8进9

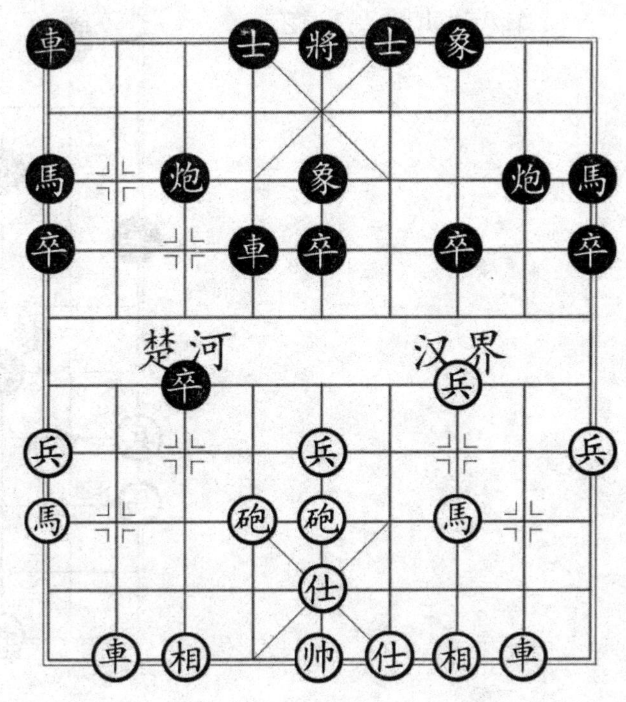

马三进四　车1平2

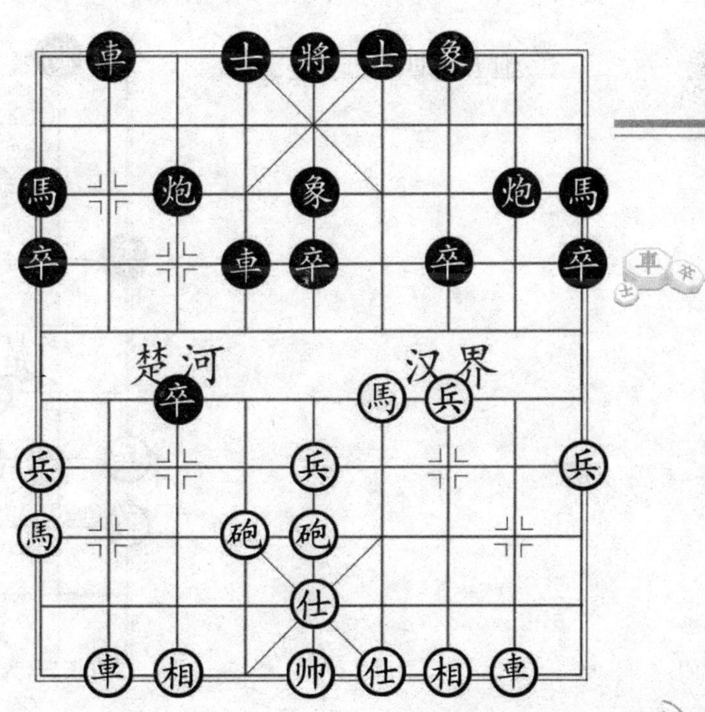

车八进九　马1退2

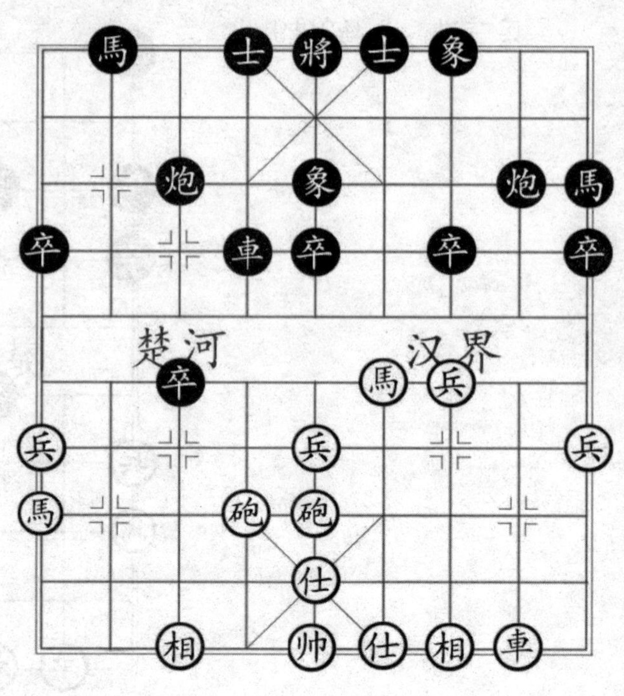

炮五进四　士4进5

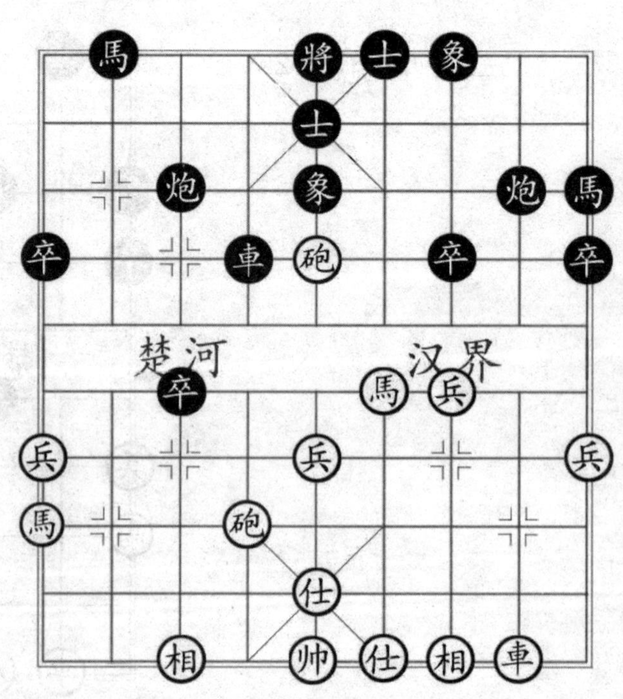

车二进五 炮3平4

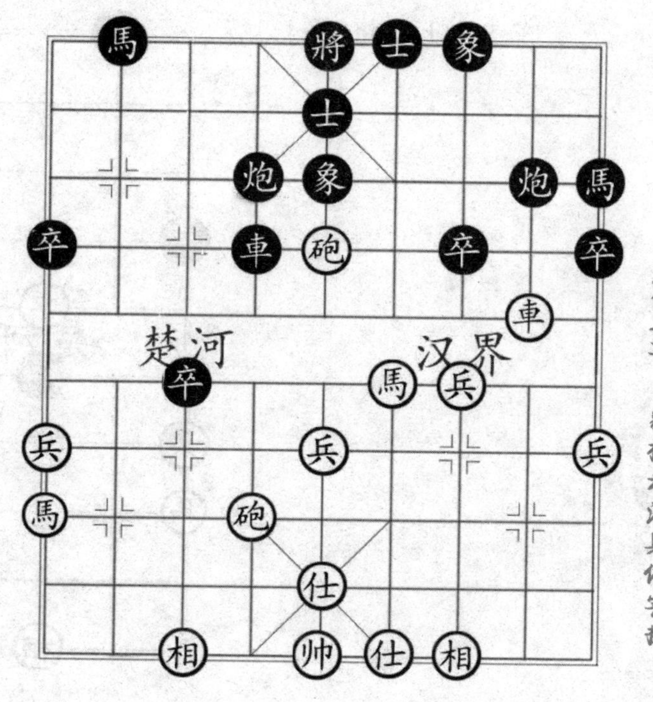

炮六平五 卒9进1

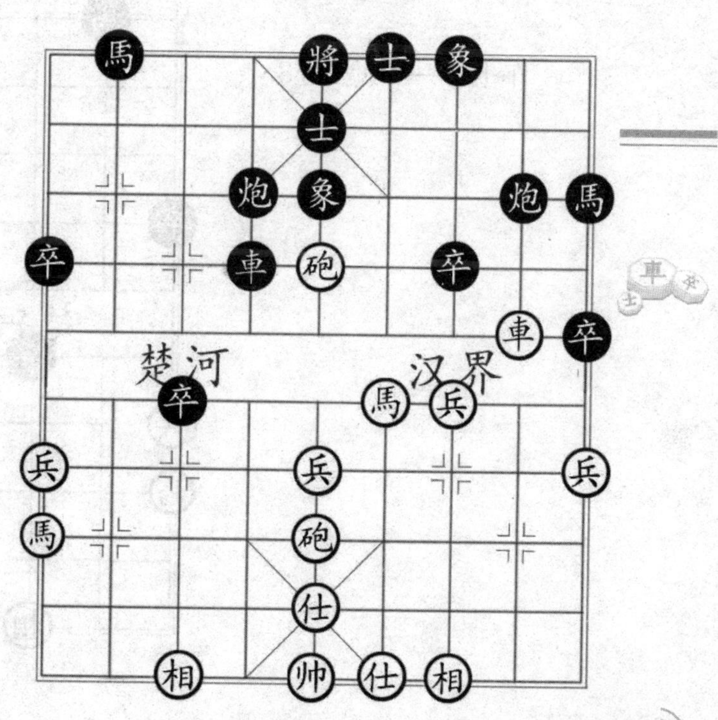

车二平七　将5平4

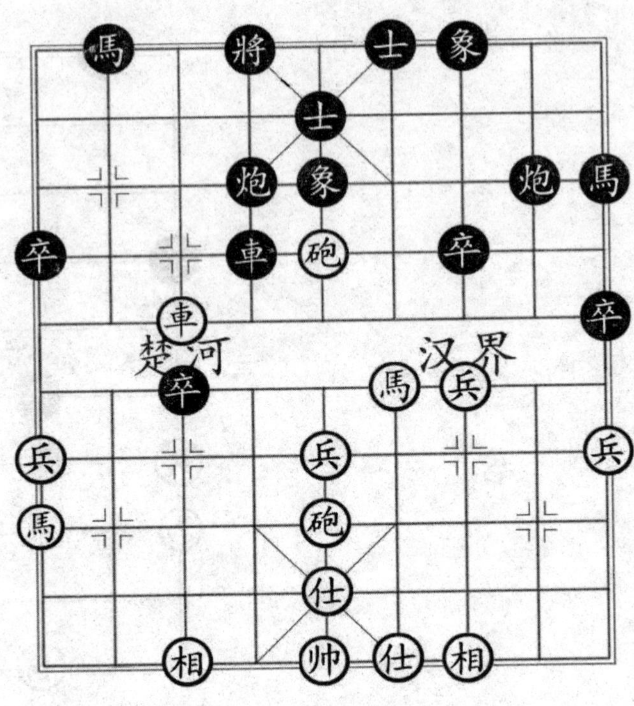

车七平一　炮8进3

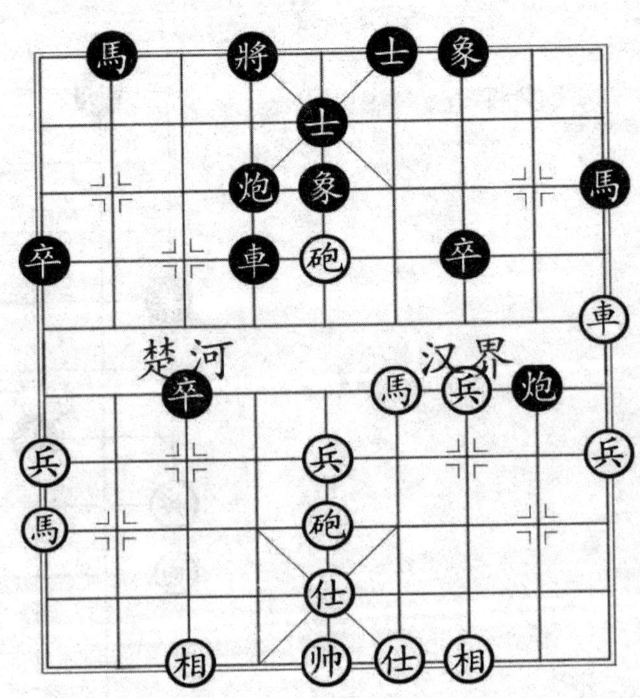

车一平八　马2进3

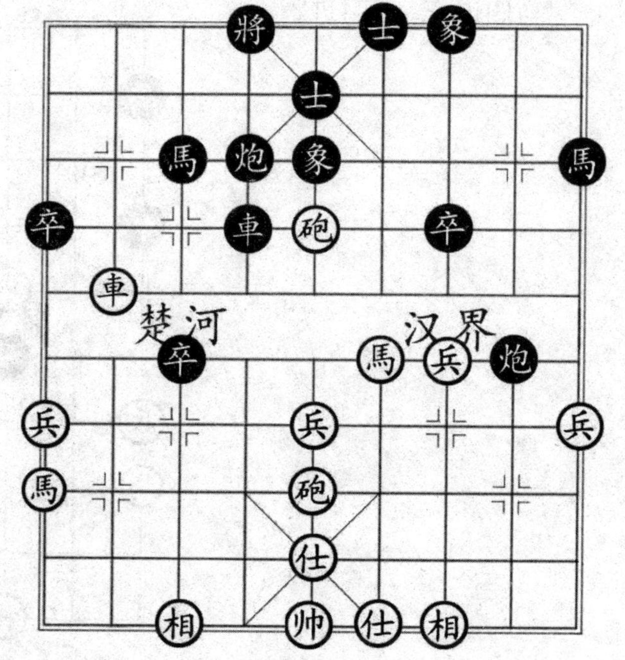

车八平七　马3退1

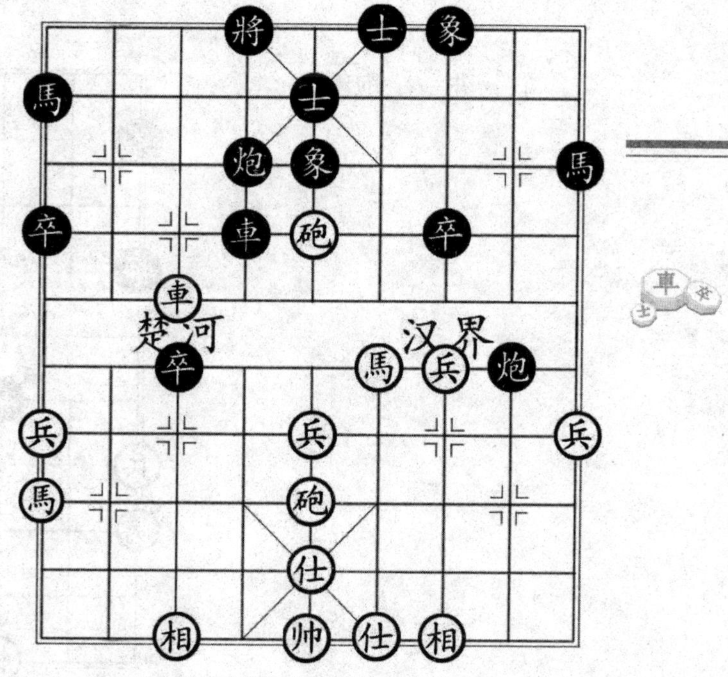

马四退三　车4进2

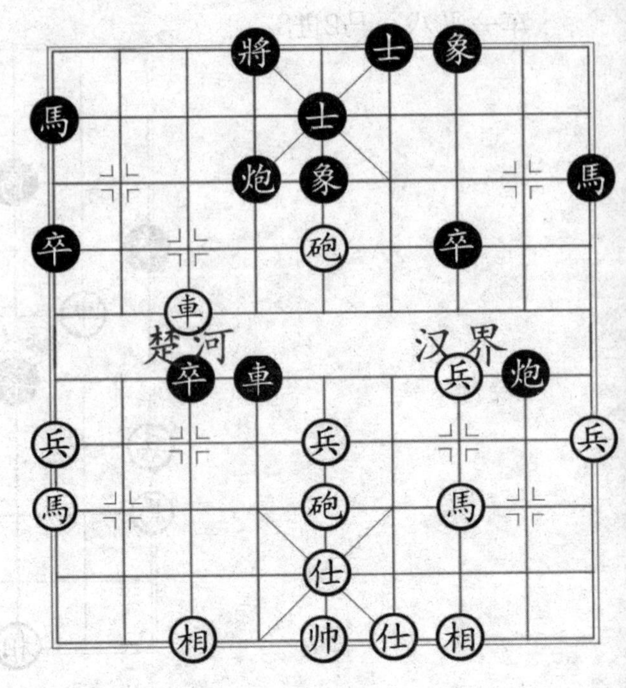

车七进一　炮8退4

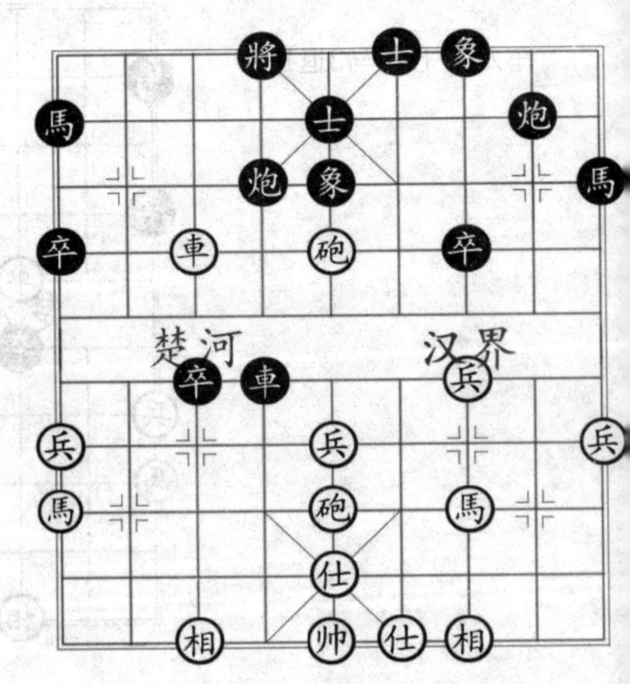

炮五平七　卒3平2

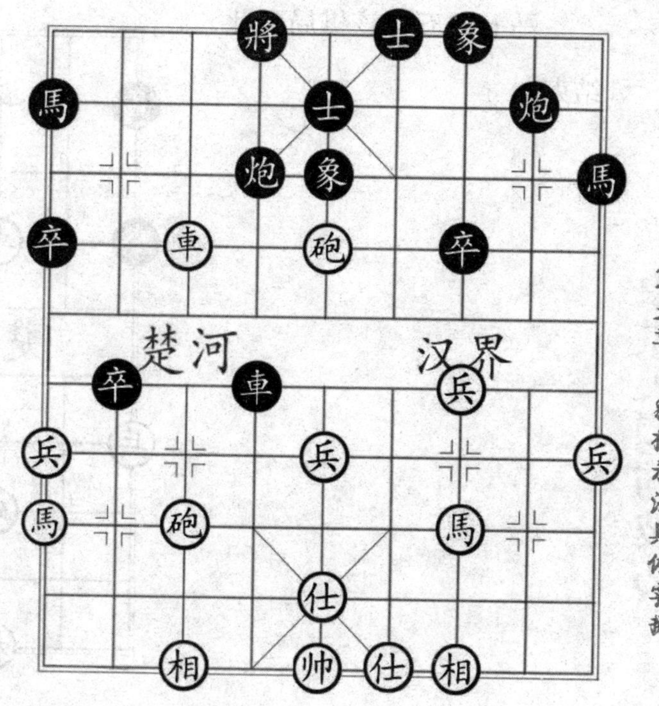

马九进七　车4平7

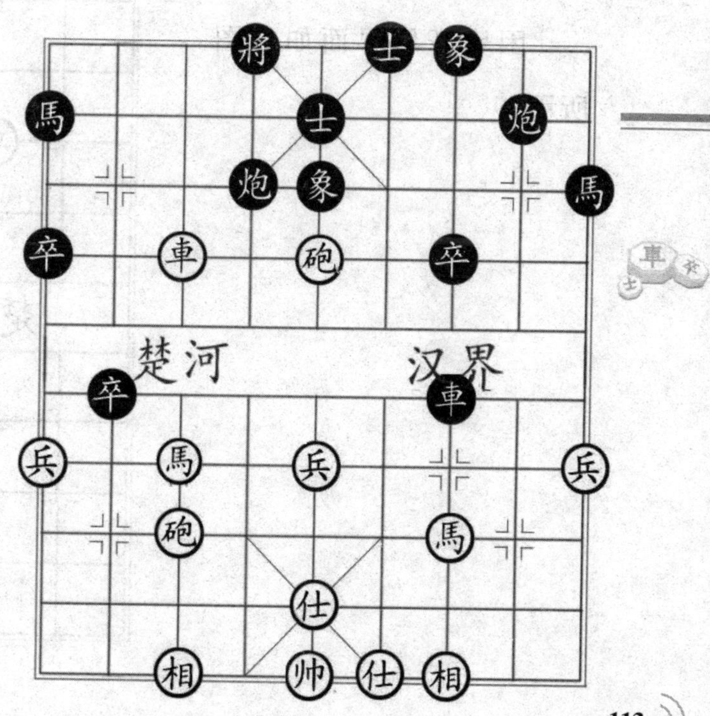

马七进五，该棋局到此结束。

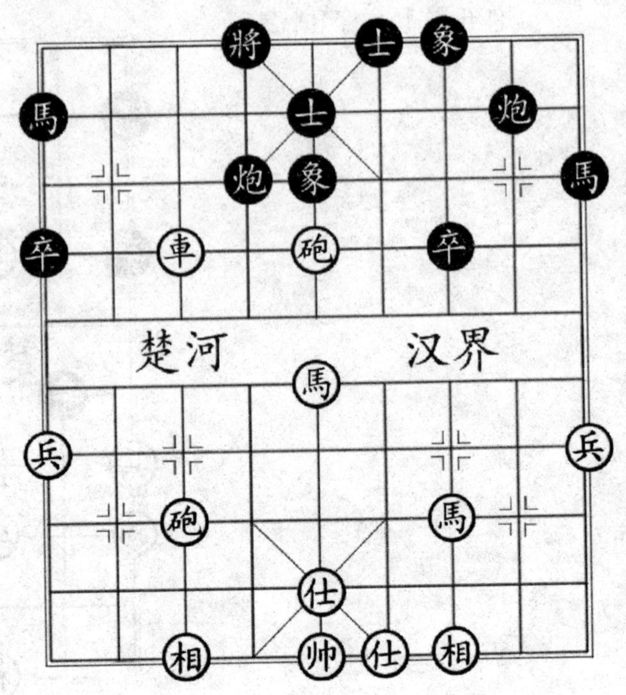

困毙

困毙开局界面如右图所示。

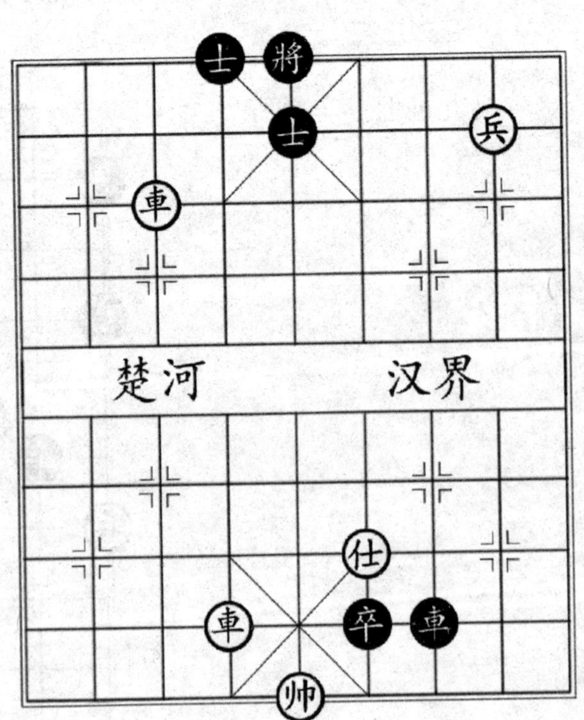

车六平四

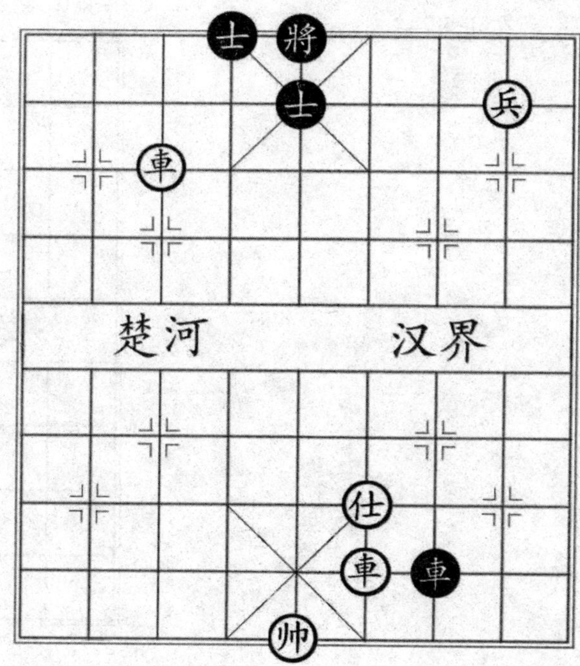

车7平6

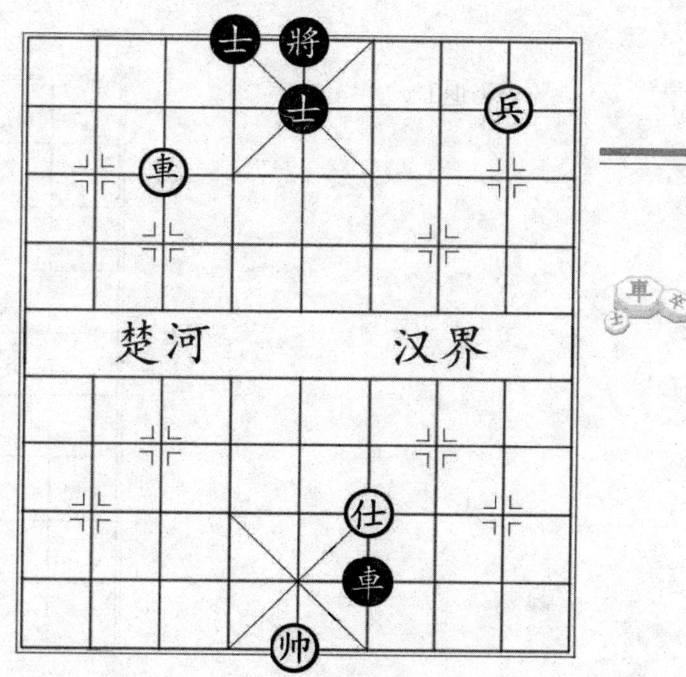

车七平三

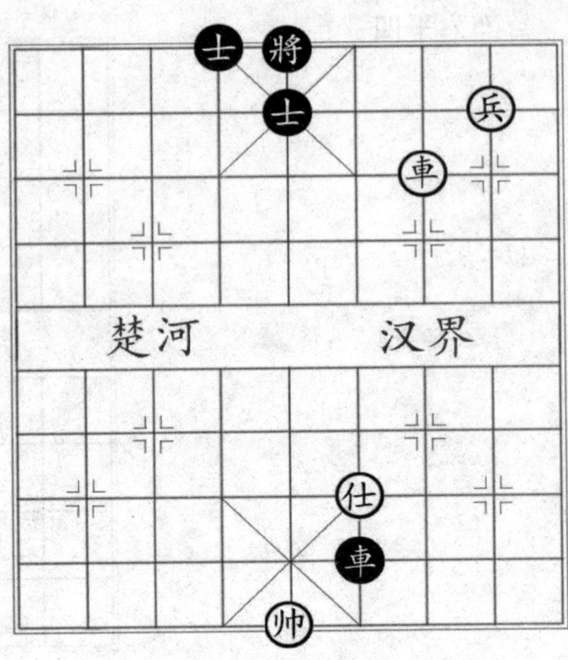

车6退1

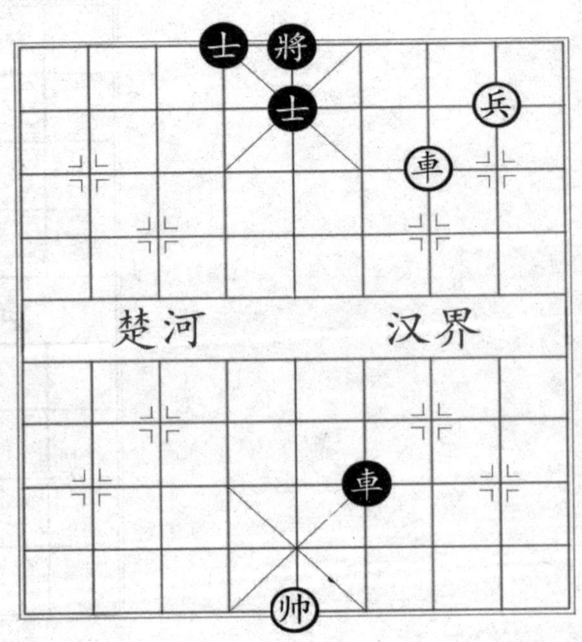

车三进二

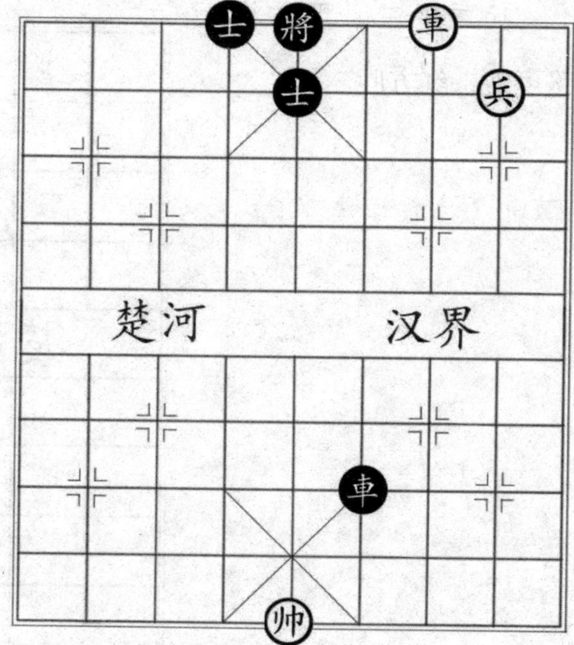

车6退7

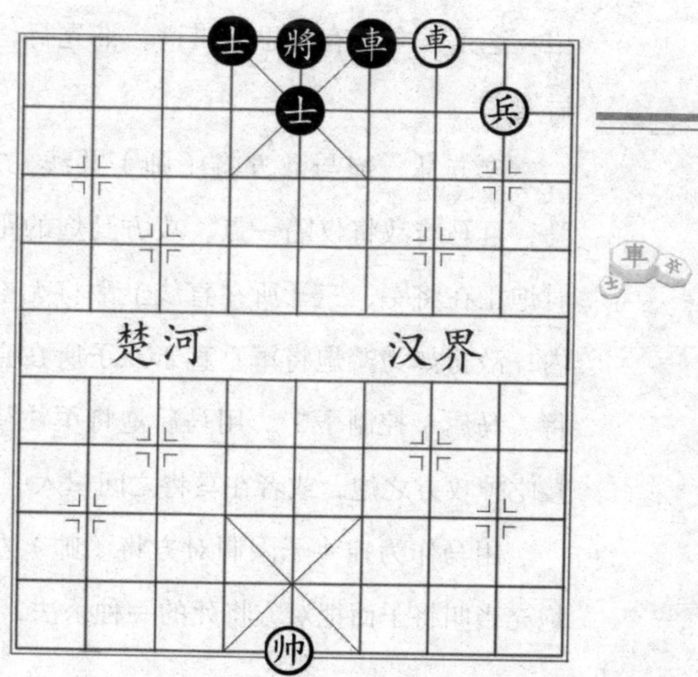

兵二平三，黑方将无路可走，红方胜。

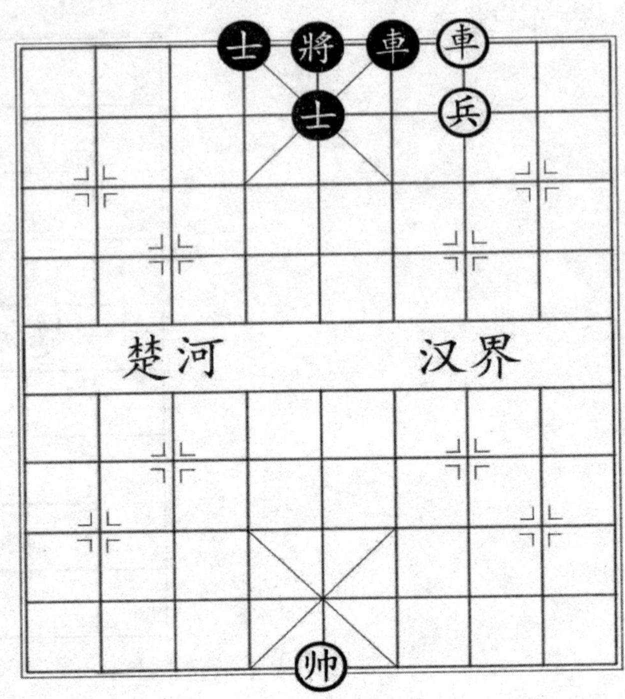

马后炮

一方的马与对方的将处于同一直线或同一横线，中间隔一步，再用炮在马后将军，称为马后炮。这是残局或中局阶段一种颇有力量的杀招。这是一个很有意思的棋谱，谁先行，谁赢棋，且赢棋的方式都是马后炮。

攻方马、炮与敌方将（帅）共线，攻方炮与敌将之间只有攻方一马，且马与敌将仅隔一点，攻方马炮的距离可以是任意的可能情况。此时炮正在将军，三子所在直线上敌将无论如何移动都在攻方炮的射程之内；敌将如为避炮将军垂直于三子所在直线方向上移动，则马可踏死敌将（马属于控制子）。用马后炮将军往往可使对方毙命，解法只能是直接吃掉攻方之炮，或者在马将之间填入一子。

用马作为控将子限制对方将（帅）左右或上下活动，用置于马后的炮充当叫将子而把对方将死的一种杀法，即称为马后炮杀法。

【例1】棋例1如右图所示。

马七进九　红方车马炮三子归边，攻势猛烈，但欲迅速拿下黑方城池则还须仔细地运筹帷幄。现红方进边马准备马后炮将是颇有深算的好棋，如走炮八平九分炮叫杀，则黑方车4退1蹩马腿后红方将一时难以入局。

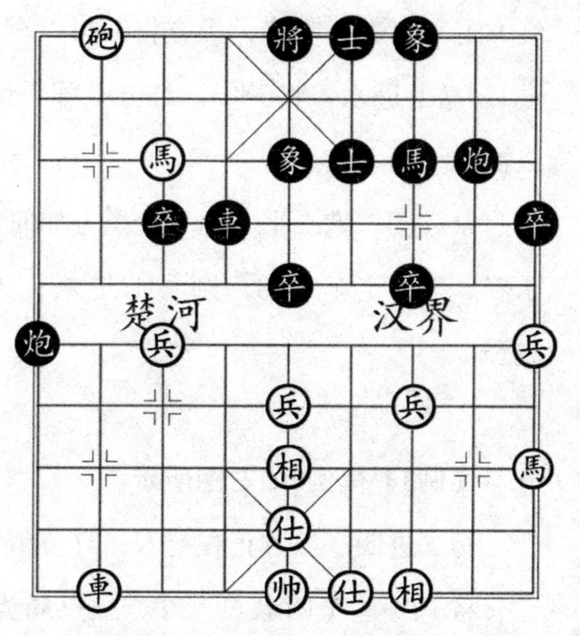

将5进1　黑方上将也是被迫之着。如将5平4，则红方马九进七后再车八进八，速胜。

马九退八

退马蹬炮准备下着马八进七再踩车并要马后炮将，是着好棋。此后黑方必顾此失彼而丢子。红方经过认真谋划，终决胜于千里之外。

【例2】棋例2如右图所示。

炮二进一　眼看黑方下手车9平8即对红方构成绝杀，看似子力分散的红棋却自有妙计。这着精巧无比的探炮叫杀便是力挽狂澜的不二选择，若

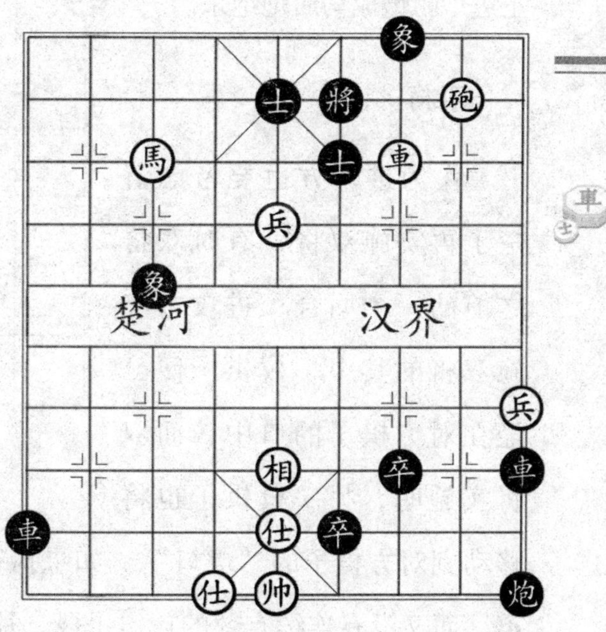

红方走车三进一叫将，黑方将6退1；车三进一，将6进1；炮二退三，士5进4；马七进六，将6平5。红方一阵手忙脚乱却并无制敌手段，局势将难以挽回。

象7进9　炮二平七　无论黑方如何行棋，均将难以防范红方马后炮的杀着。黑方走车1退8，则马七进六；士5退4，车三进一；红方仍捷足先登。

【例3】棋例3如右图所示。

马二进四　黑方正在打双，红方似乎只有此着可走。

将5平6　车四退二　红方赢棋局势已定。若随手误走马四进二打将后再退车，则黑方炮1退1后红方将无比遗憾地与胜利失之交臂。

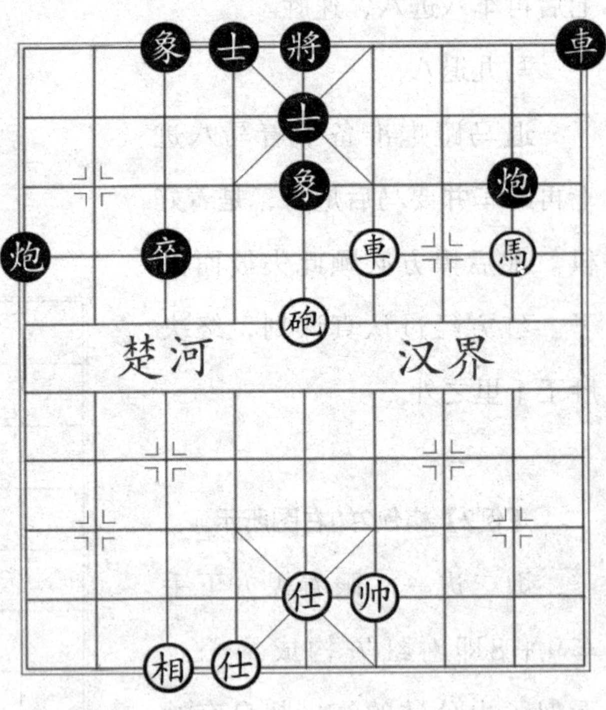

卒3进1　炮五进一　红方主进炮阻炮成马后炮绝杀。

双将

作为进攻方也要考虑清楚了再实施双将，有时双将之前的一个回合，进攻方实施双将的其中一枚棋子便已经在对方棋子的口中，而双将实施时，另一枚棋子也将移动到对方棋子的“虎口”。如果执行双将时，对方的将（帅）成功逃离，而又没有连续有效的攻击手段，那么己方必定丢失一枚棋子。

双将由于是两枚棋子同时对对方的将（帅）展开进攻，所以一般情况下不能去组织反叫将，只能够进行将（帅）的移动。所以，防守方遇到双将情况时，第一个要考虑的便是如何移动将（帅）。但也有特例，比如说炮车直线双将时，可以考虑用子力垫防，但是这样往往容易被抽将。

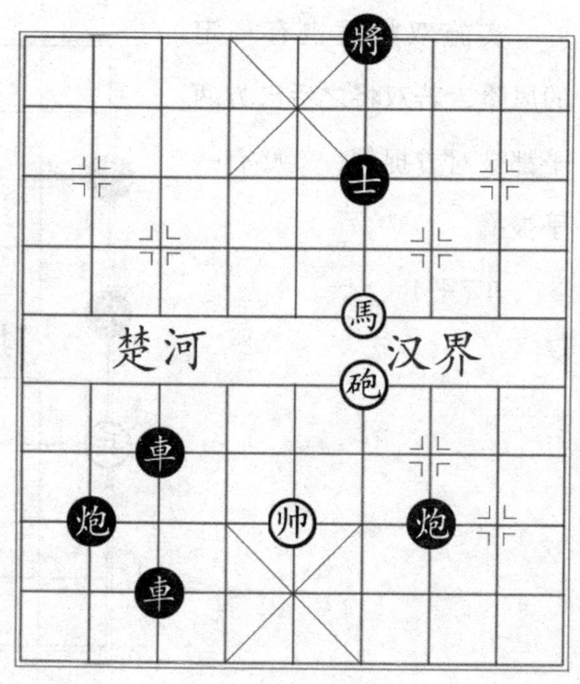

如右图所示是双将的基本排局。

马四进三　因红方叫将，黑方将无法一个回合内解两个子的叫将，所以无解。

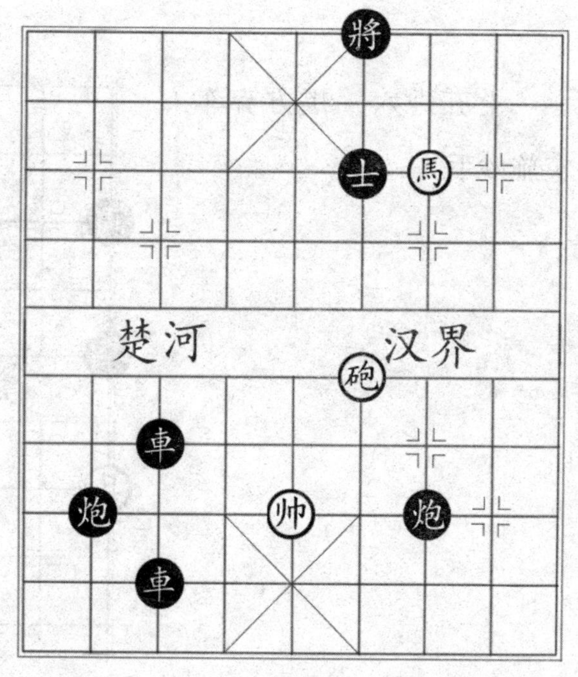

实施双将时也有一定的风险，若双将之后己方两子都被对方捉住，就必有一子被擒。

车7平4

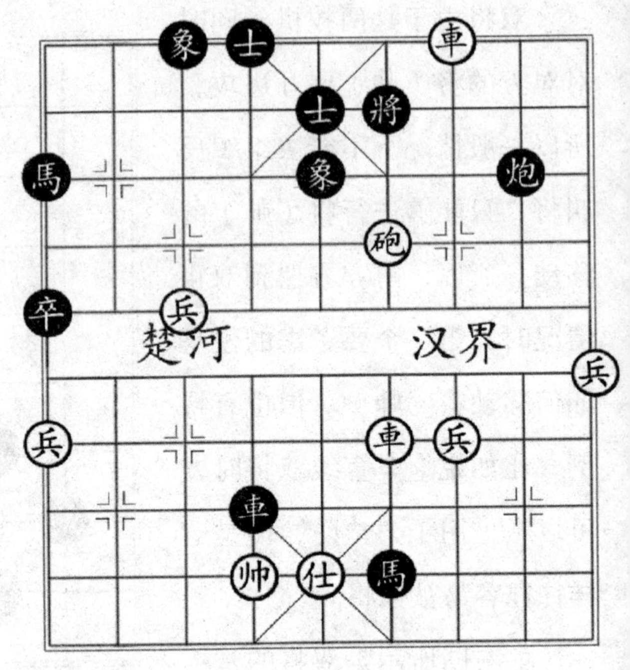

士五进六　黑方弃车突施妙手。

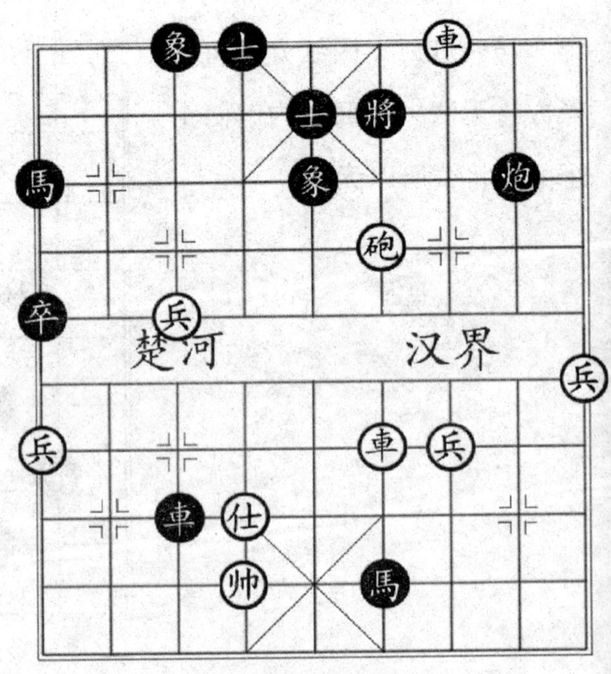

炮8进6 士六退五

马6退5 双将杀一气呵成。接着红方帅六退一黑方车7进2。

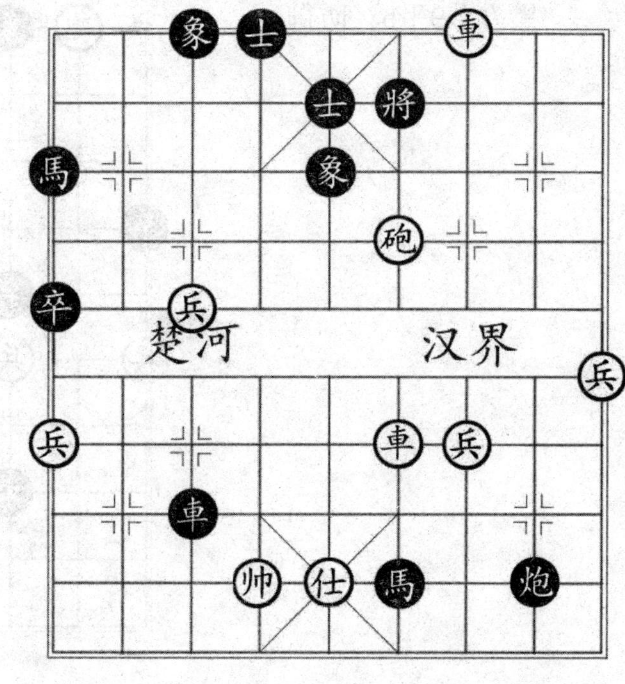

天地炮

天地炮是使用两个炮，在中线和底线对对手造成威胁的杀法。

如右图棋局所示，红方炮八进一，摆好架式。

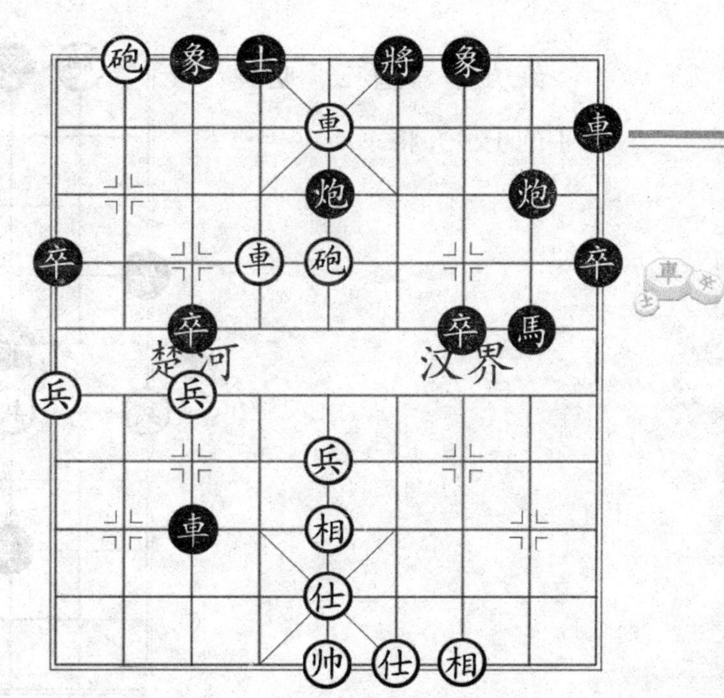

黑方车9平5，防御。

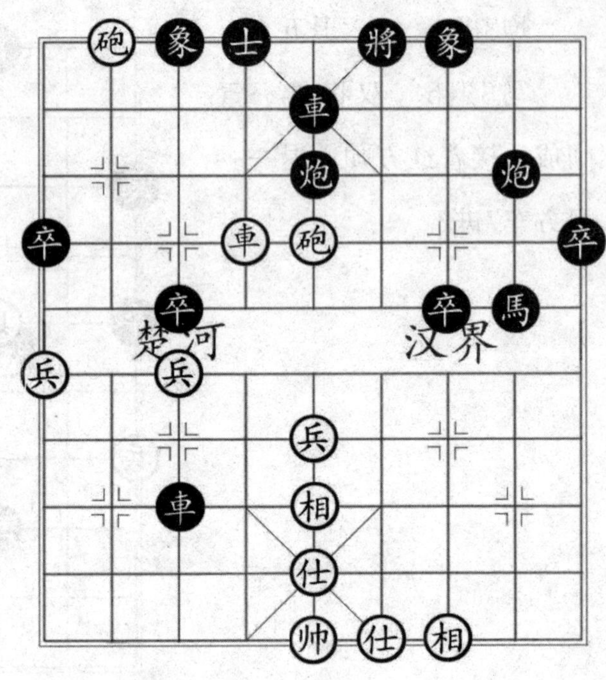

红方车六进三，吃掉对手的士，并将军。

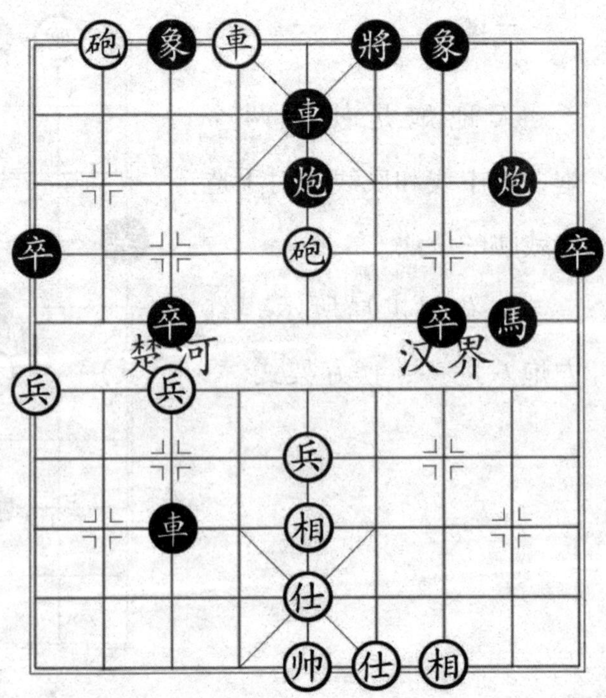

黑方车5退1，防御。

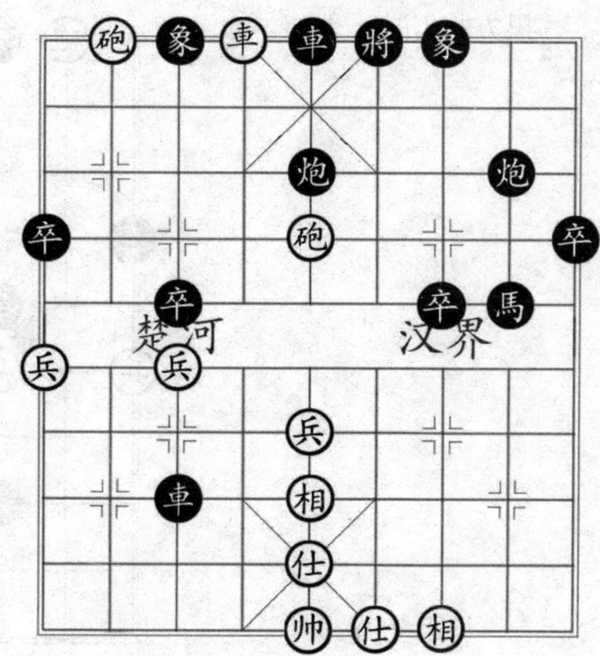

红方车六平五，吃掉对方的车，再次将军。

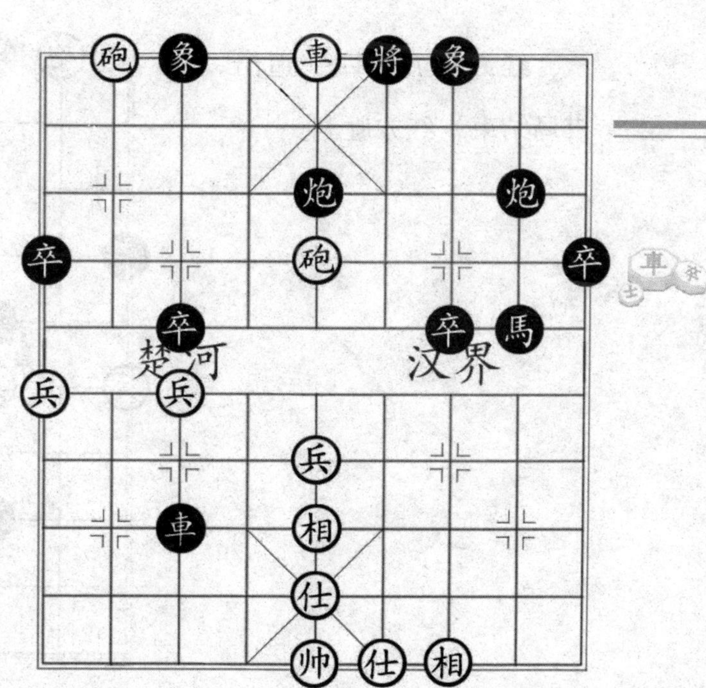

黑方将6进1，躲避。

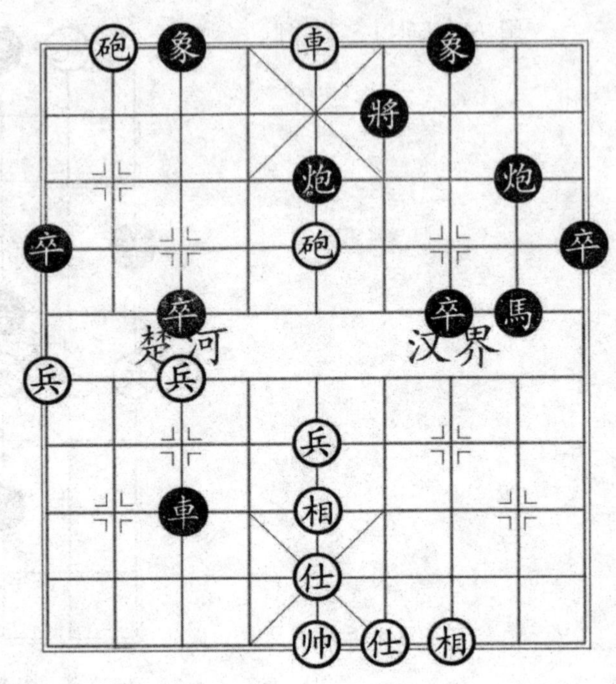

红方车五平四，追击，棋局结束，红方胜利。

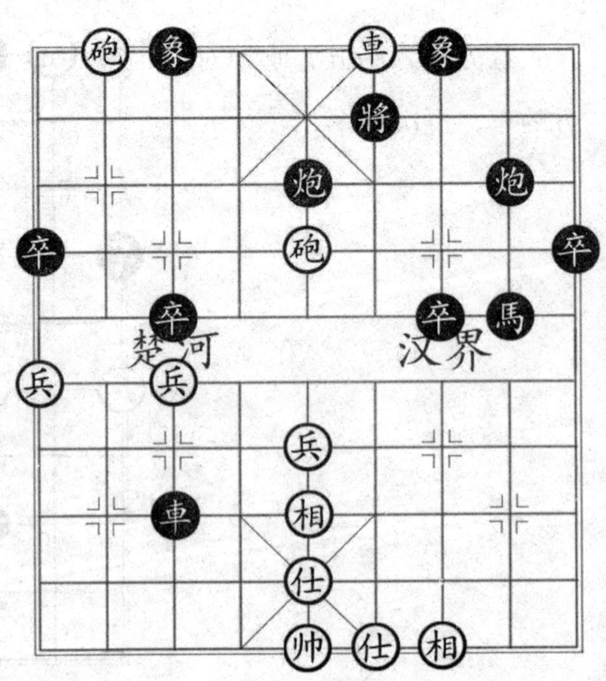

双马饮泉

双马饮泉是指双马齐聚一侧发动攻势的一种杀法。先用一马在对方九宫侧翼控制将门，另一只马跳到这只马的里侧卧槽将军，双马互借威力，左扑右杀，共同出击，因是双马并排在河头，所以得名“双马饮泉”，也常叫“打滚马”。

“双马饮泉”语源于《桔中秘》，它的原型是用一马在对方“九宫”侧翼控制将门，另一马挨着这只马卧槽奔袭，迫使将（帅）不安于位，然后双马互借威力，回环跳跃，盘旋进击而巧妙取胜的杀法。其含义经延伸后便将凡用双马腾跃攻将，从而构成巧妙杀局的，均称“双马饮泉”。

残局中双马可以必胜士象全，因为一定可以走到可以使用“双马饮泉”杀法的局面，进而白吃士象获胜。

【例1】棋例1如右图所示。

1.后马进三　将5平6

2.马三退五　将6平5

3.马五进七

双马互借威力借抽将之机，仅三个回合便取得胜利。

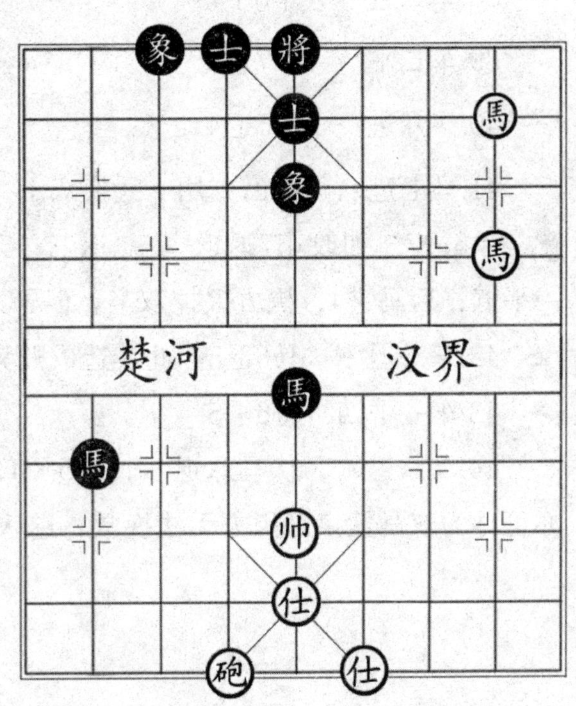

【例2】棋例2如右图所示。

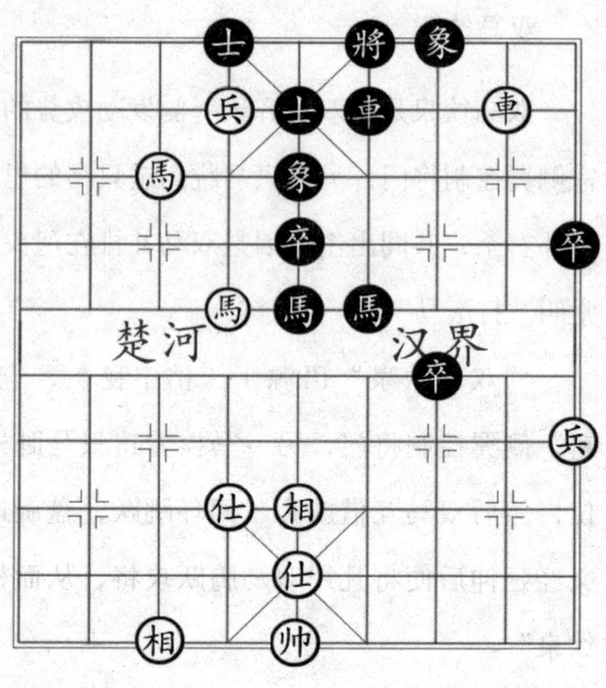

2012年，周桩杯海峡两岸象棋大师赛决赛阶段，北京王天一与江苏程鸣争夺第三名。抽签王天一执红棋先行，摆出飞相对起马转中炮局，对方弈完37回合时局势如右图所示，轮到红方走。此时双方子力大体相同，如果对车可能成和，但红兵深入九宫，红方不愿走车，争取胜机。其步骤如下：

38.车二进一　车6平7

39.车二平一　车7进2

40.兵六进一　士5退4

41.马七进六　占己方用一兵换双士，并捉黑方象。

象5进7　如改车7退1，车一退三；车7平6，相五进三；马5进6，车一平五；后马进4，黑方丢掉双卒，但子力较好舒展。

42.车一退一　马6退5　此着造成败势，应改车7平6，守住肋线。

43.车一平四　将6平5

44.马六退八，伏马八退六，将5平4，后马进七杀。双马并排成势，亦可称为双马饮泉。黑方无法挽救，遂认输。

【例3】棋例3如右图所示。

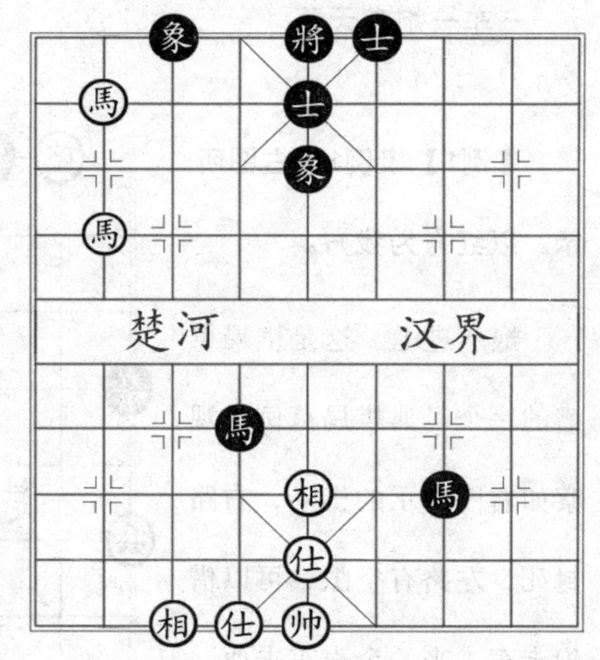

1.后马进七　将5平4

2.马七退五　将4平5，黑方如将4进1，红方则马五退七杀。

3.马五进三

红方双马饮泉杀，胜出。

【例4】棋例4如右图所示。

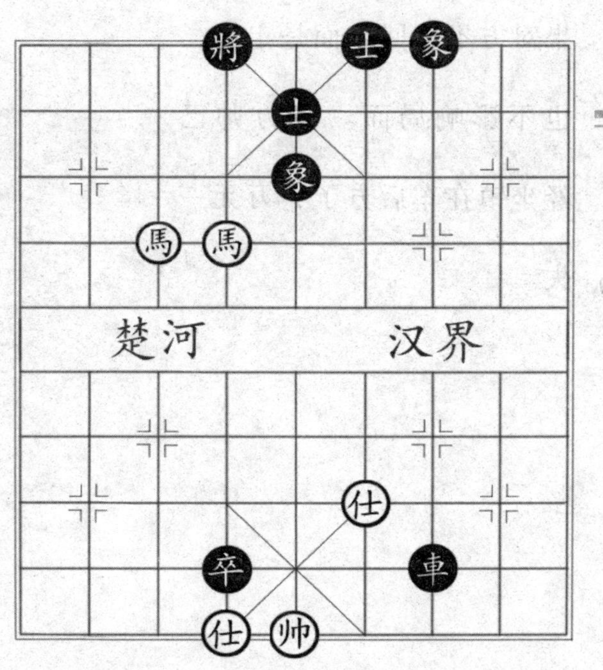

1.马七进八　将4平5

黑方如将4进1，红方则马六进八杀。

2.马六进七　将5平4

3.马七退五　将4平5

4.马五进七　将5平4

5.马七退六　将4平5

6.马六进四　红方胜。

一车一炮走天涯

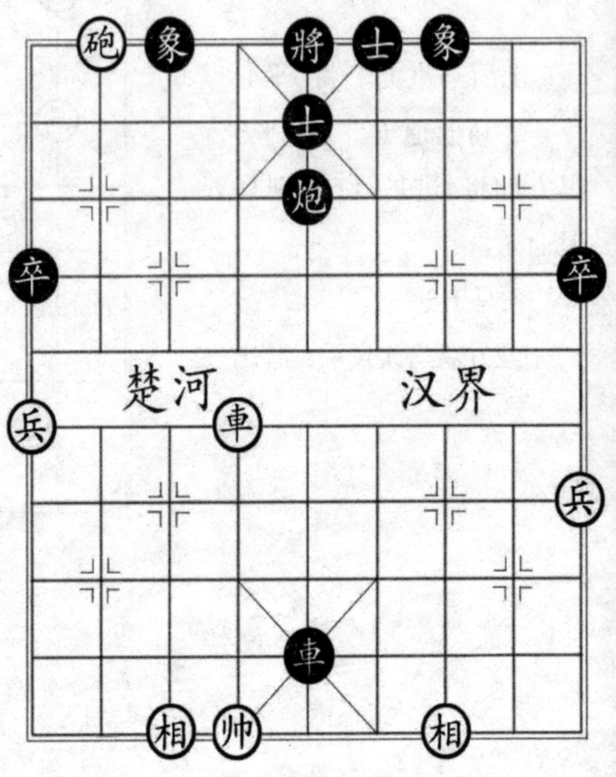

【例1】棋例1如右图所示。以红方为我方。

炮八进七　这是棋局棋谱的一个经典棋局范例。观察如右图所示的棋局，右路封死，左路有空隙，可以借炮走车，来一个声东击西。首先，炮直接进七，引诱对方将士调回防守。这时候如果对方不调回士而是走象，也不影响局面。我方帅已经坐镇在车后方了，万无一失。

士5退4　车六进五　对方士回防，我方有帅坐镇，所以可以直接挥师前进，吃掉对方的士，其实这盘局就被锁死了。

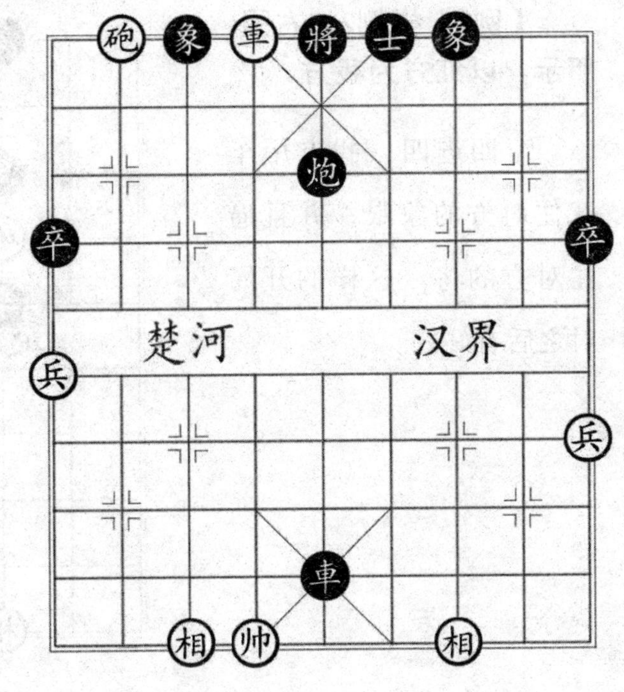

将5进1　车六退一　形成车紧随将的情形。对方无路可逃，因为对方自身的失误将右路封死，而左路有我方帅，对方不敢吃掉我方的车。对方将只得前进一步，这时候我方车紧随，对方将无法后退，所以这盘棋局就赢了，这就是车炮搭配的一种。

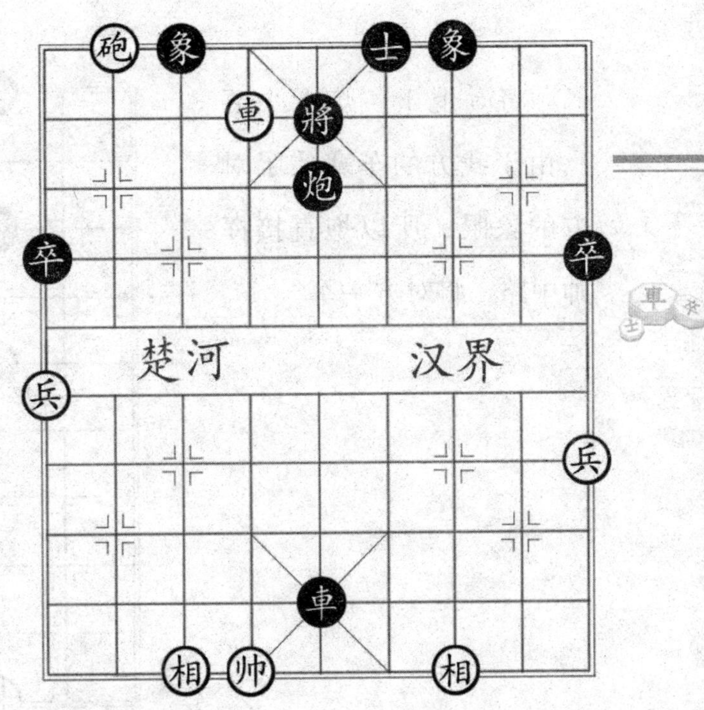

【例2】棋例2如右图所示。以红方为我方。

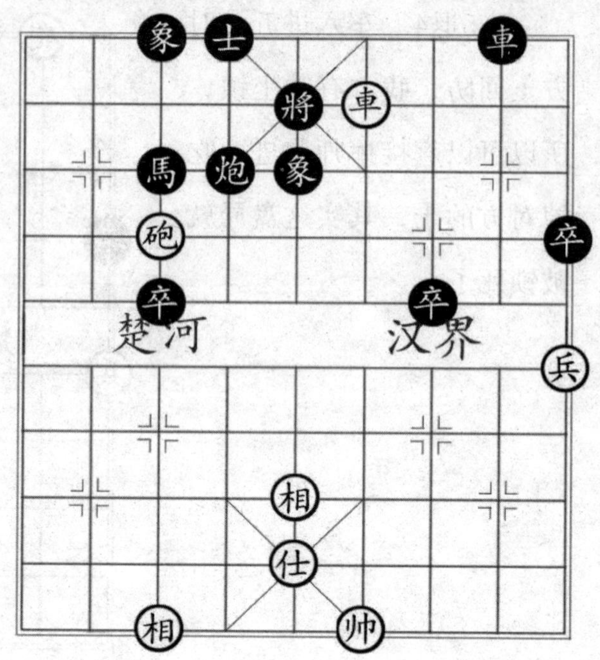

车四进四　我方用车塞住对方的象眼，并且逼住对方的将。这样的开局对之后有好处。

将 5 退 1　炮七平五　由于我方的车塞住了对方的象眼，所以炮直接挥师中路，将对方一军。

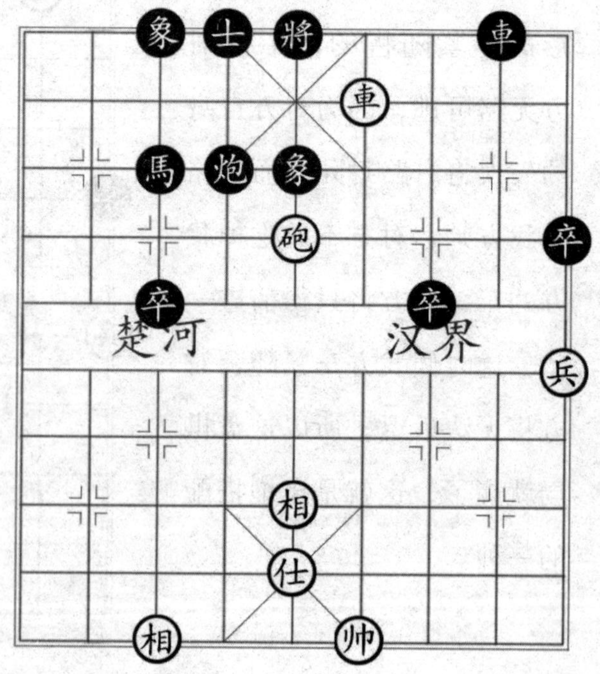

士 4 进 1　炮七平五

对方因为被塞住了象眼，并且其他退路被对方自己的卒所阻挡，所以只能上士。用车吃掉对方的士。

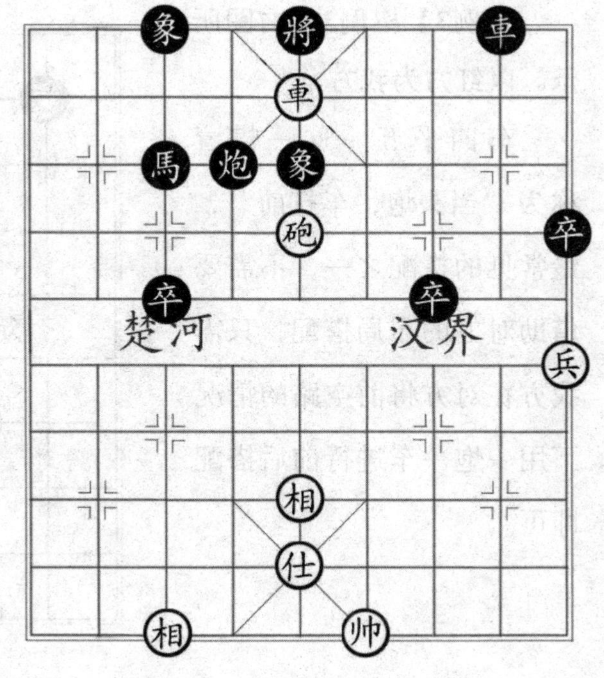

将 5 平 6　炮五平六

炮车重叠，对方将无处可逃，炮趁势逼过去，就将死了。

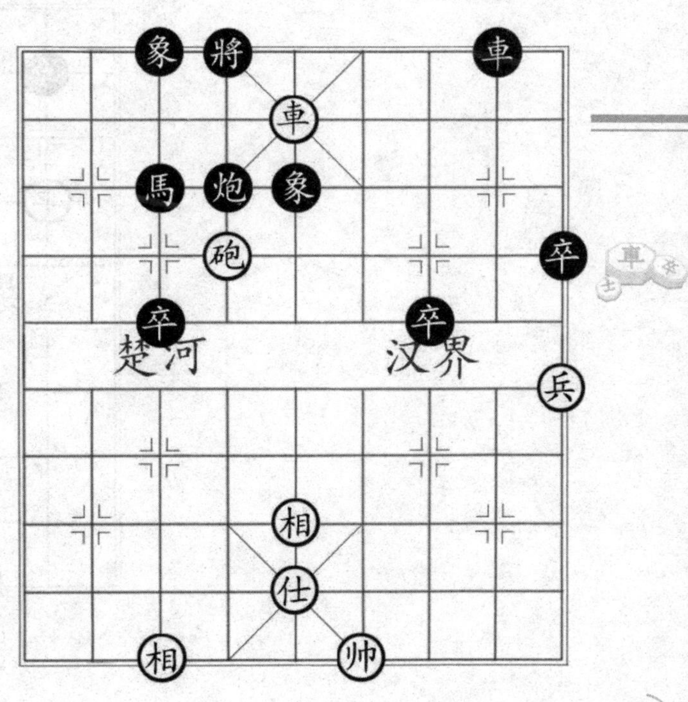

【例3】棋例3如右图所示。以红方为我方。

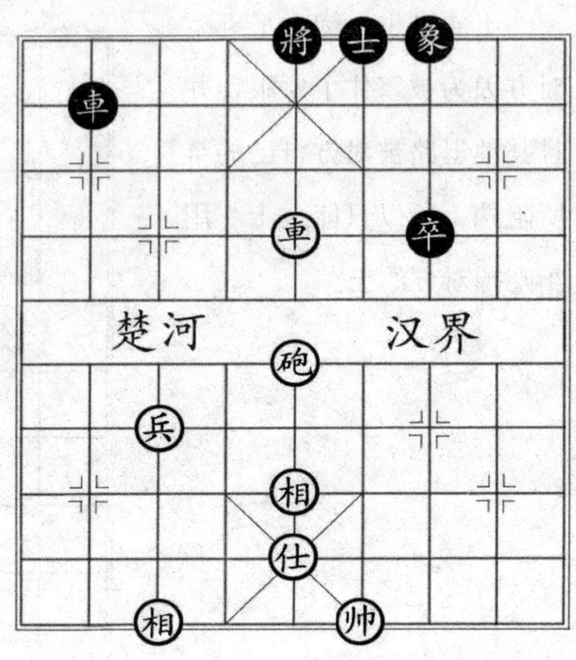

车四平五　这一棋着称为“当头炮，车打前”，最常见的搭配之一，不需要借助对方的布局搭配，只需我方在对方将前空路的情况下用一炮一车进行前后搭配即可。

士6进5　车五平八

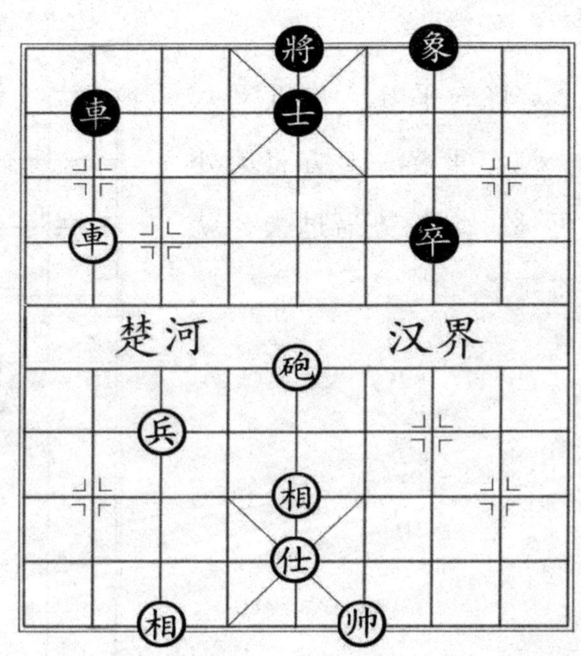

象7进5　车八进二

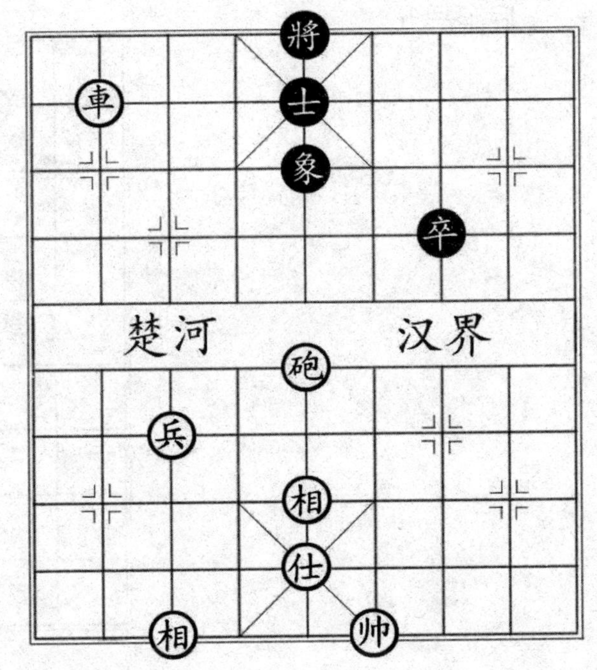

此着称为“人去楼空”，被前车后炮这么一将，对方回避将或者升起象等防守。这时候车可以灵活活动吃掉对方其他棋子，这也是这个搭配的根本目的，即不在于将死对方，而是声东击西、投石问路，吃掉对方有威胁性的棋子。

完璧归赵

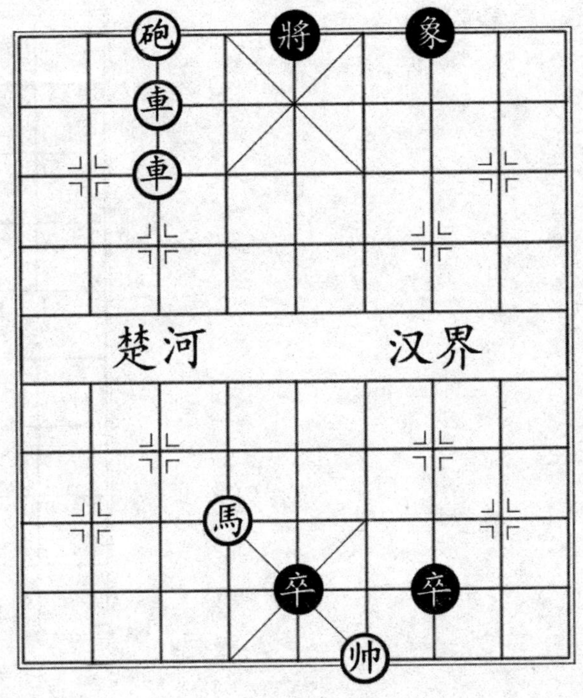

这是指黑方凭借二卒的先天有利位置，迫使红方弃双车调炮回宫，保帅求和。

下面以右图为例介绍完璧归赵。

后车平五

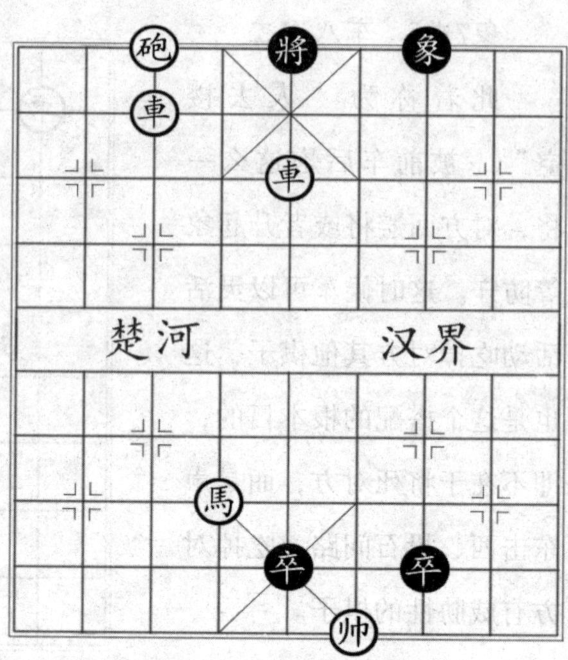

象7进5

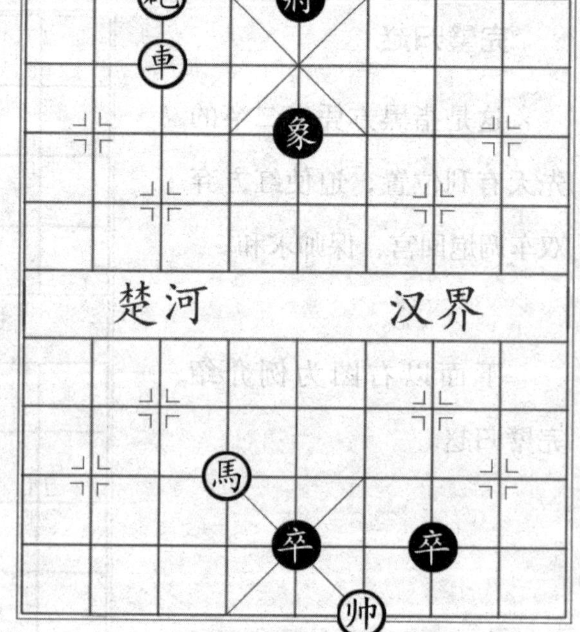

车七平五

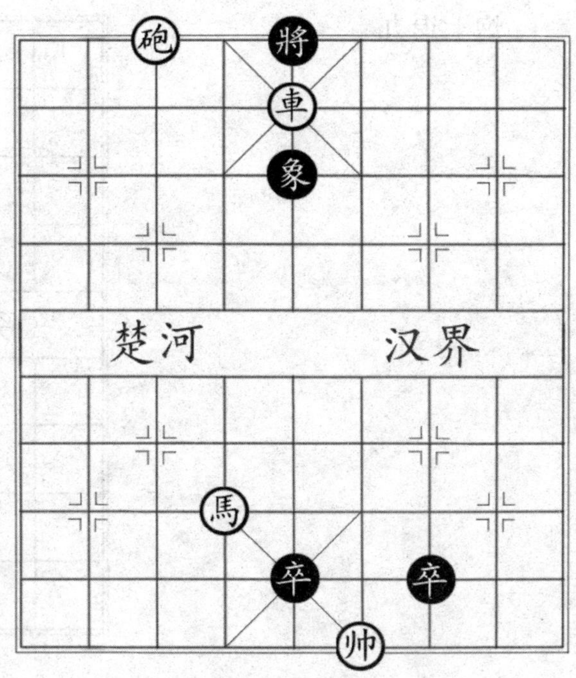

将5进1

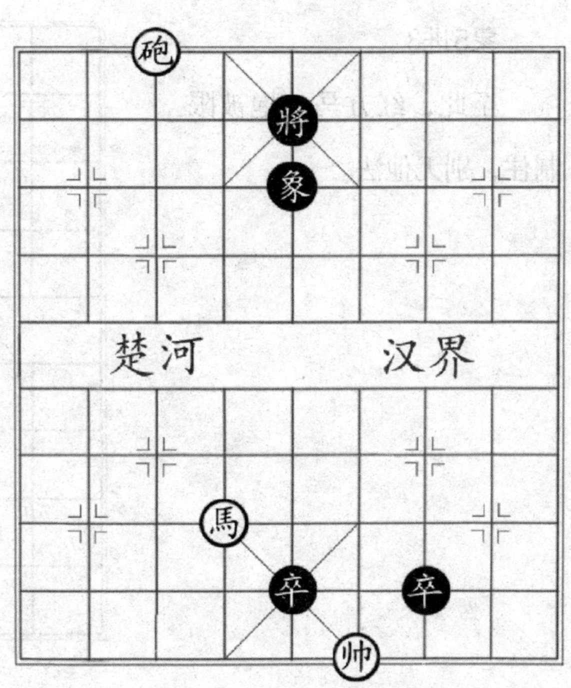

炮七退九

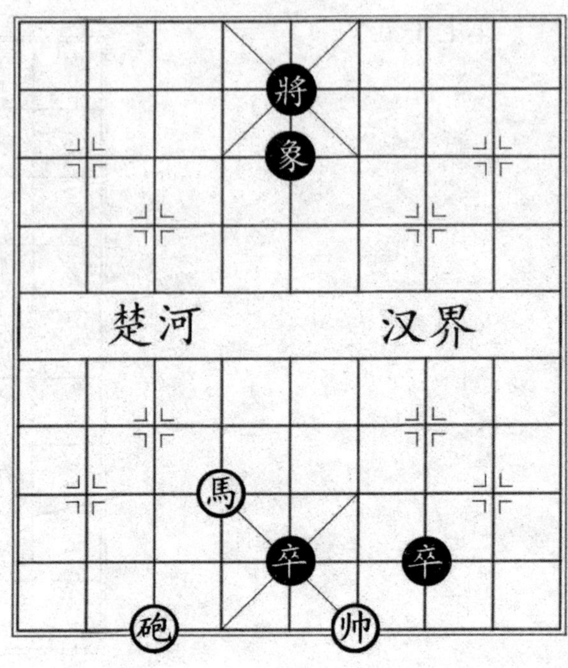

象5进3

至此，红方马、炮被限制住，别无他法。

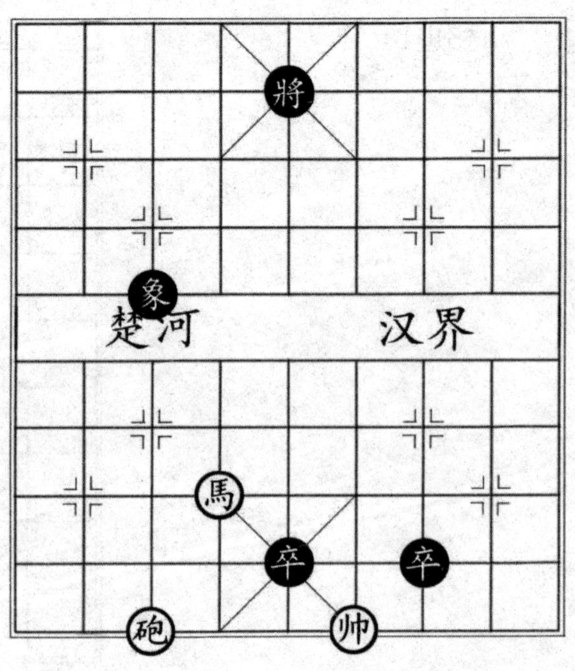

炮七平五

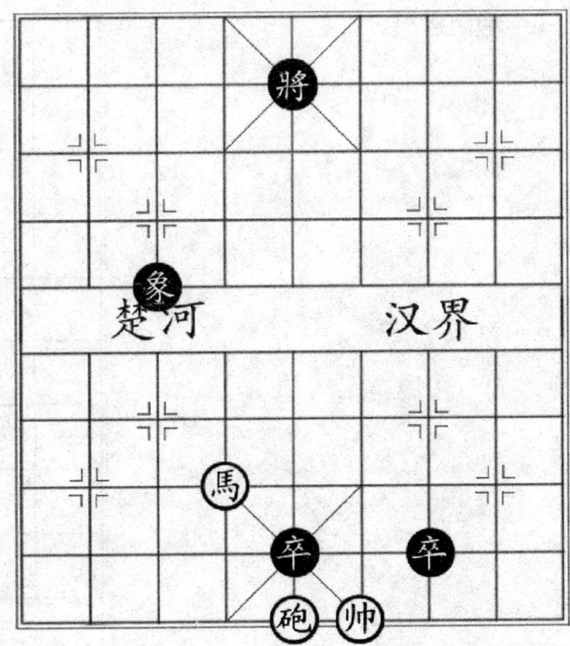

象3退5

此时黑方也可以将5平4，和局已定。

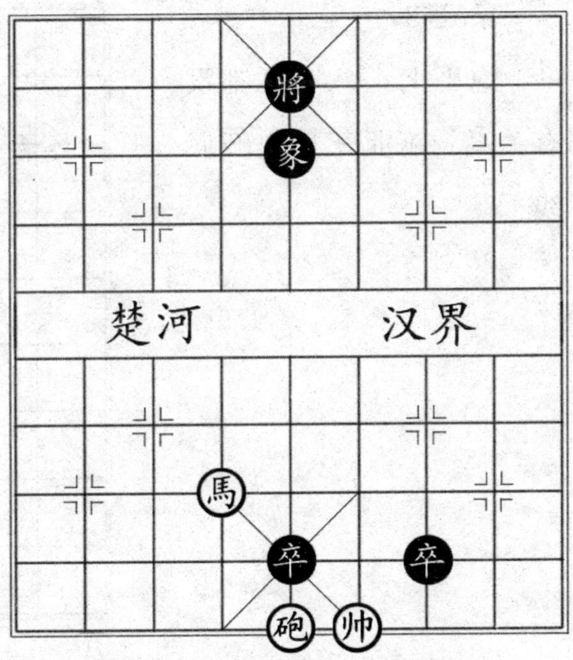

炮五平七

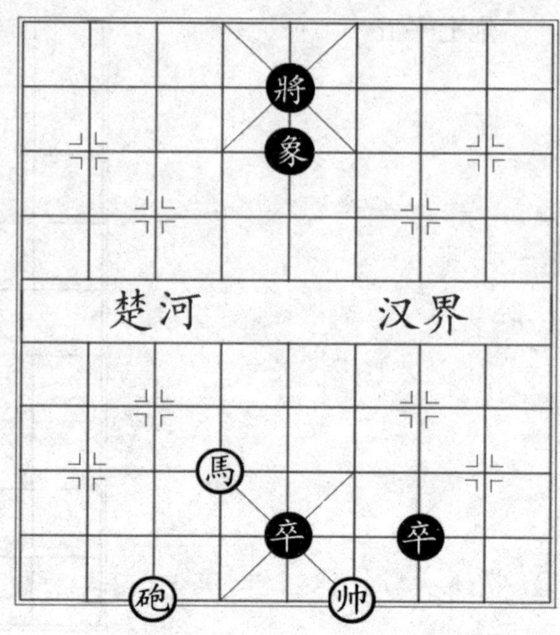

象5进3

炮平七、八、九都没有关系，就是不能离开底线。

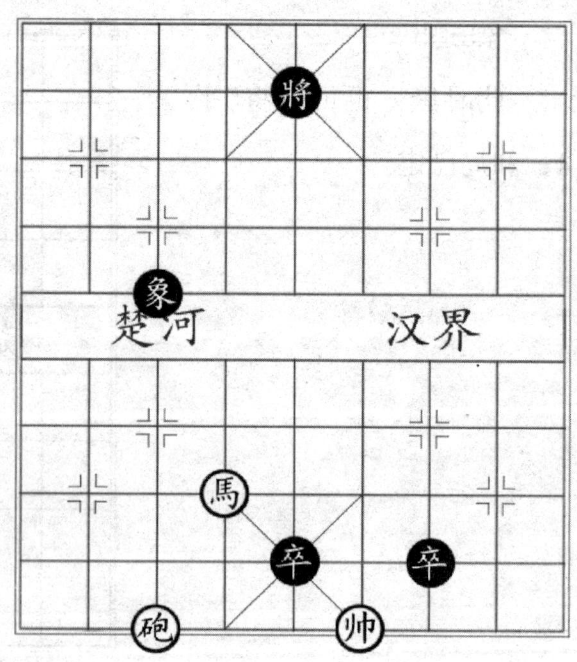

炮七平五

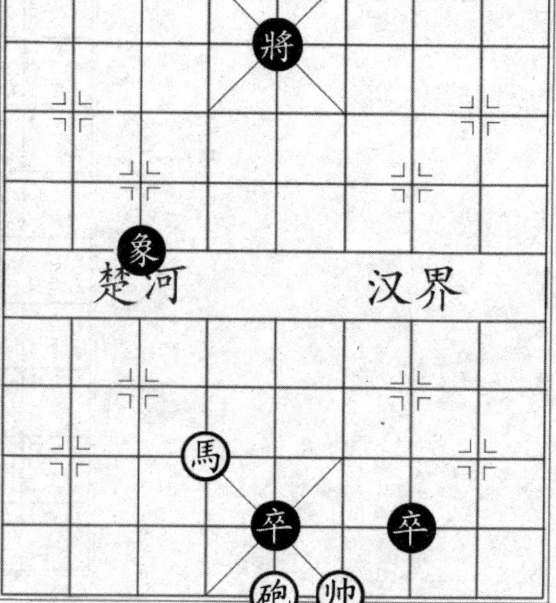

象3退5

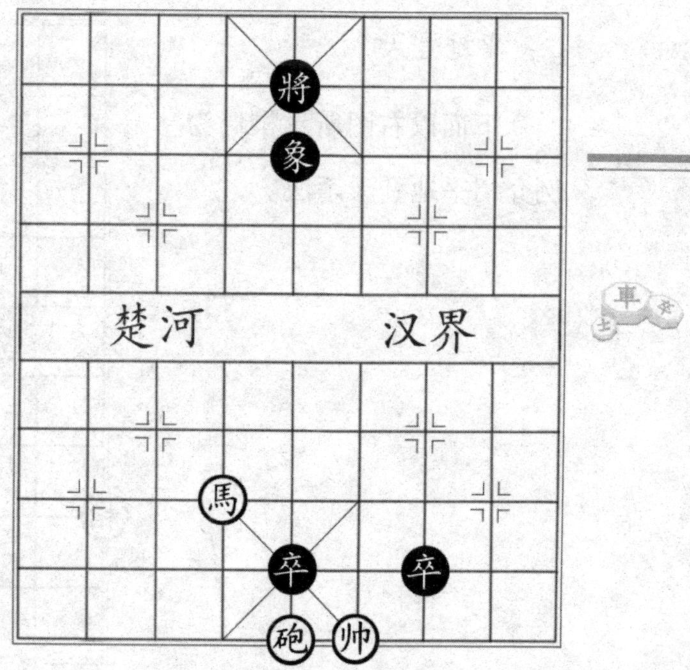

炮五平七

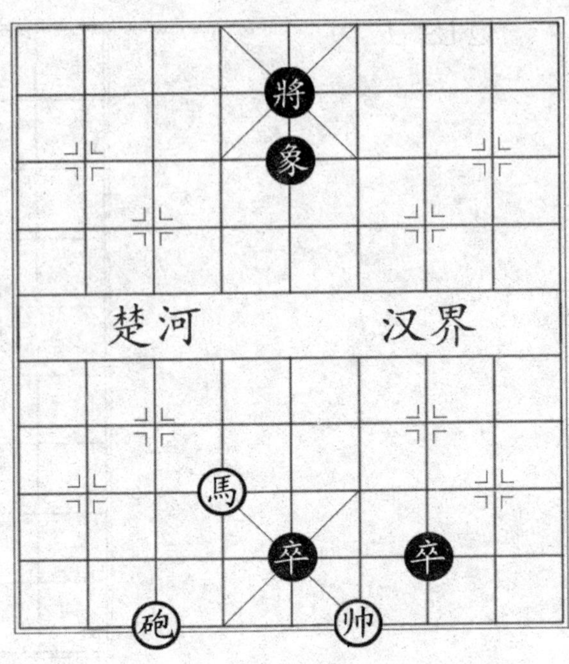

平地登天

下面以右图所示棋局为例介绍平地登天杀法。

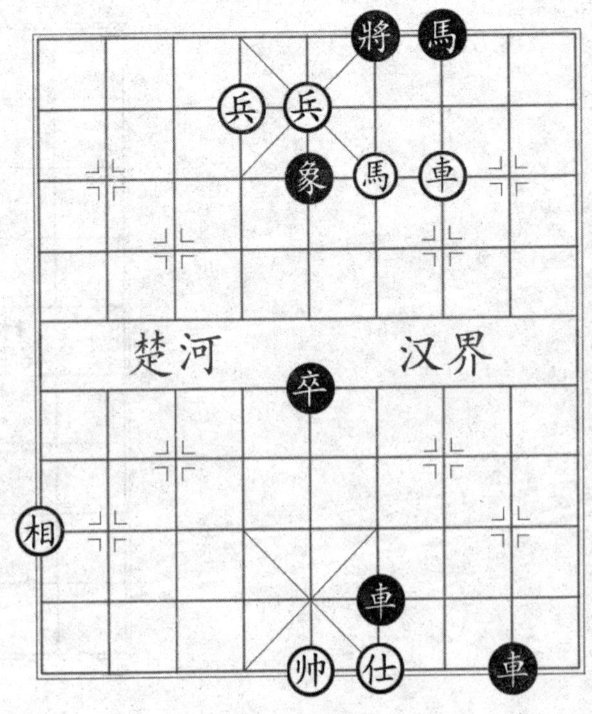

车三退七

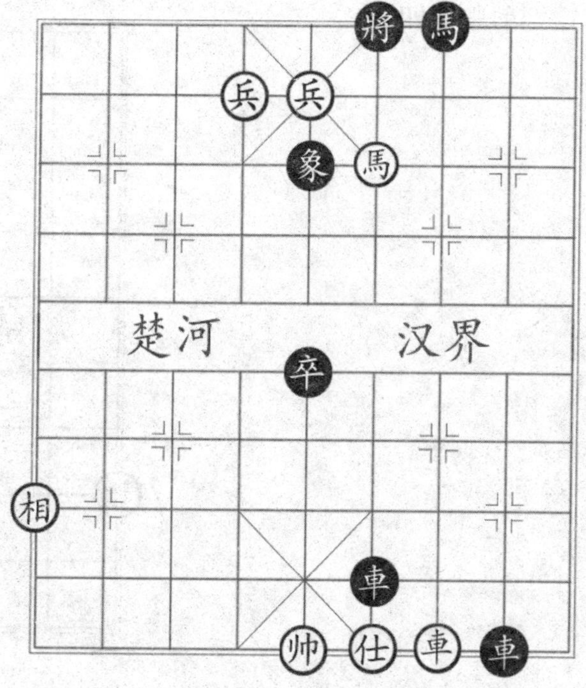

车6进1

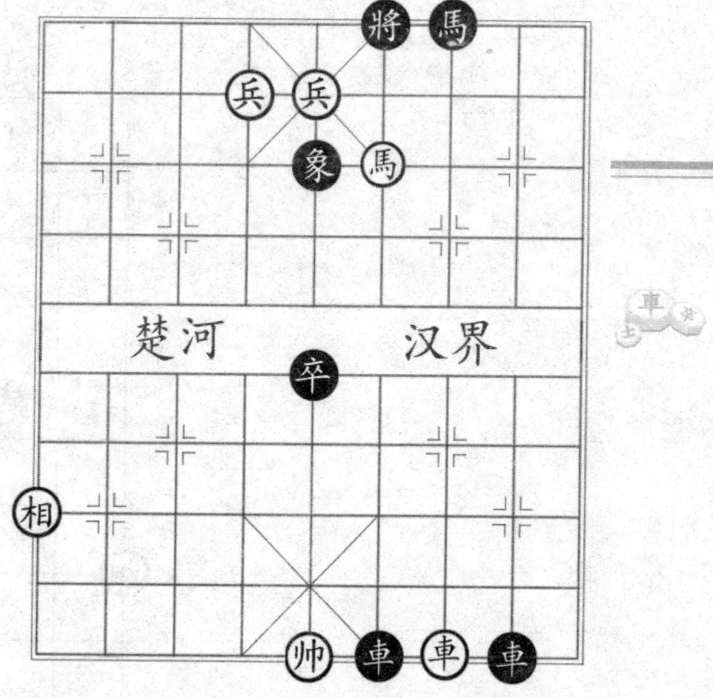

车三平四

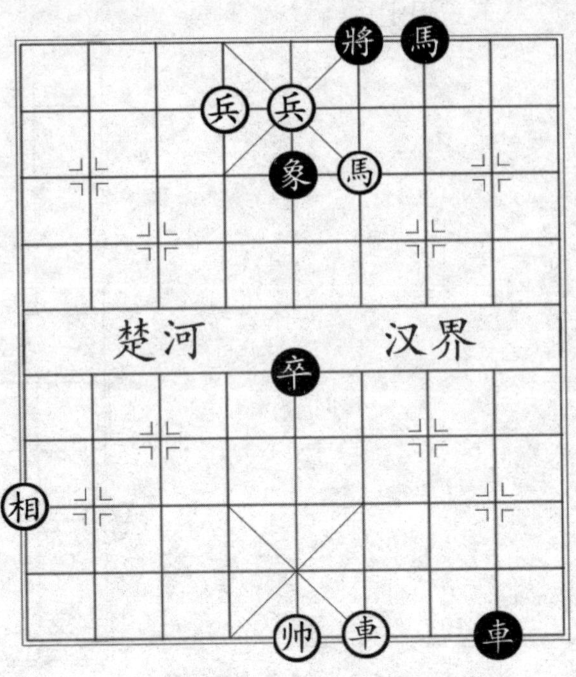

车8平6

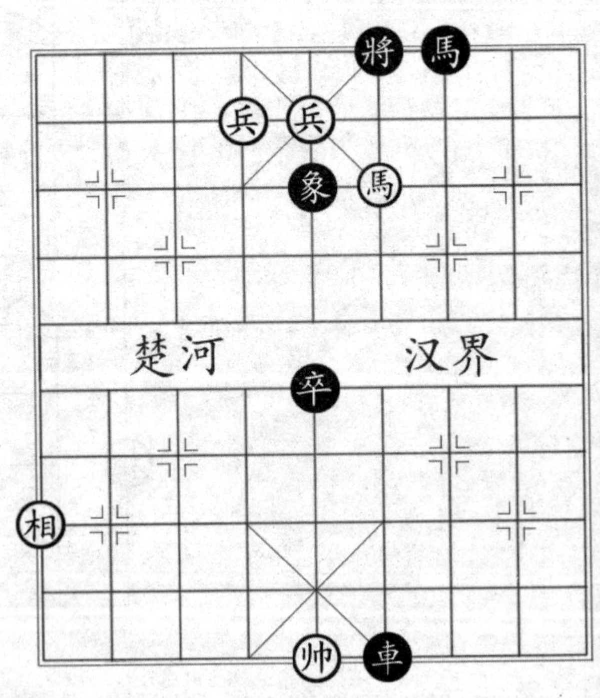

帅五平四

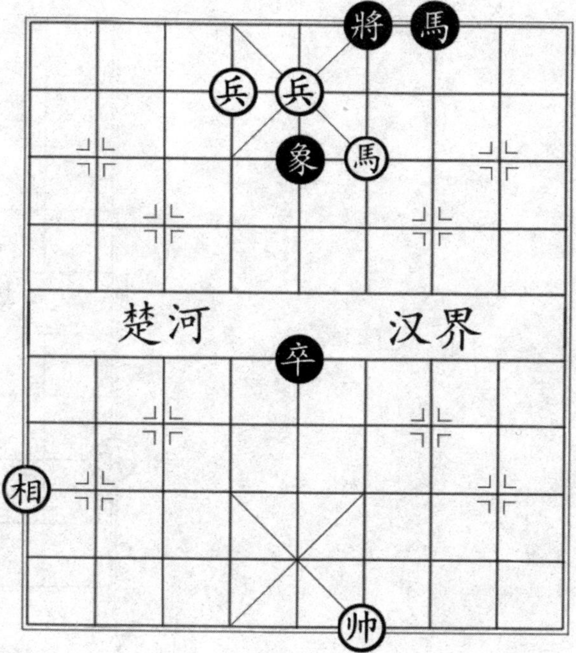

马7进6

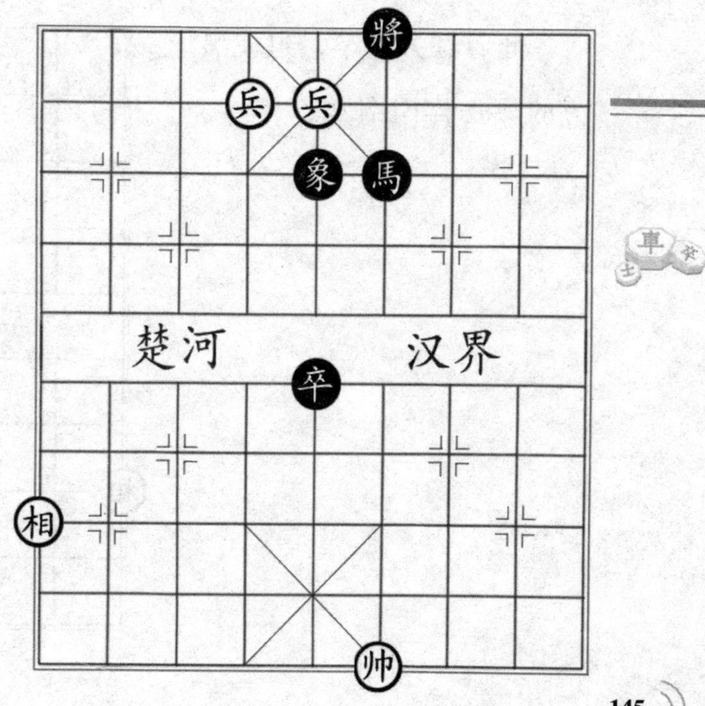

卒六进一

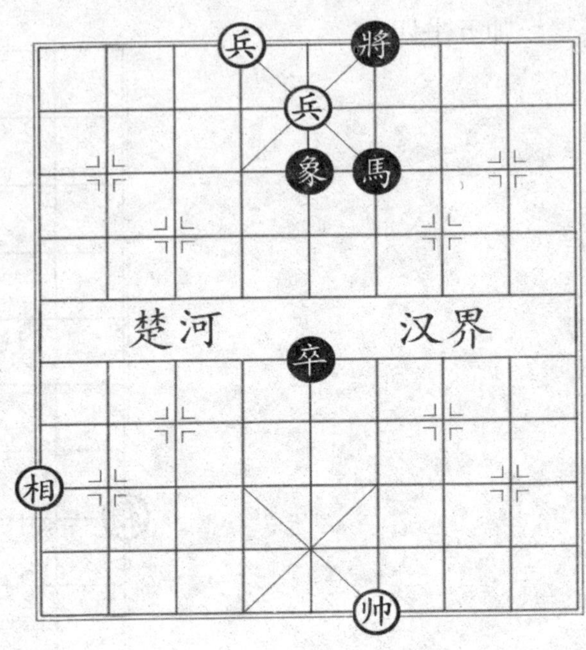

卒5平6

此着红方进卒，迫使黑方的马被牢牢困住。

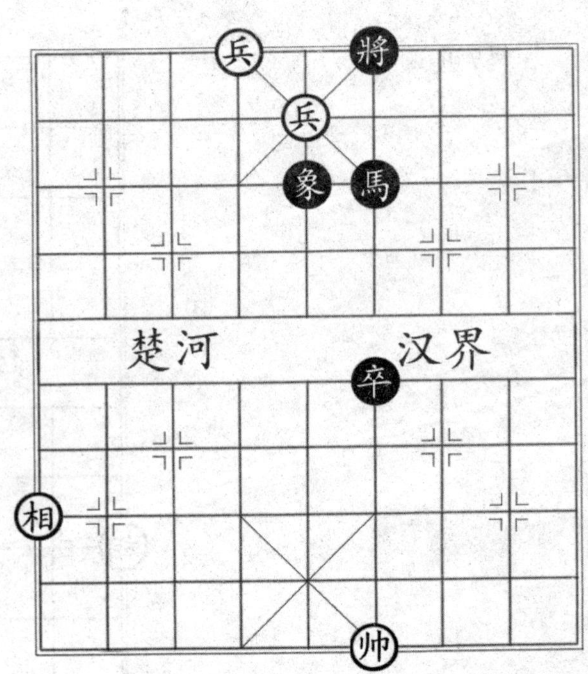

长驱直入

本局主要是车炮的攻防。下面以右图棋局为例进行介绍。

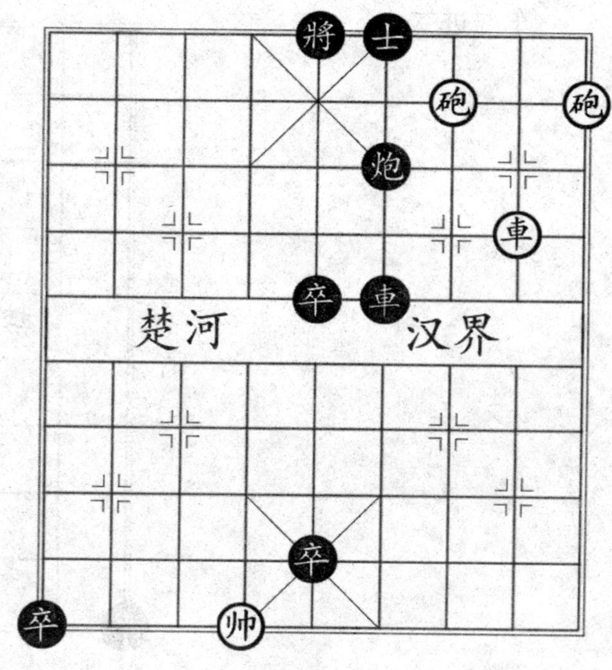

炮三进一　　将5进1

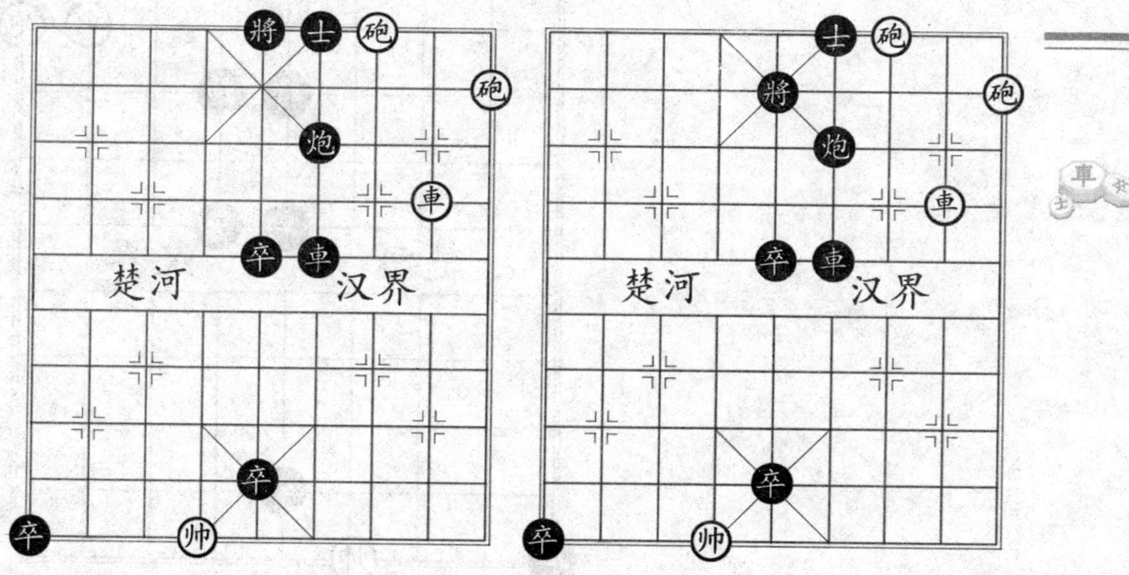

车二进二

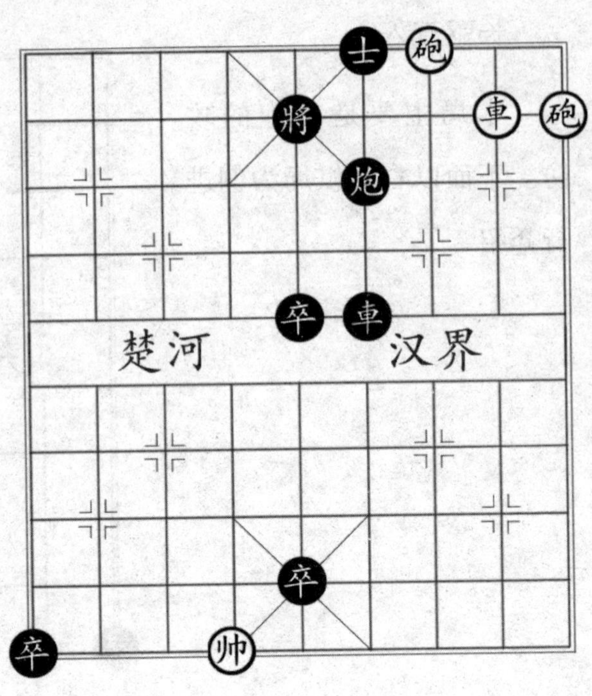

将5进1

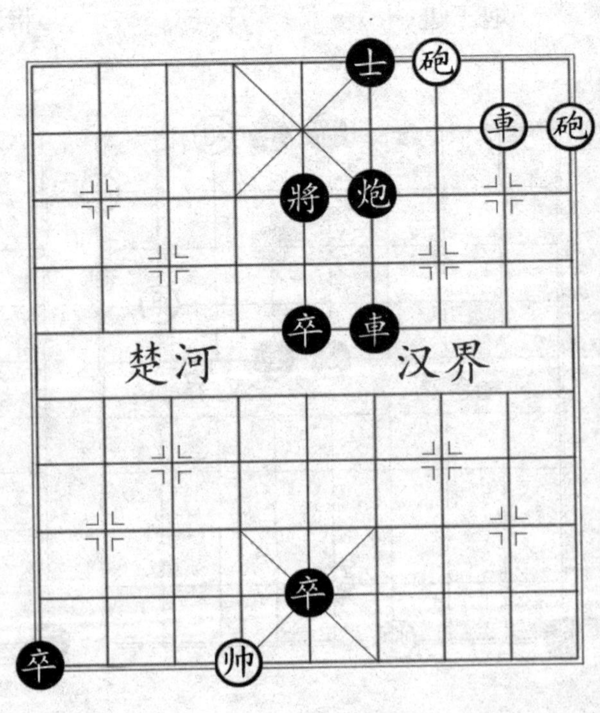

炮一退一

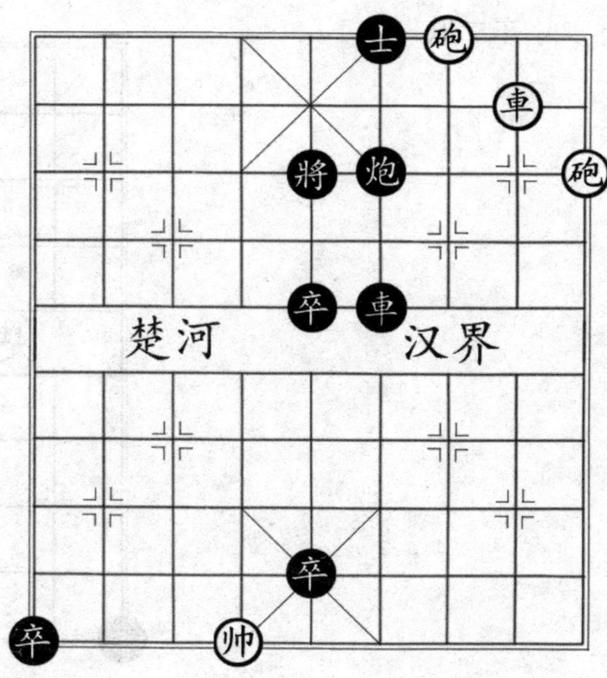

炮6退1

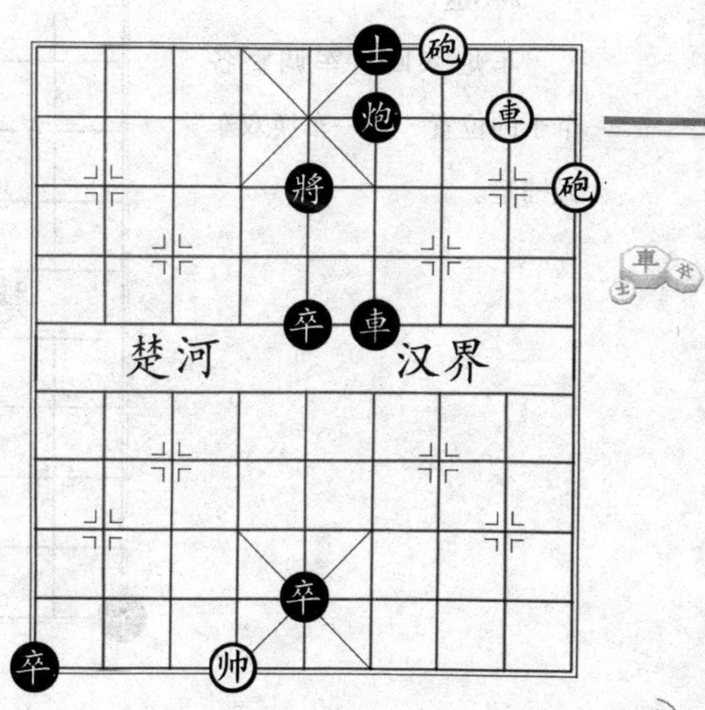

车二退一

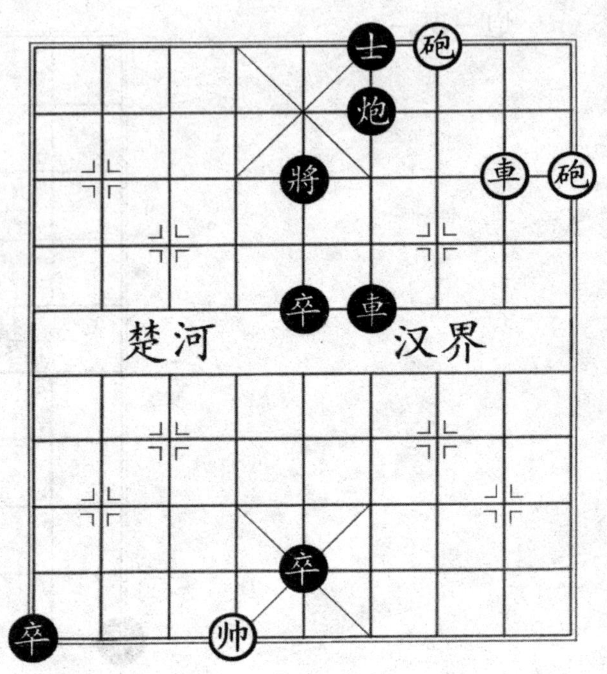

将5退1

车炮来回将军调整各个子的位置，为一车换双车做铺垫。

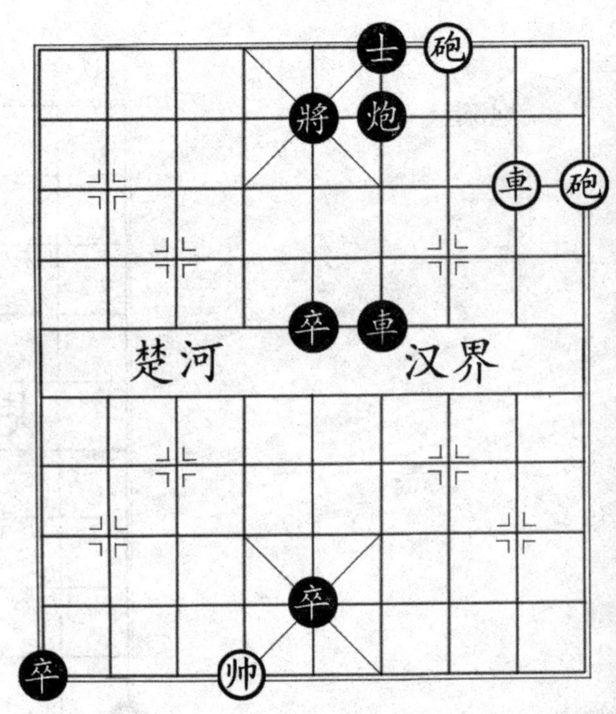

车二平四

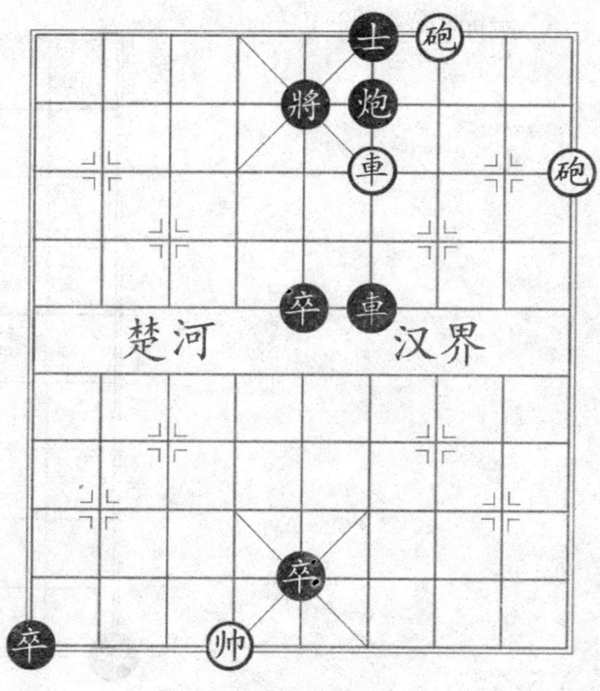

车6进5

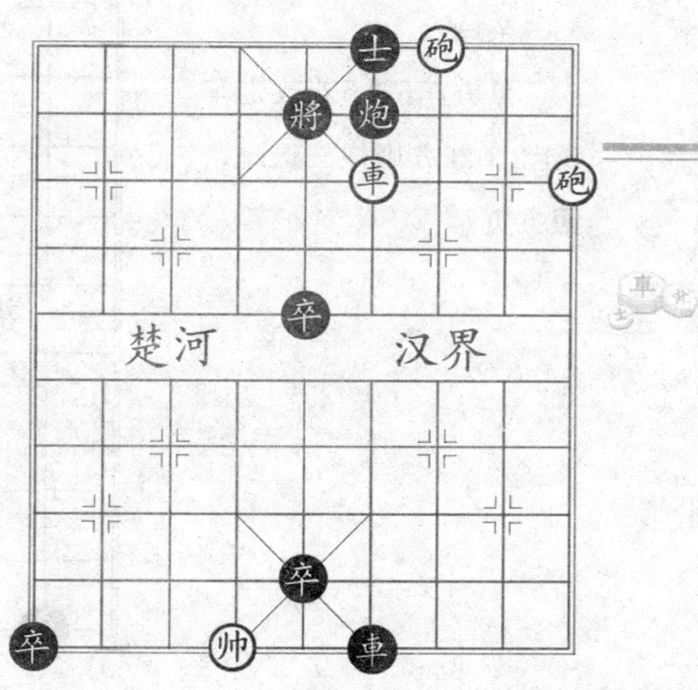

车四退七

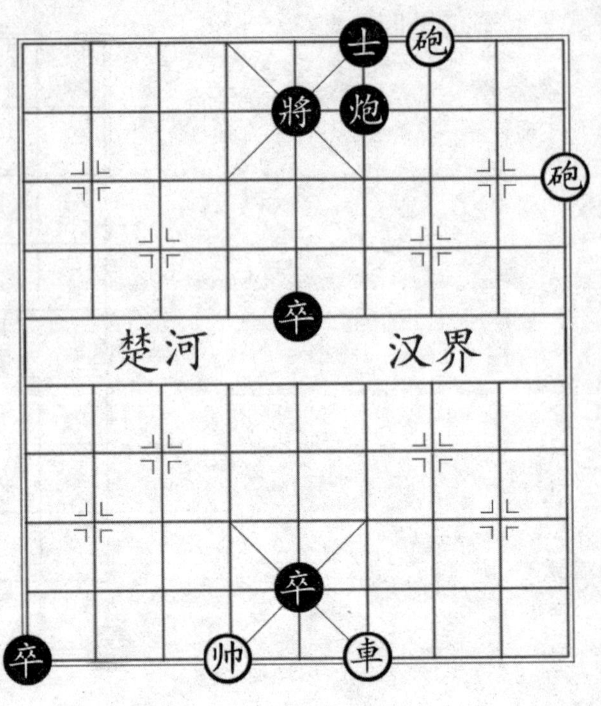

卒1平2

黑方车6进5若改走车6退2，红方则炮三退一，黑方负。

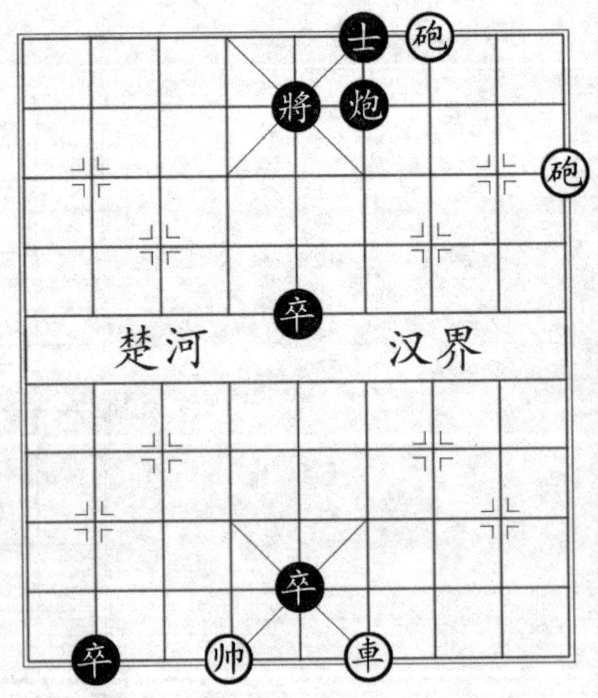

车四进八

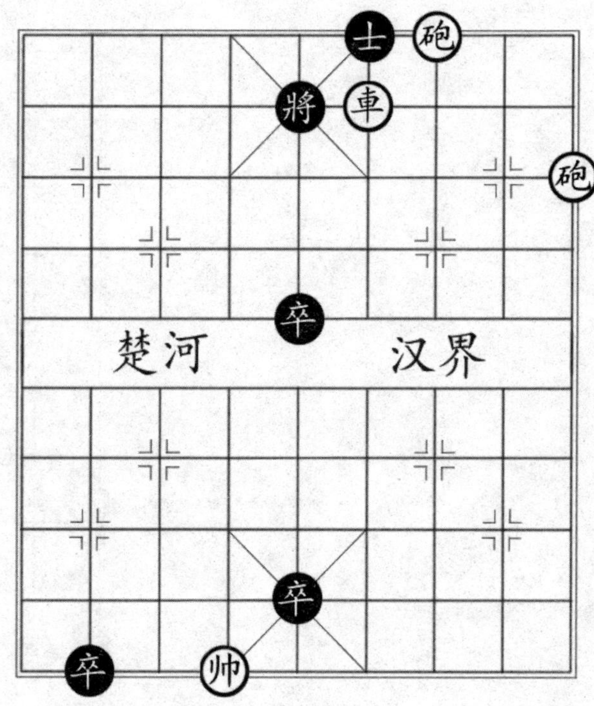

将5平6

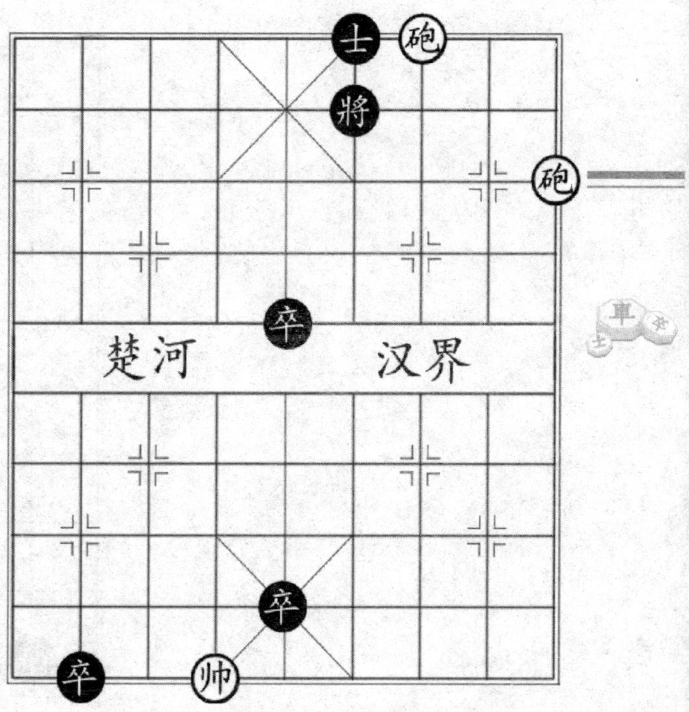

炮三退九

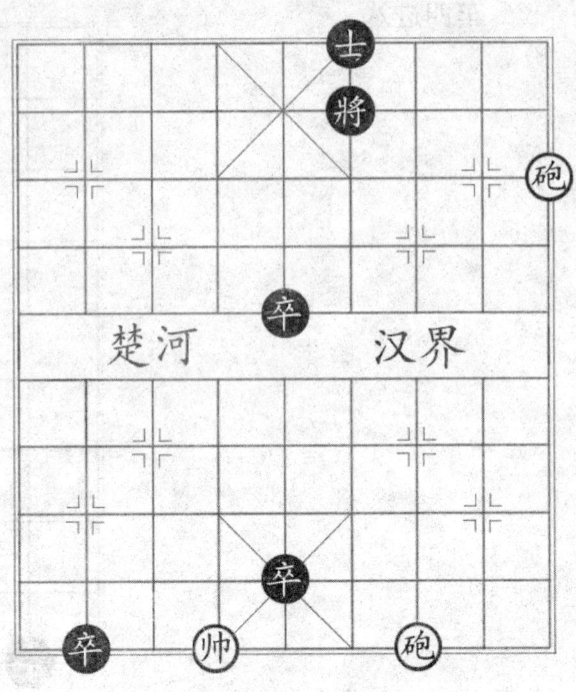

后卒进1

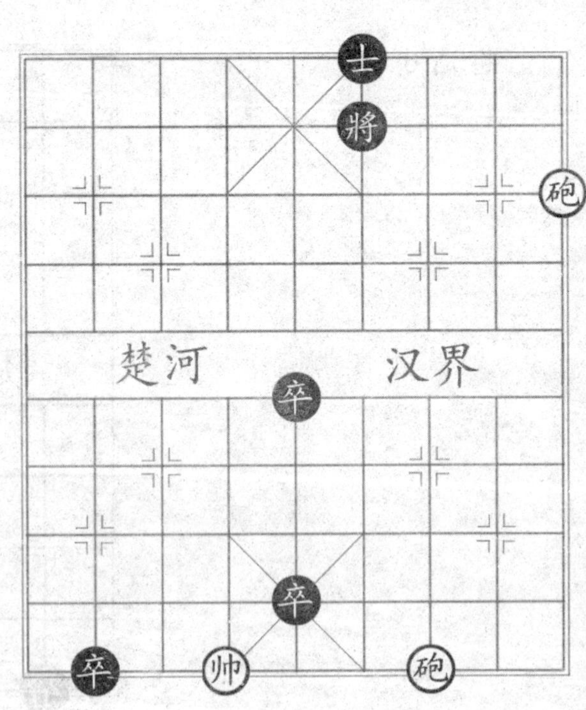

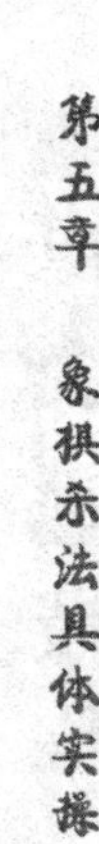

炮三平八

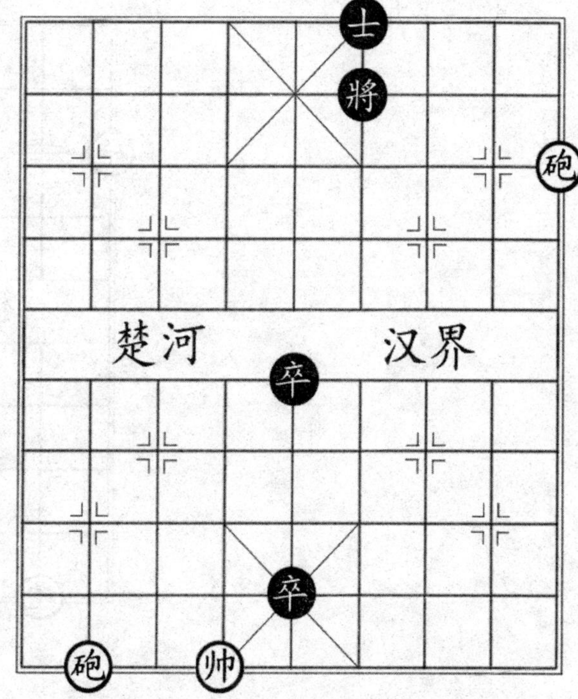

卒5进1

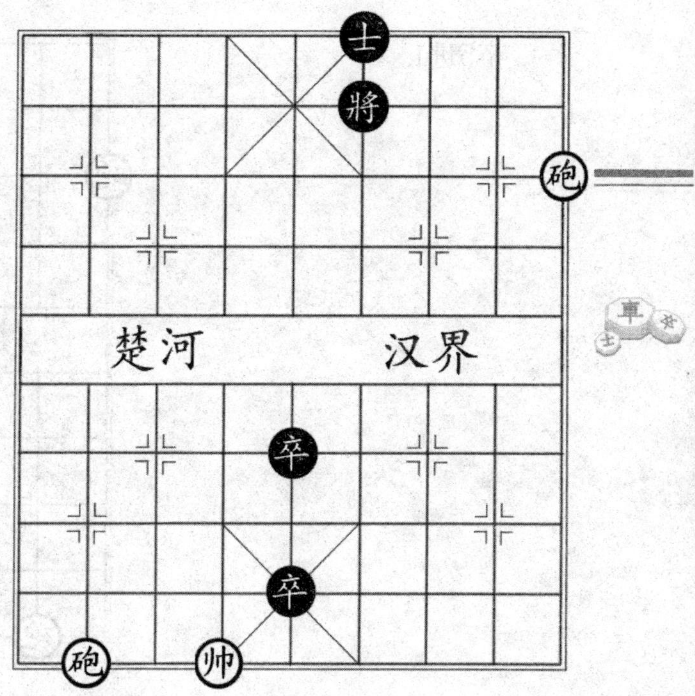

炮一平九

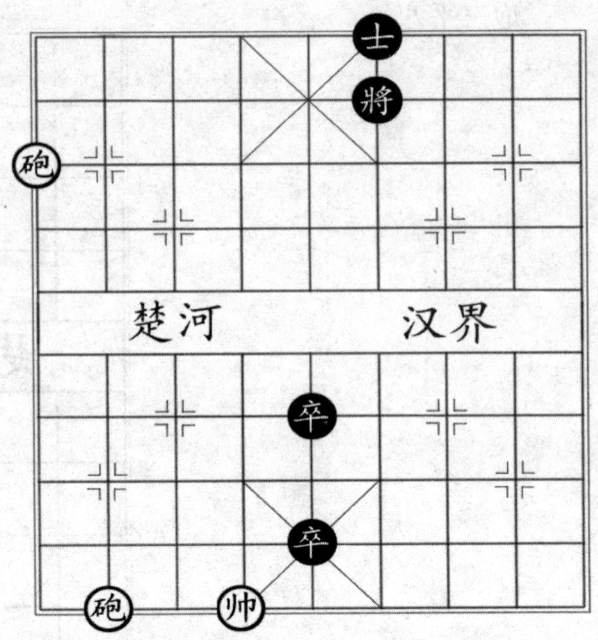

卒5进1

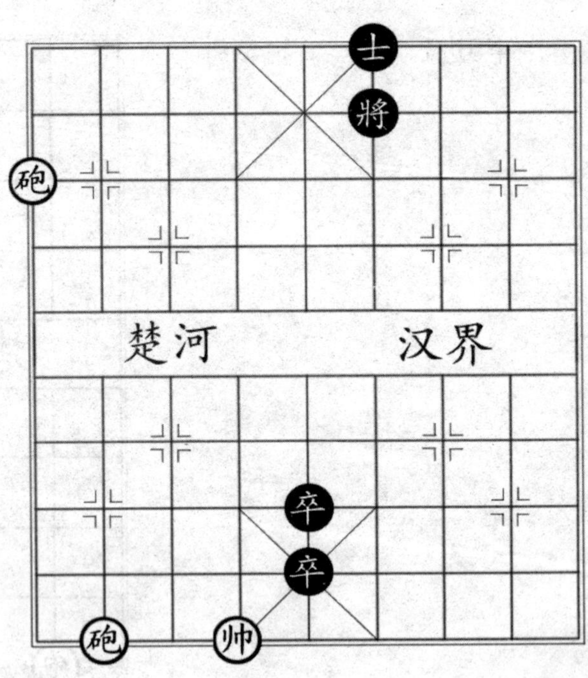

炮九退六

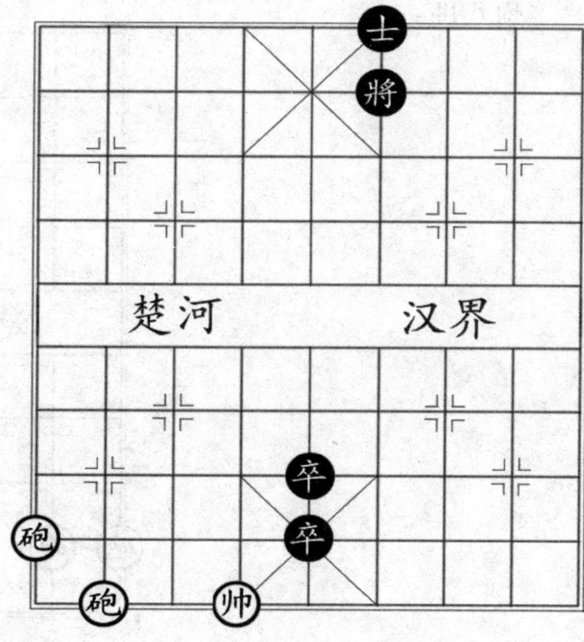

卒5平4

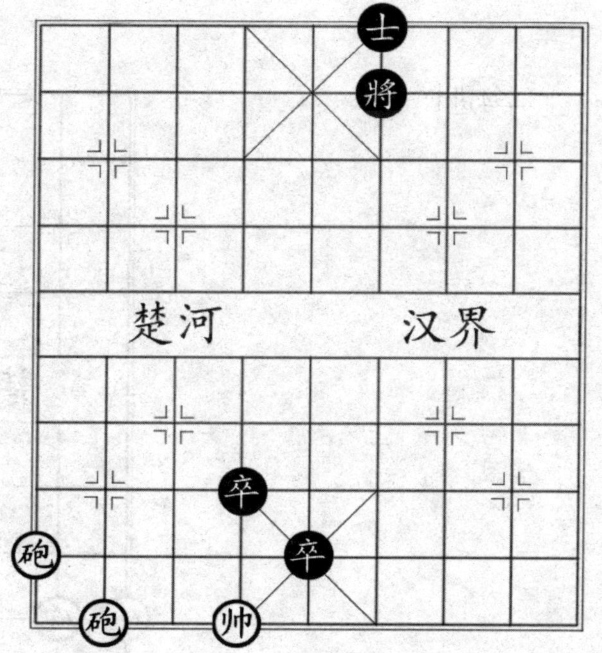

炮八进一

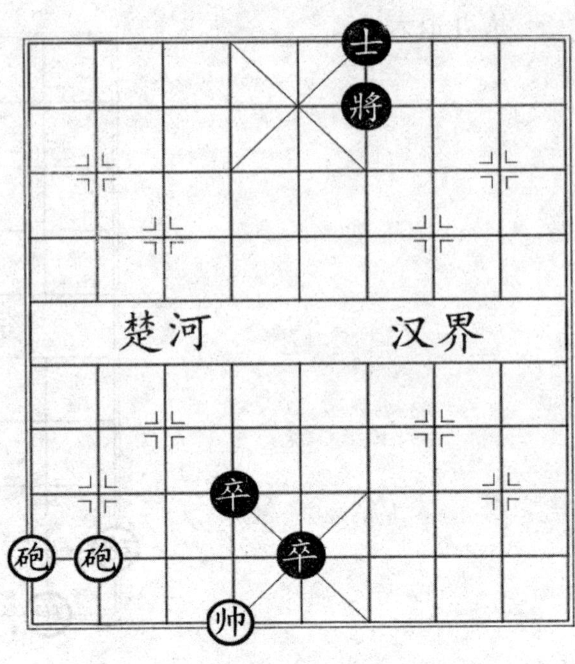

卒4进1

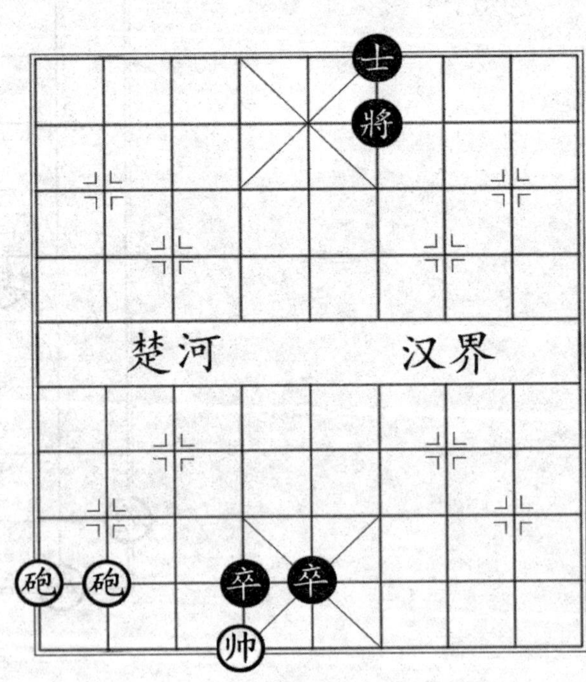

解甲归田

本局主要练习车、炮、兵的组合战术。下面以右图为例进行介绍。

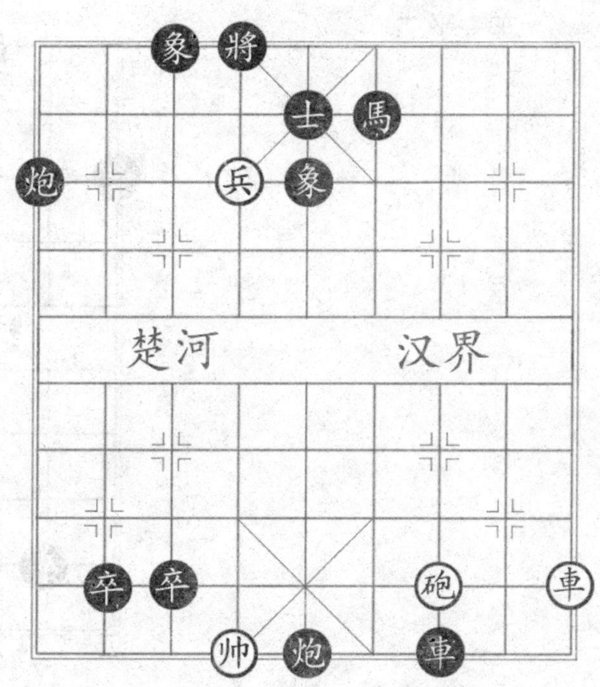

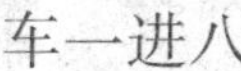
车一进八

马6退8

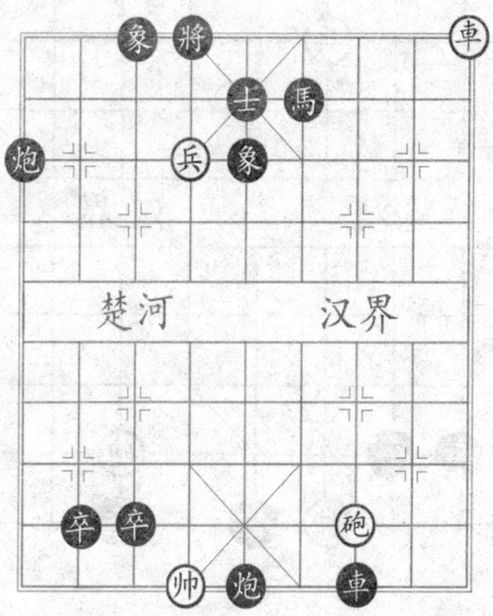

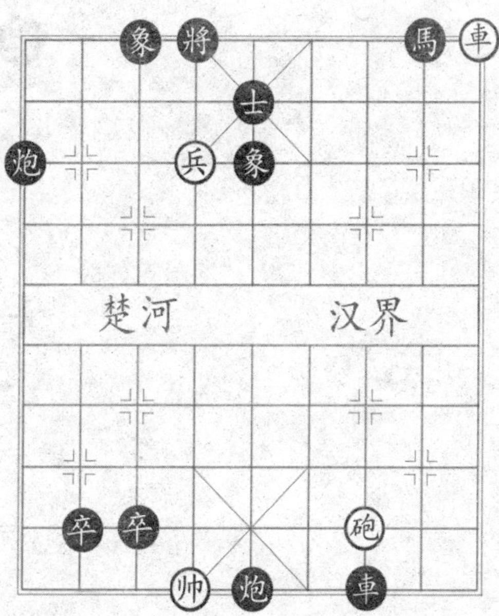

车一平二

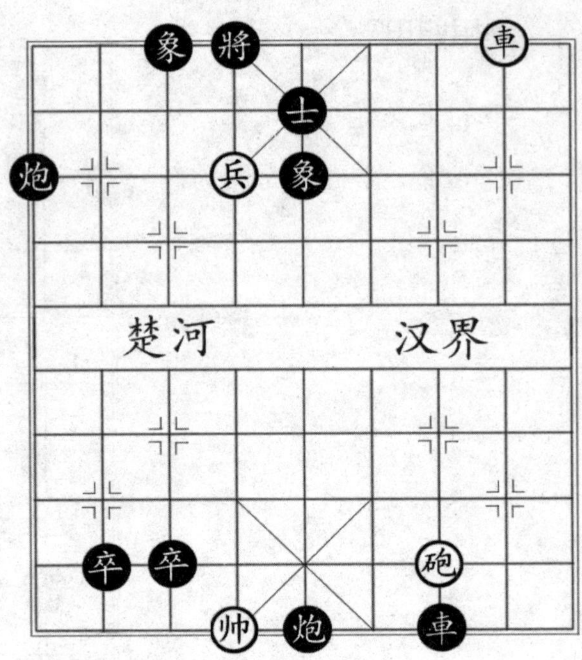

象5退7

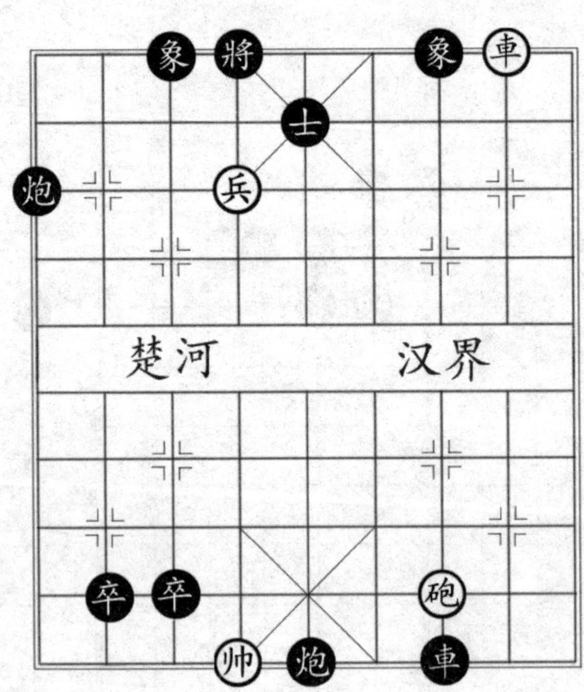

车二平三

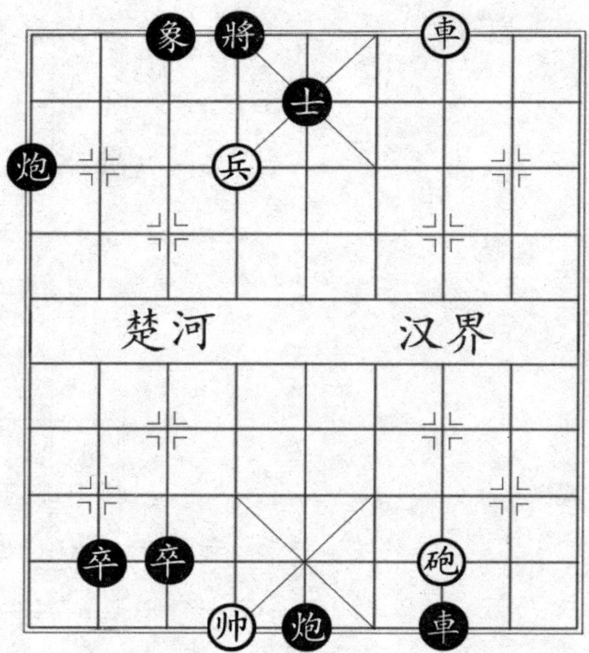

士5退6

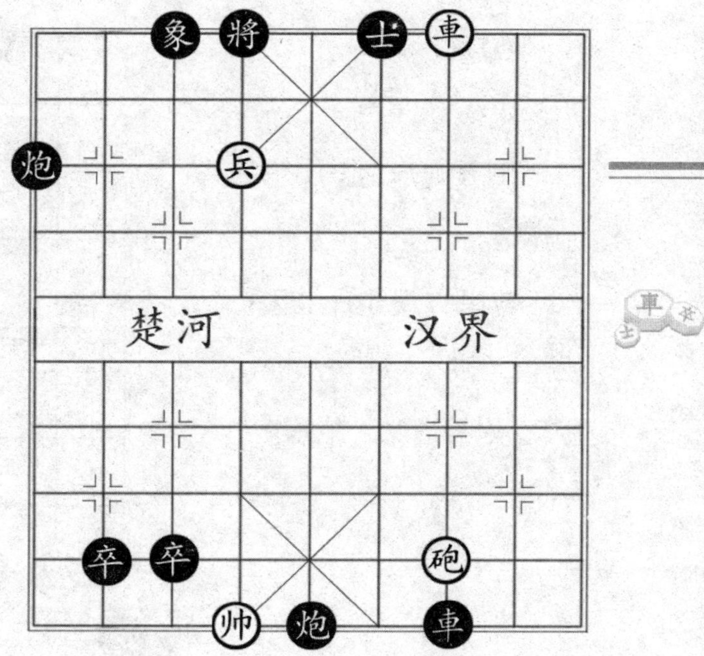

炮三平八

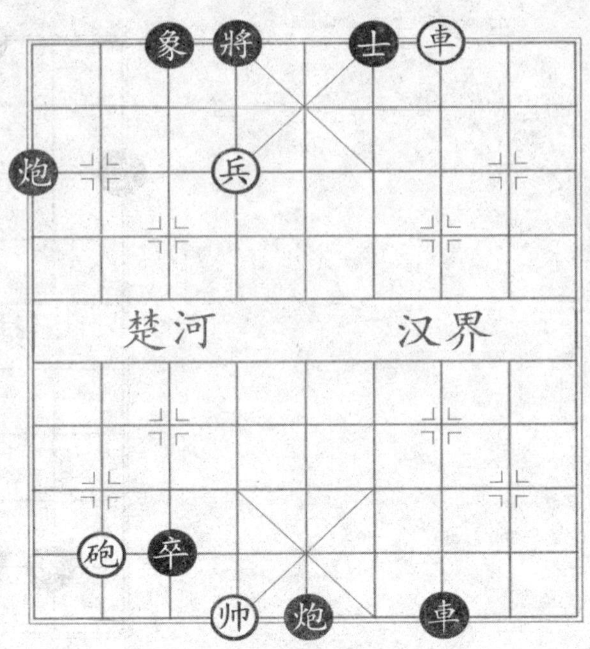

炮1进7

如红方误走车三平四，黑方则炮5退9，解杀还杀，红负。

若黑方误走车7退9吃车，则兵六进一，将4平5，炮五进八，绝杀。

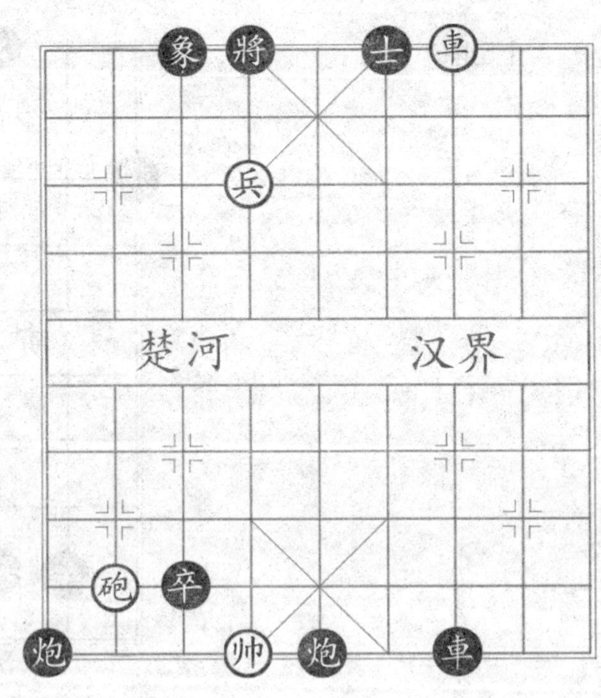

车三退九

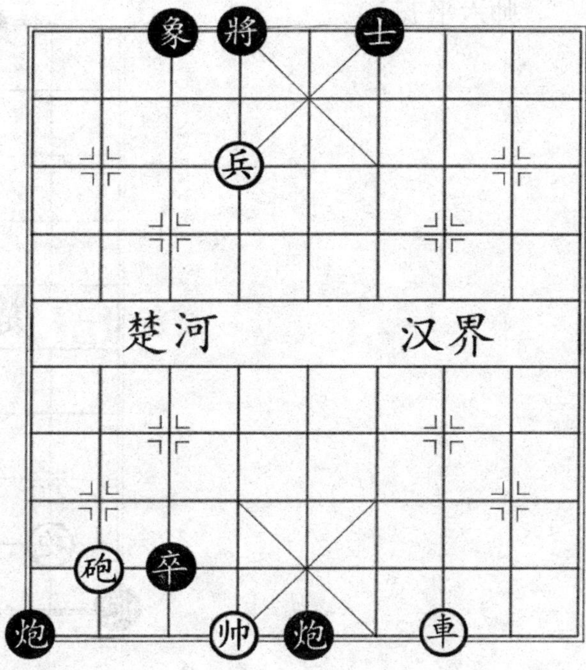

卒3平4

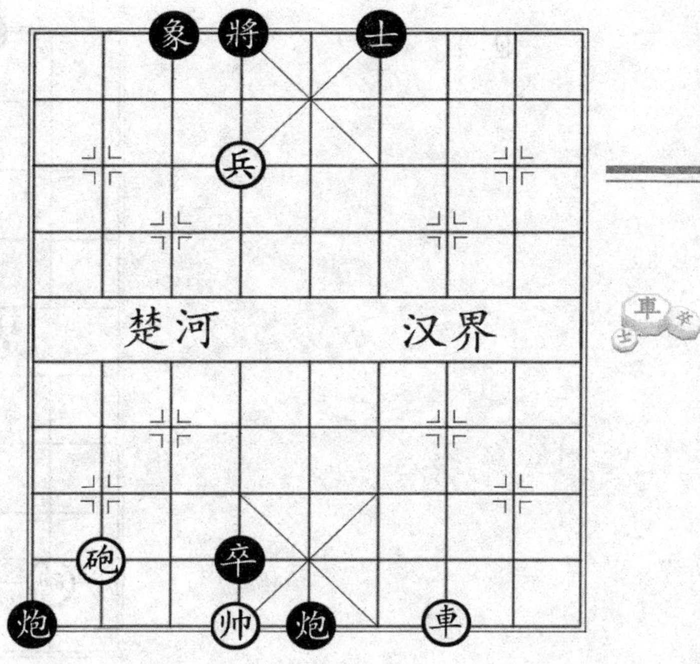

帅六平五

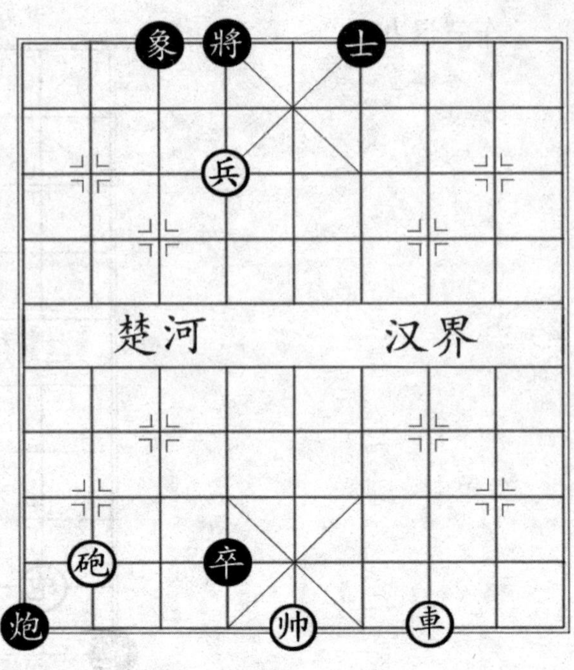

炮1平7

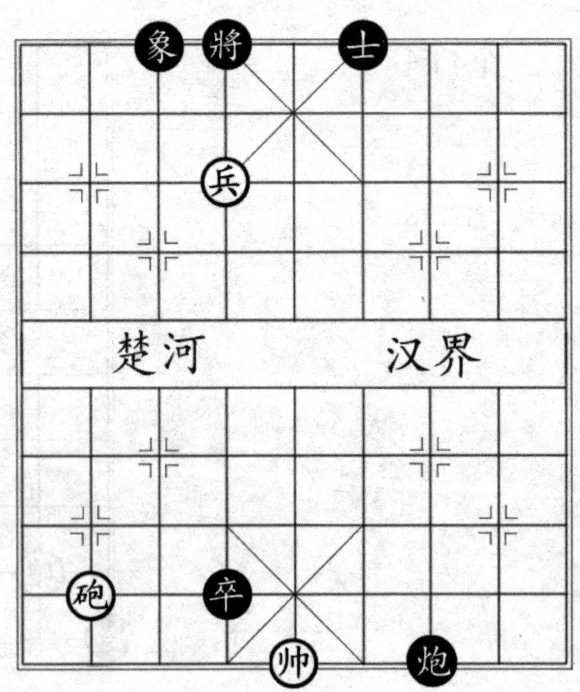

炮八进八

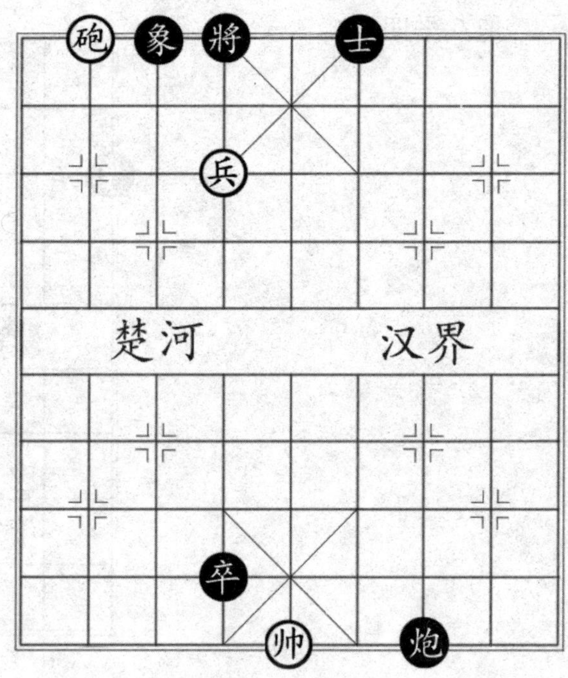

象3进1

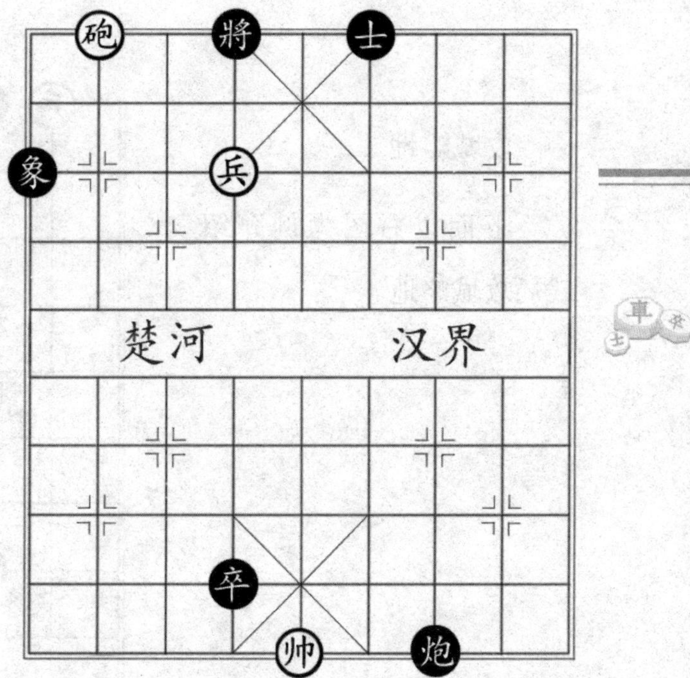

炮八平四

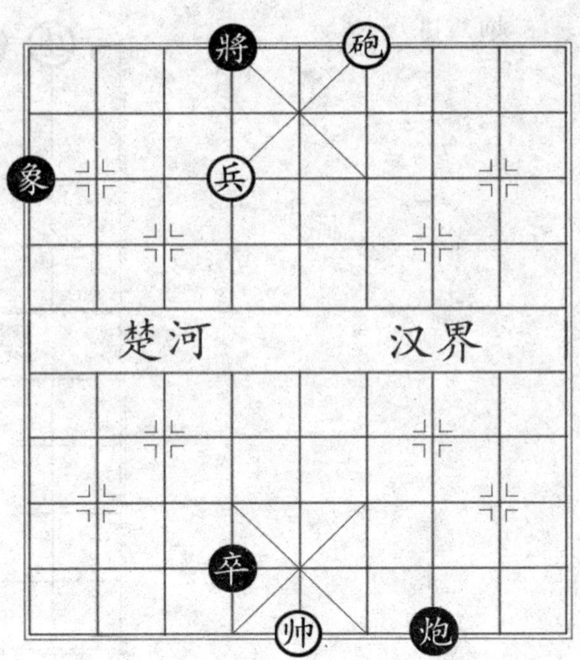

攻城略地

下面以右图为例介绍残局攻城略地。

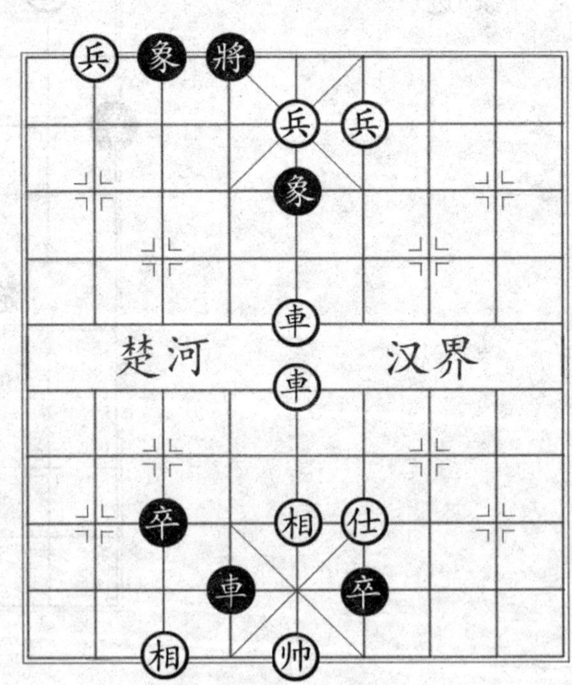

后车平六

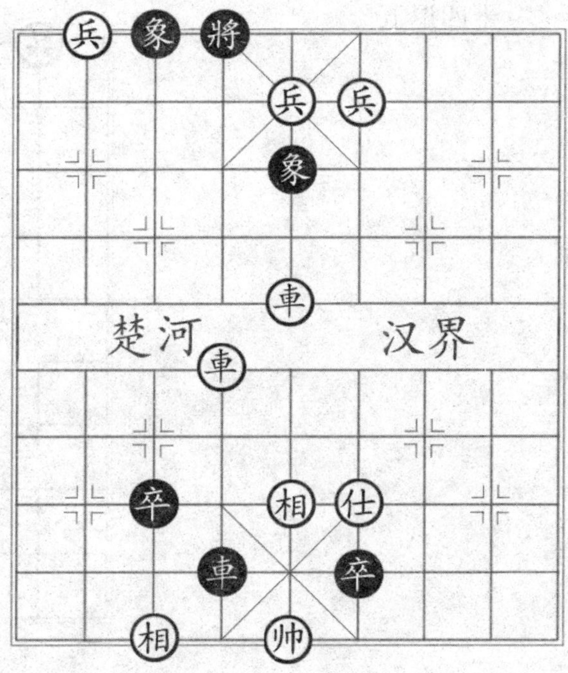

车4退3

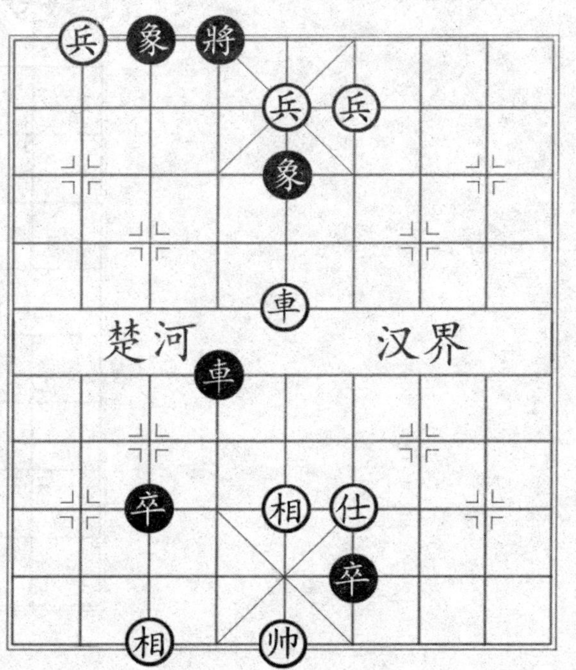

士四退五

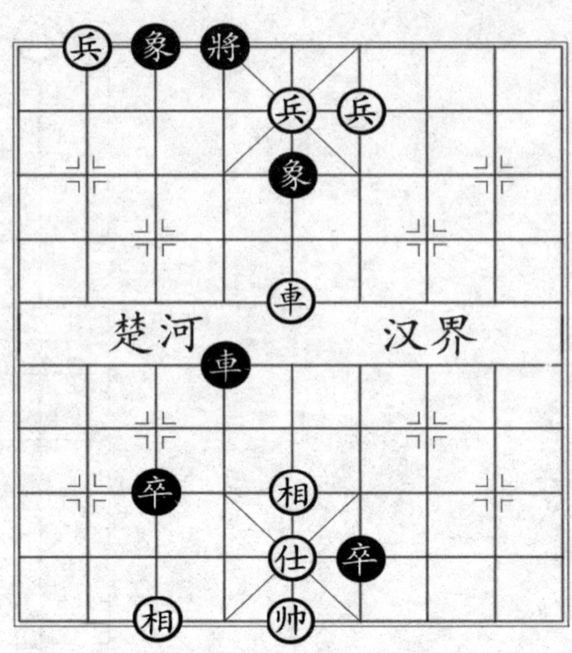

卒3进1

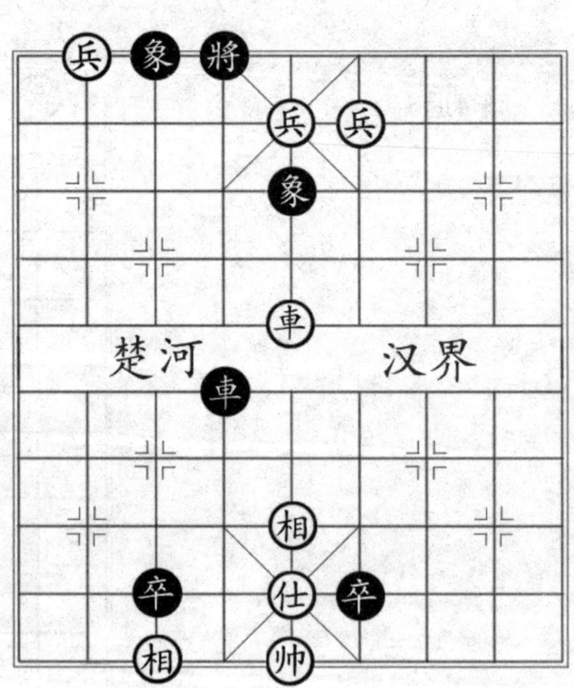

车五平四

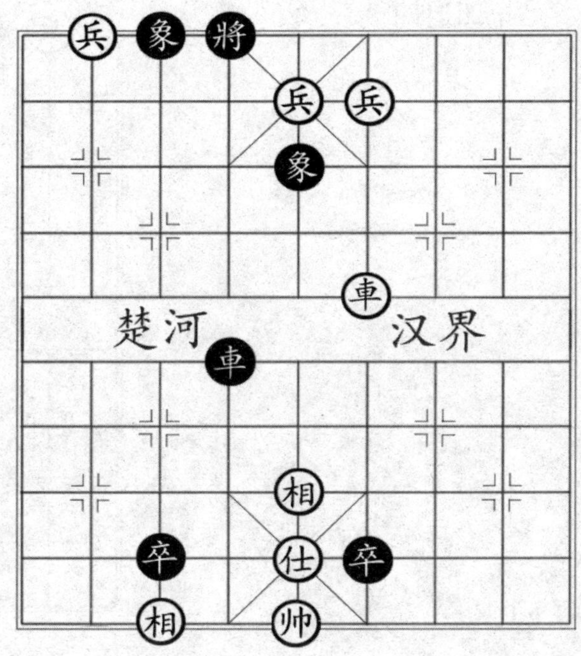

卒3平4

红方如兵四进一，卒6平5；帅五进一，卒3平4；帅五退一，卒4进1，黑方胜。

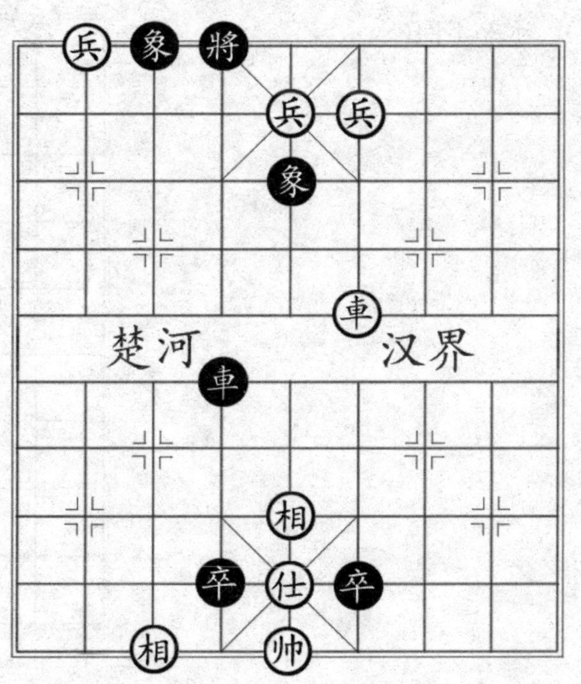

车四退四

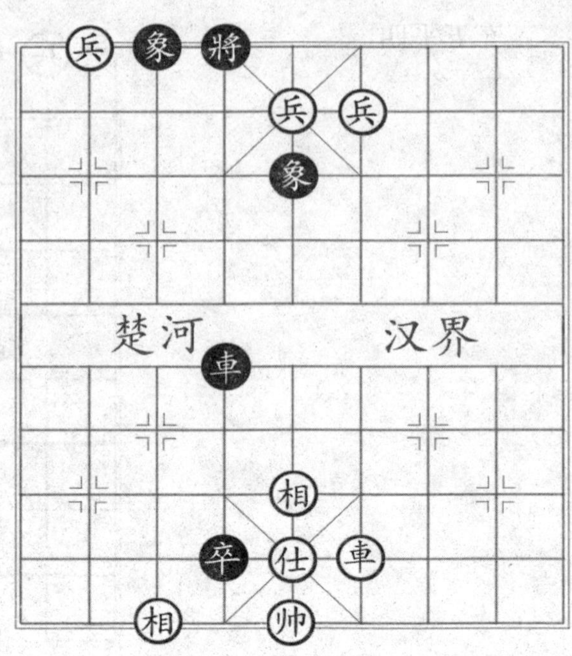

卒4平5

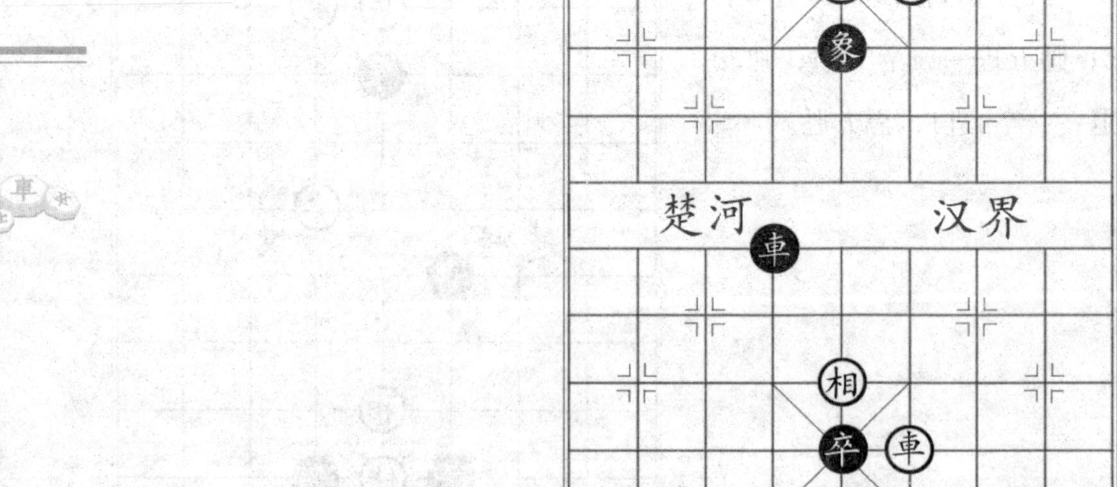

帅五进一

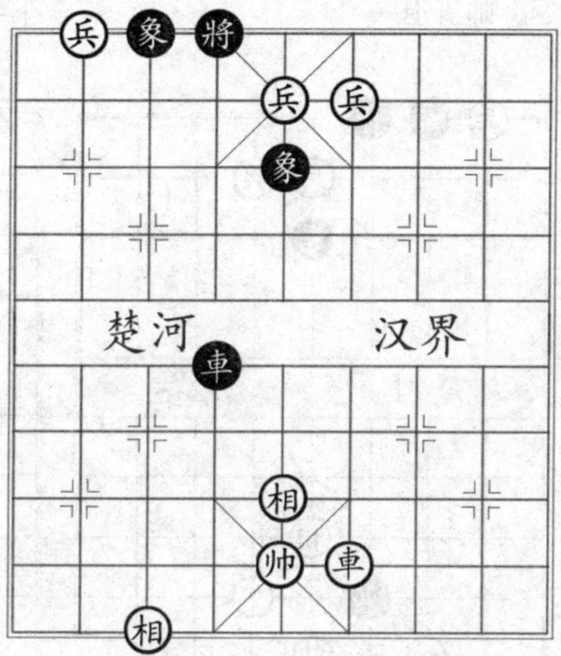

车4进3

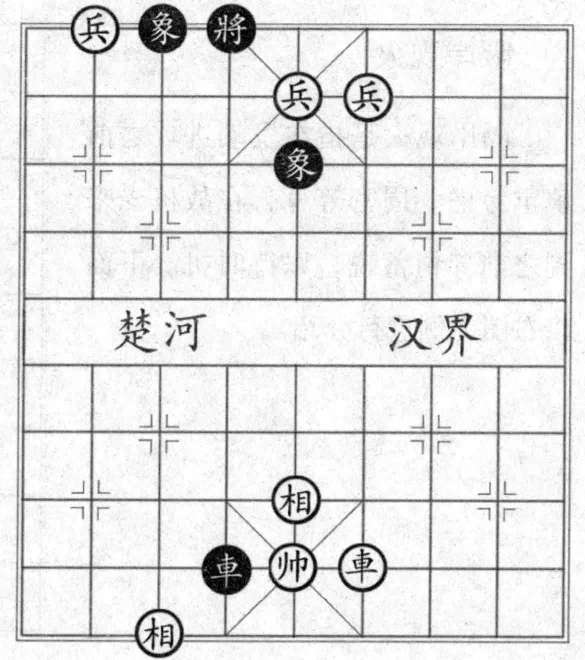

帅五退一　　　　　　　　　　车4平6

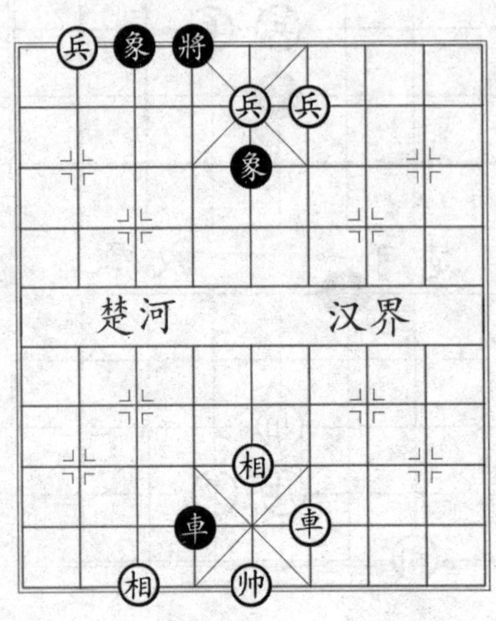

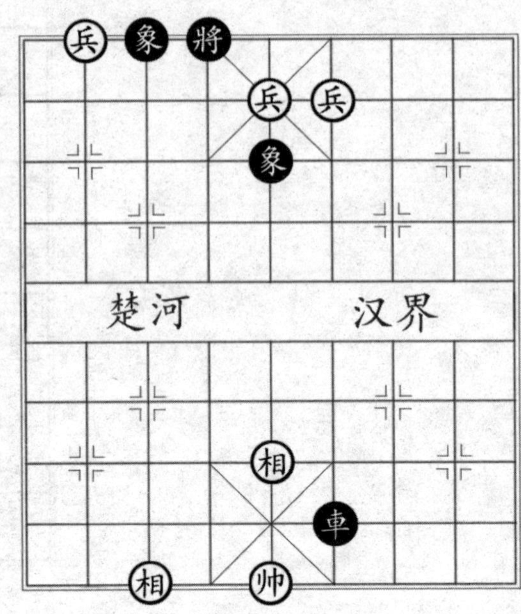

隔岸观火

隔岸观火是指在发动进攻之前慎重考虑、周密筹算，在战机未来到之前养精蓄锐，以待时机。下面以右图为例进行介绍。

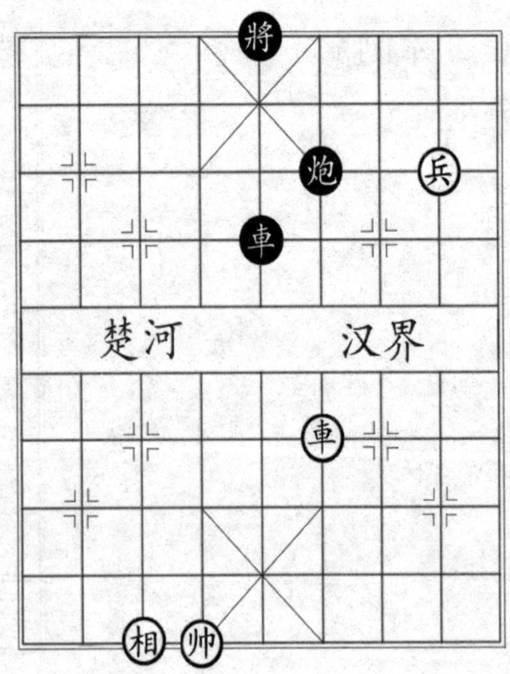

相七进五

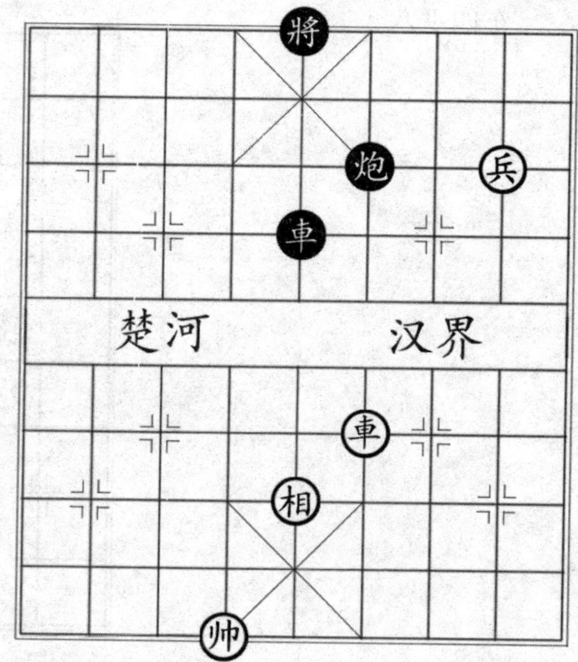

车5进4

如红方误走车四平六，黑方则炮6平2；车六进六，将5进1；兵二平三，车5进6；帅六进一，炮2进7；相七进九，炮2平4；车六平八，车5退5，黑方胜。

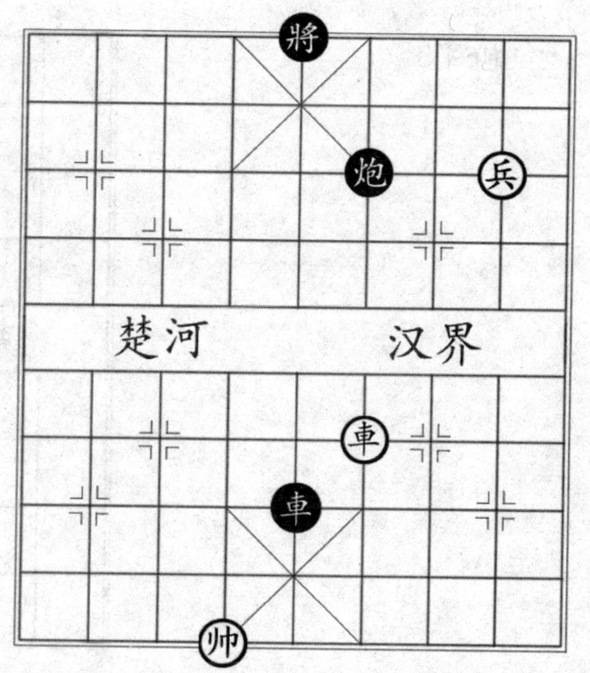

车四平六

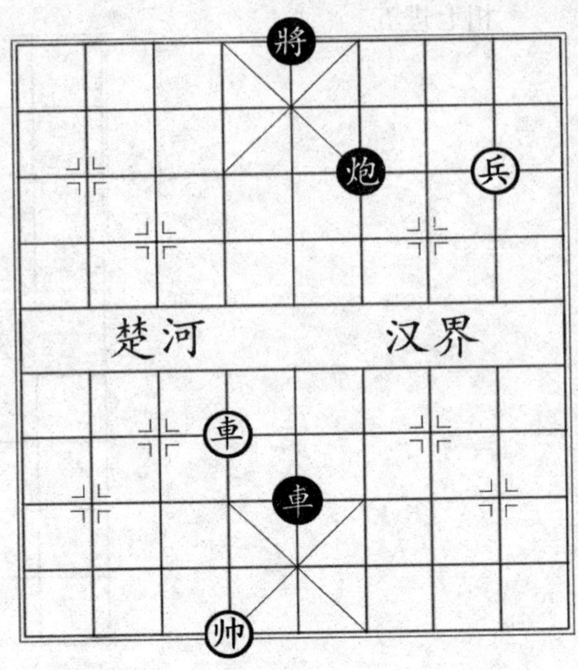

炮6平3

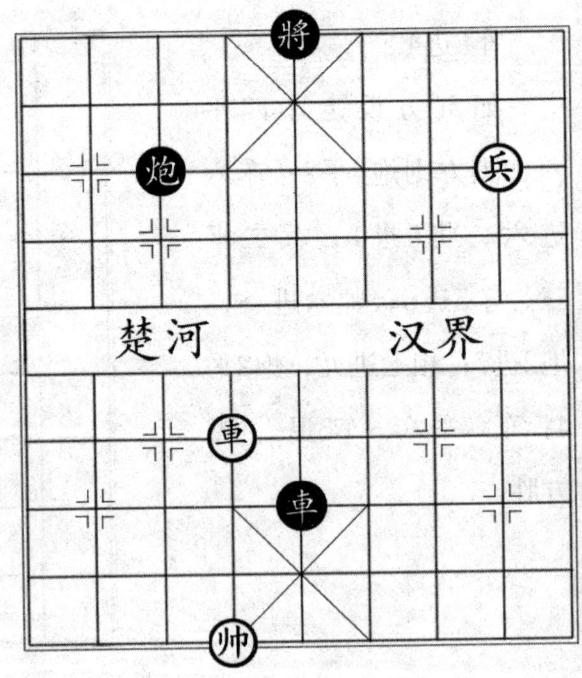

车六进六

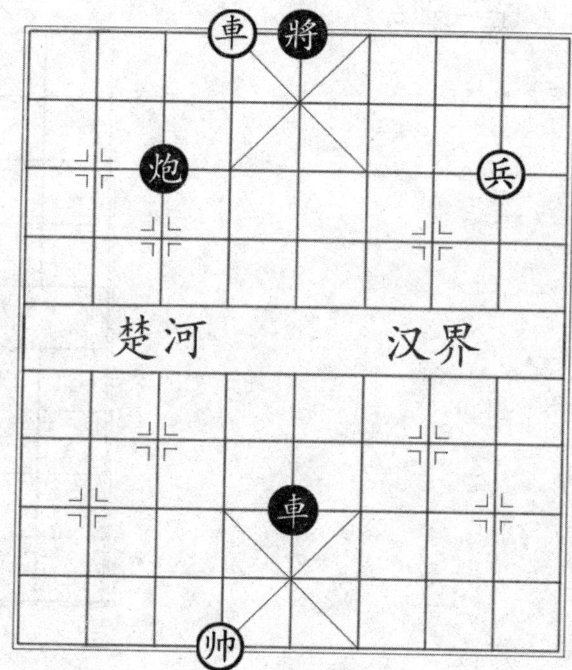

将5进1

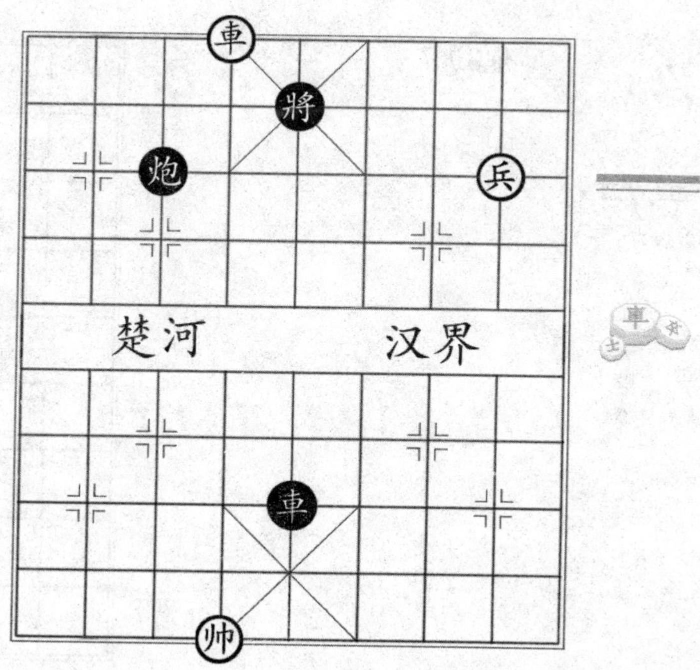

兵二平三

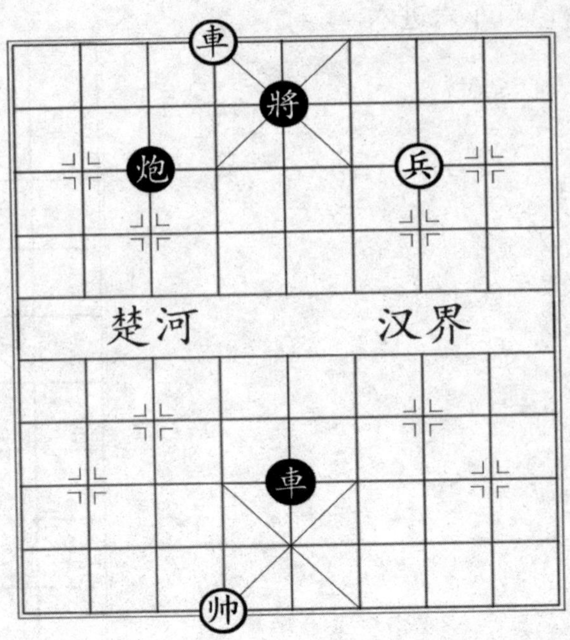

炮3进7

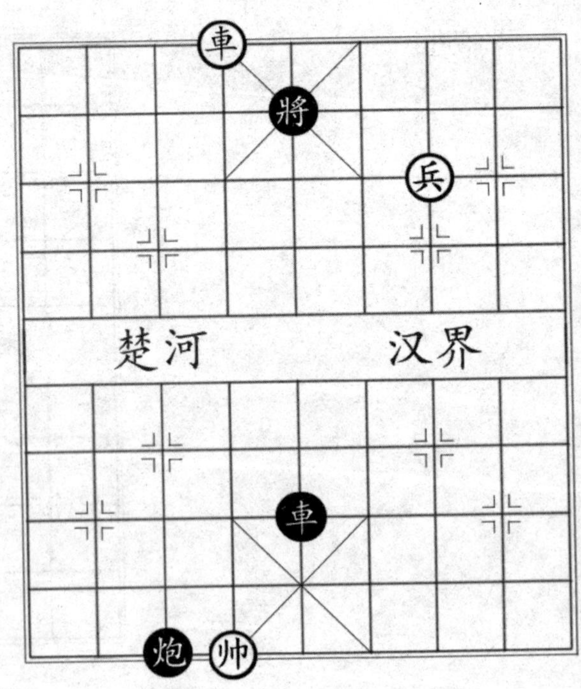

兵三平四

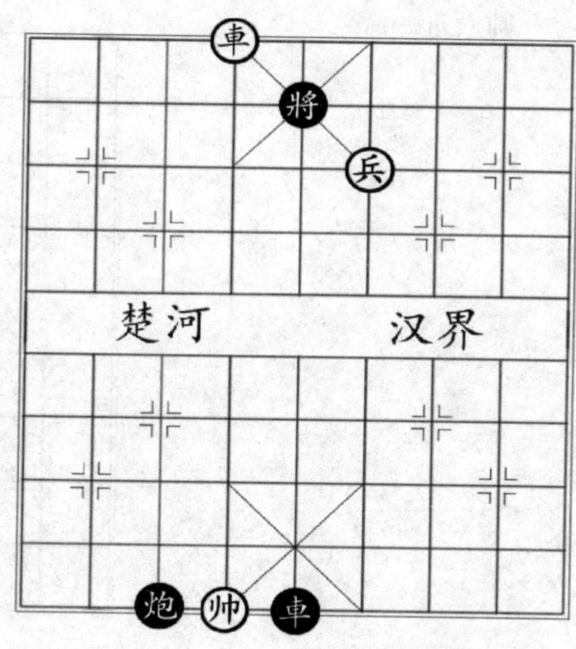

车5进2

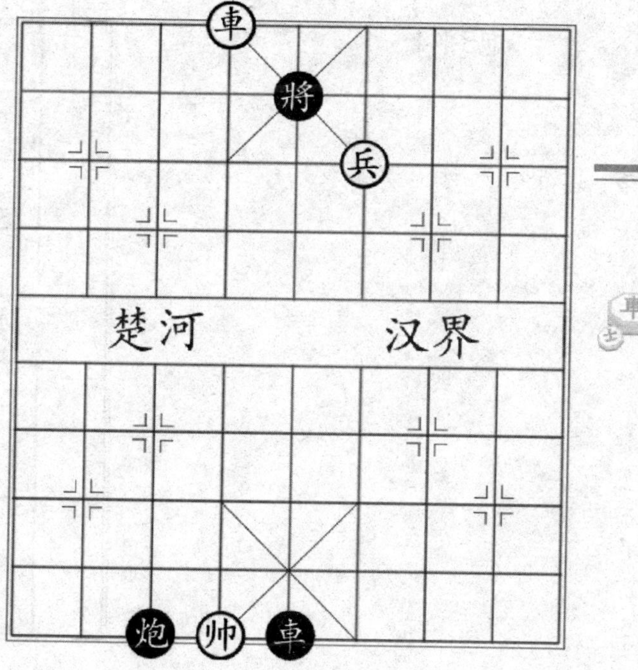

帅六进一

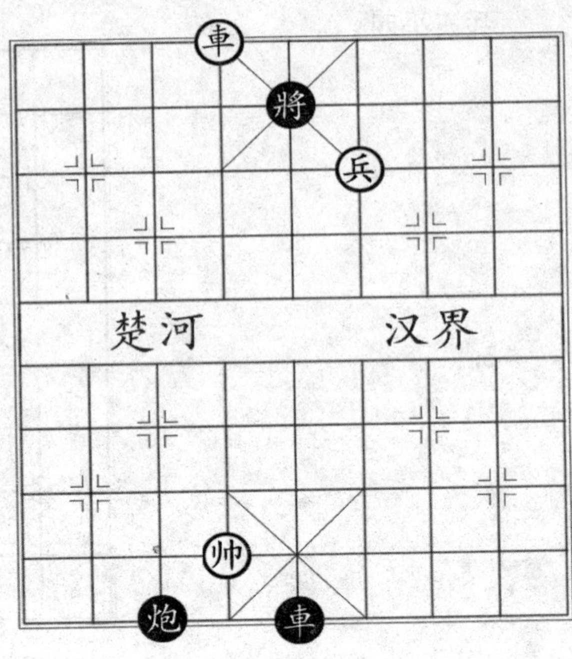

炮3平4

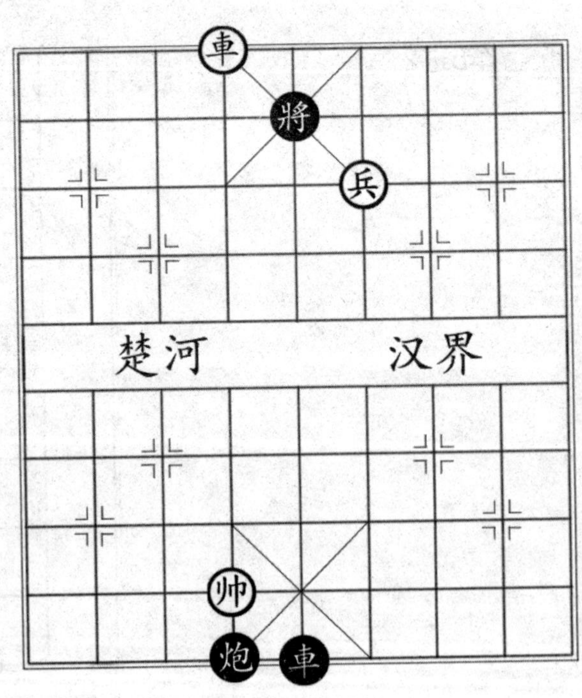

兵四平五　车5退7

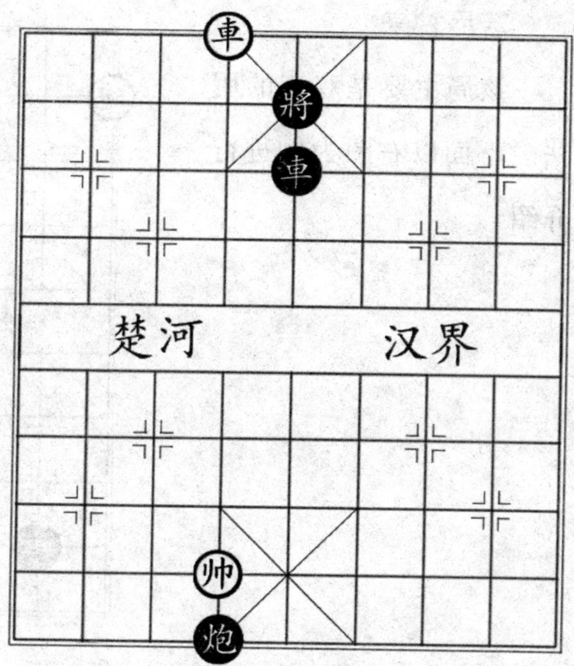

帅六退一

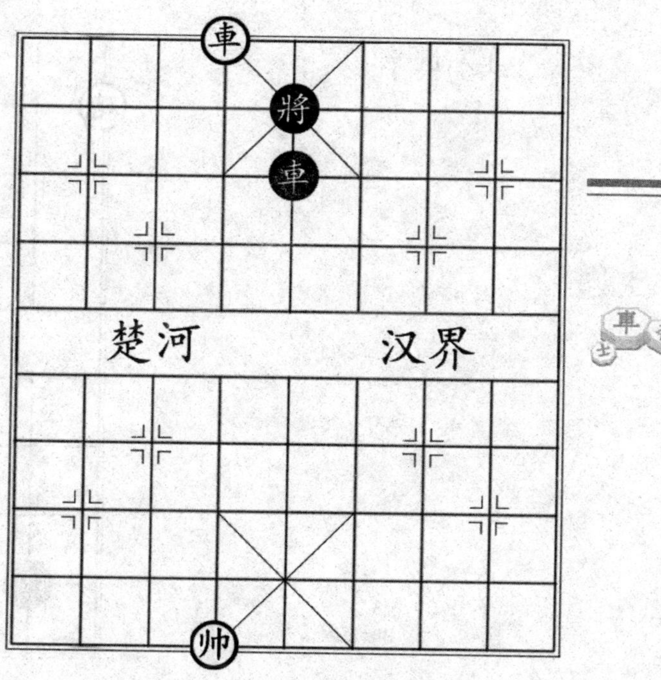

苦尽甘来

该局主要是双车的用法。下面以右图为例进行介绍。

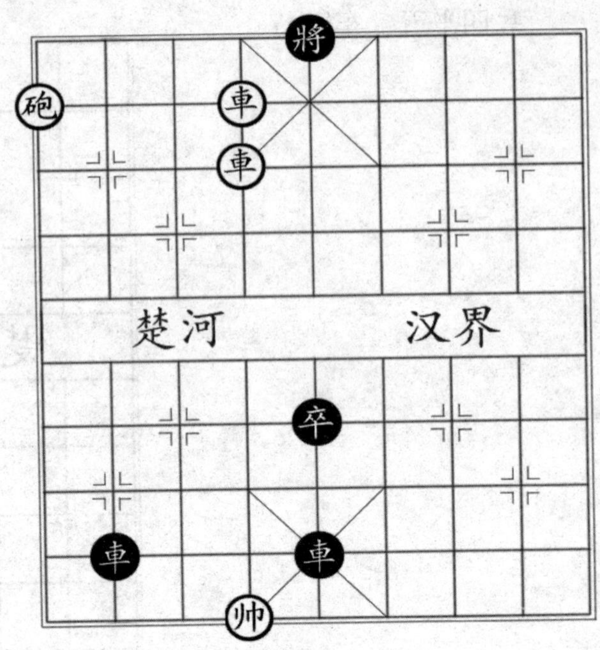

车六进一

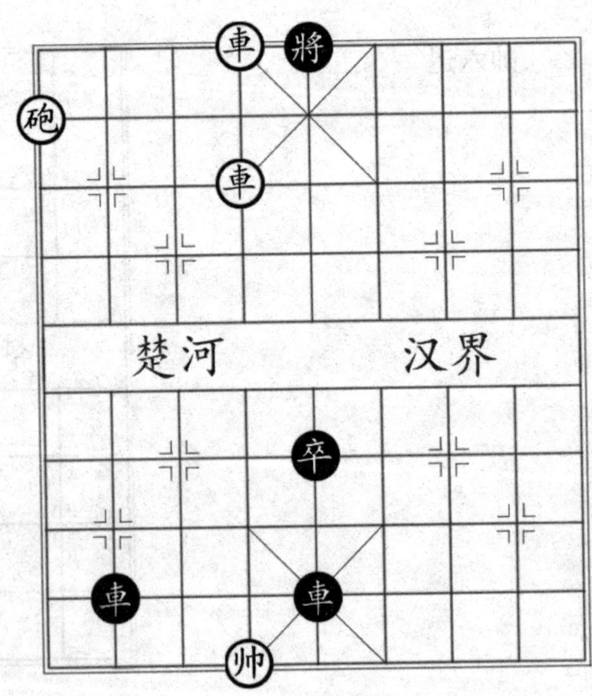

将5进1

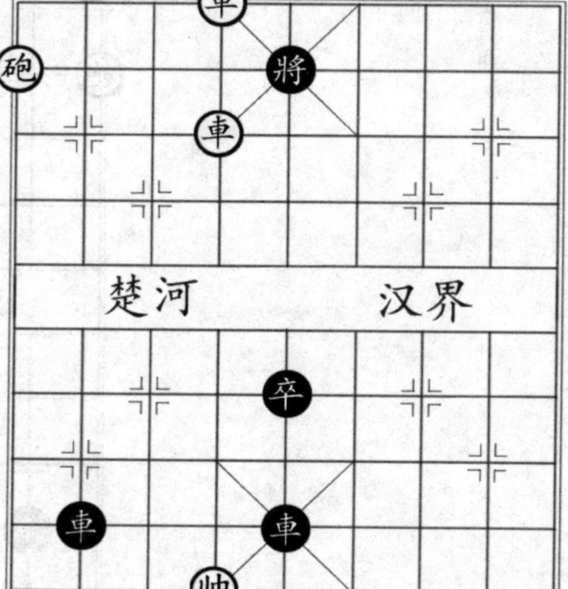

车六进一

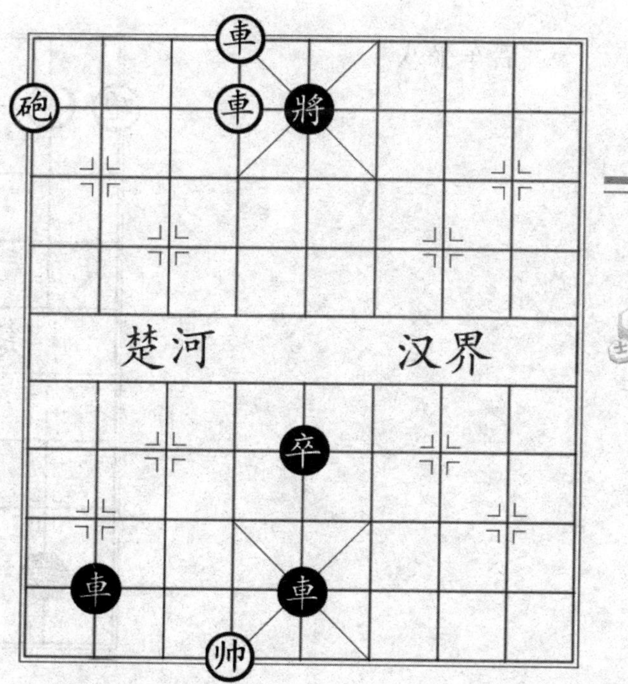

将5进1

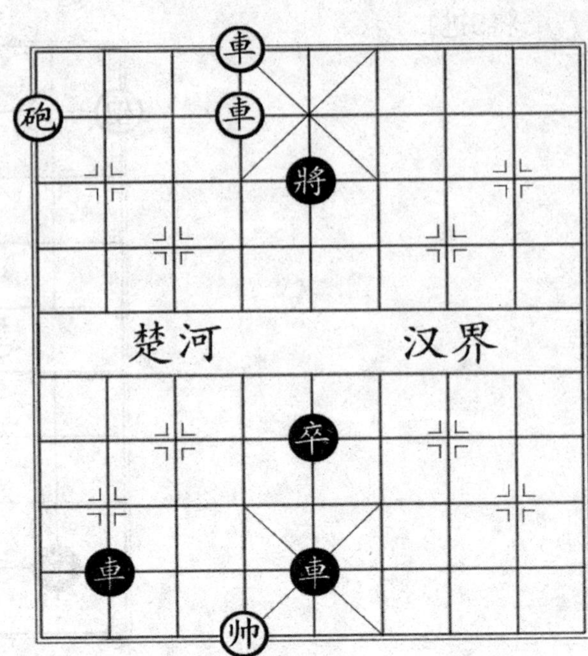

后车平八

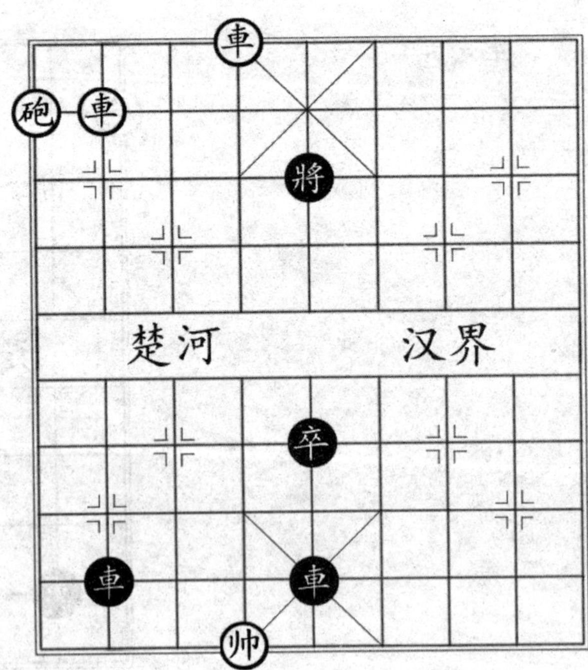

车5进1

黑方若误走车2退7，则车六退二。

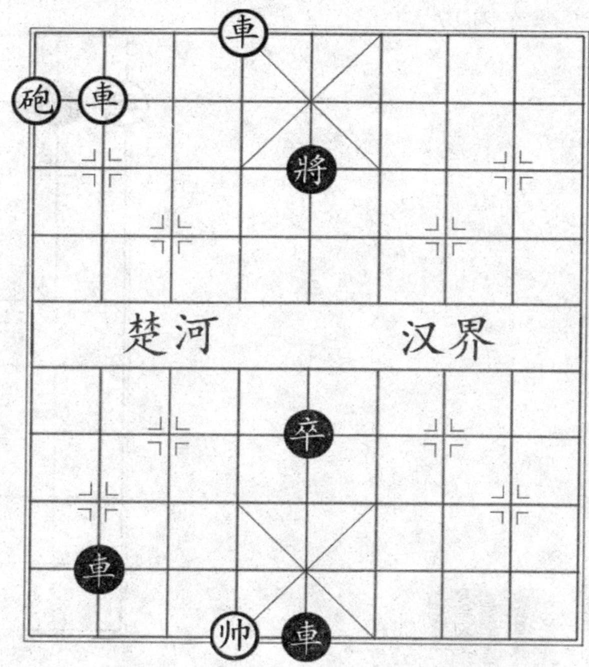

帅六平五

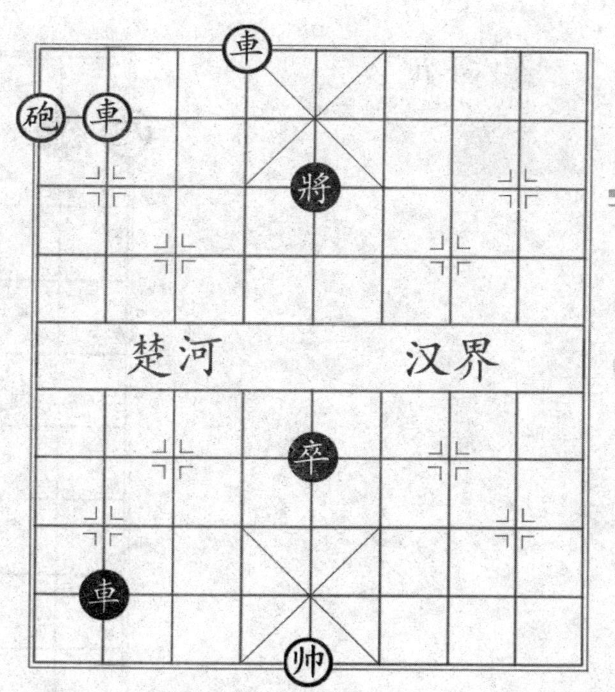

车2退7

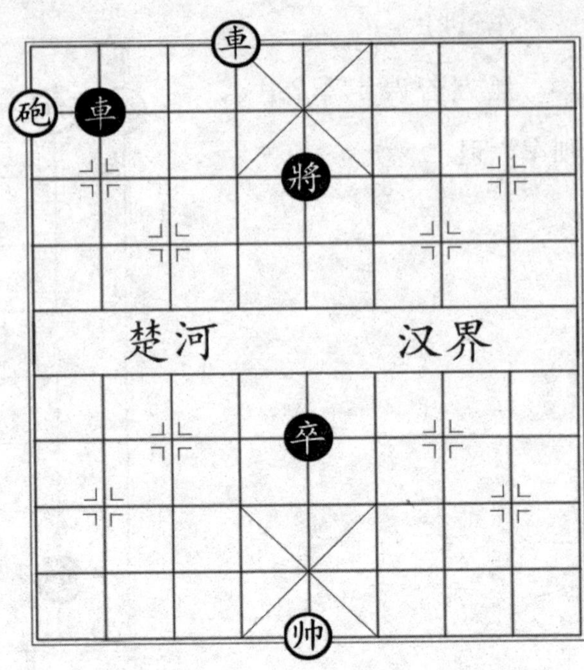

车六平五

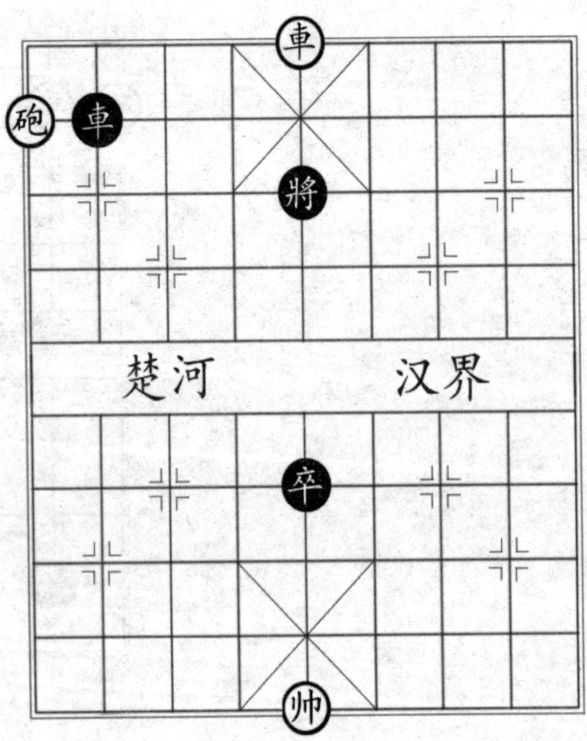

车2平5

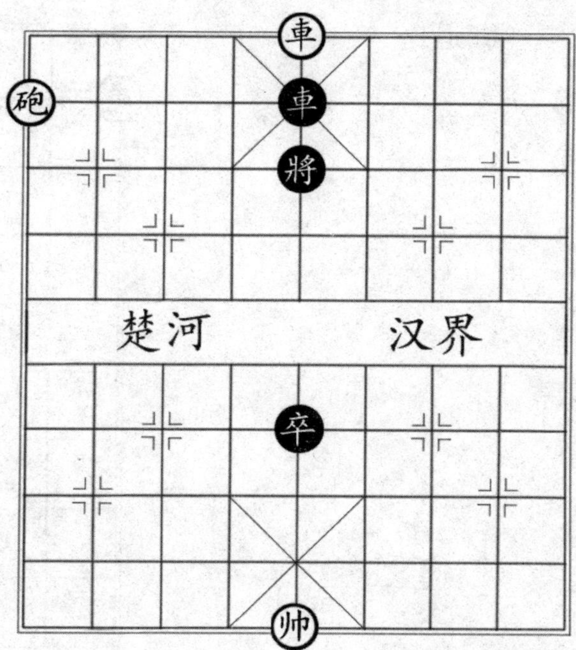

车五退一

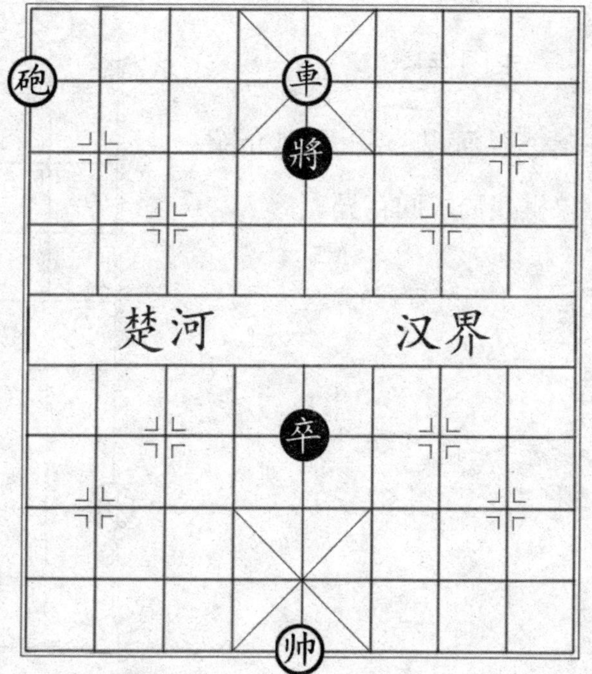

将5退1

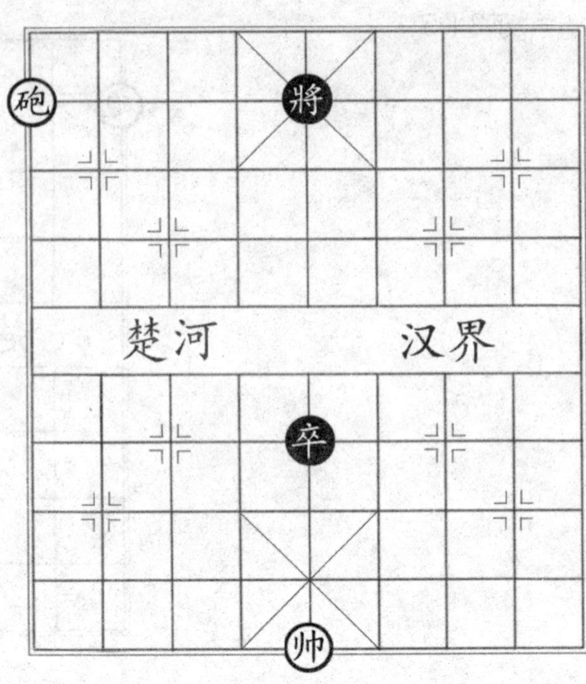

求同存异

下面以右图为例介绍象棋残局求同存异。

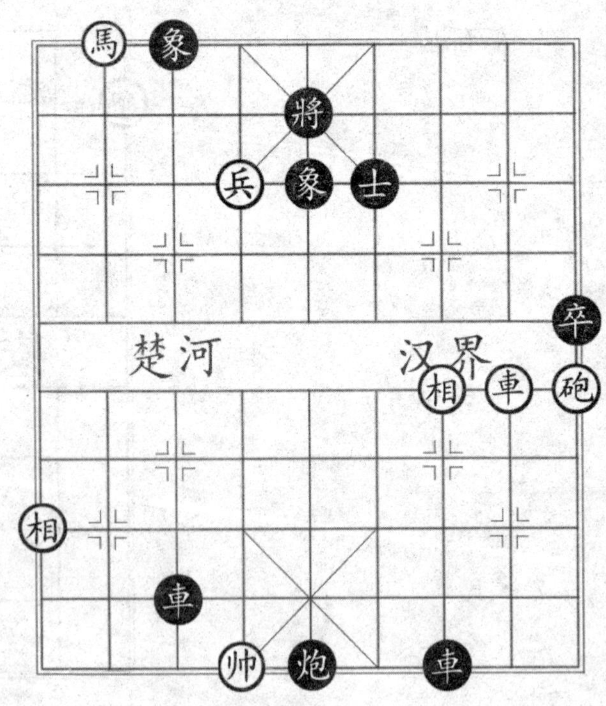

车二进五

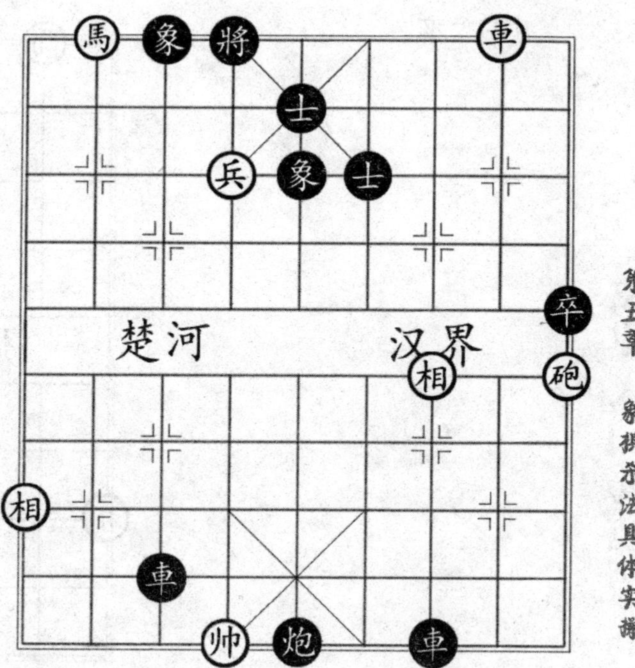

象5退7

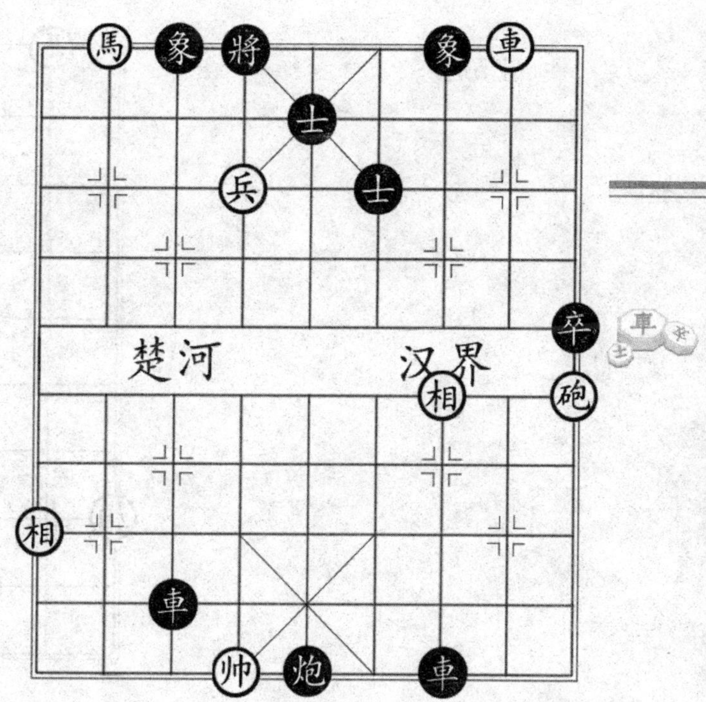

车二平三

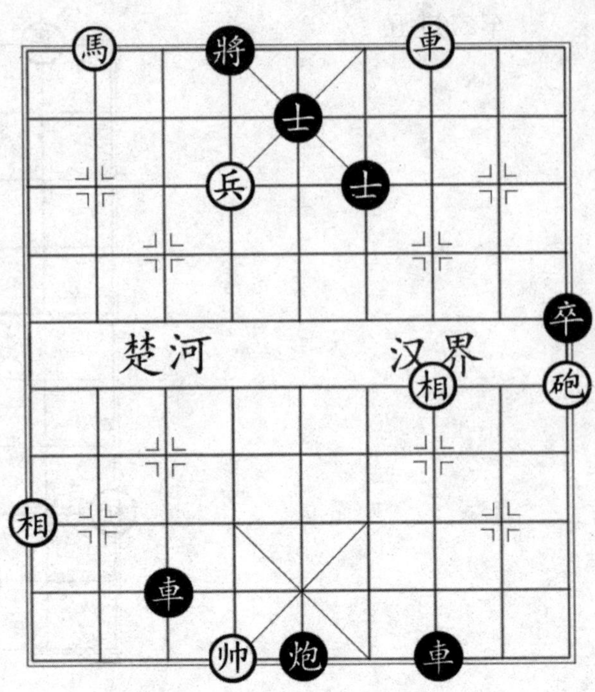

士5退6

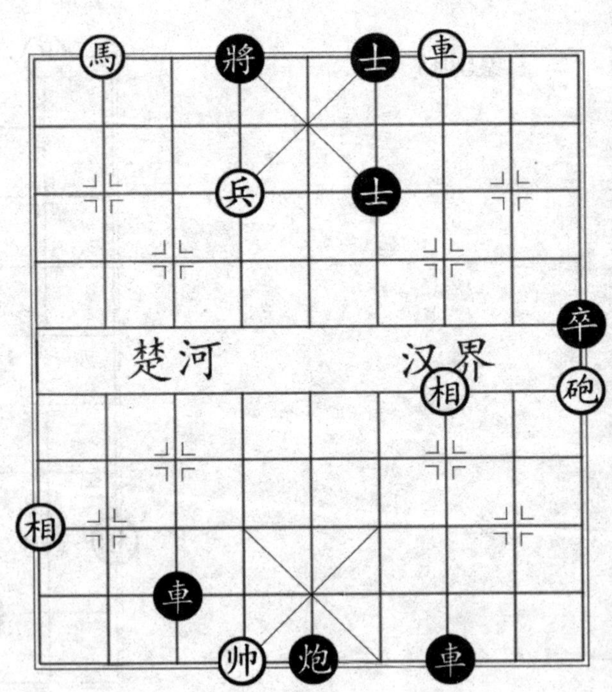

象三退五

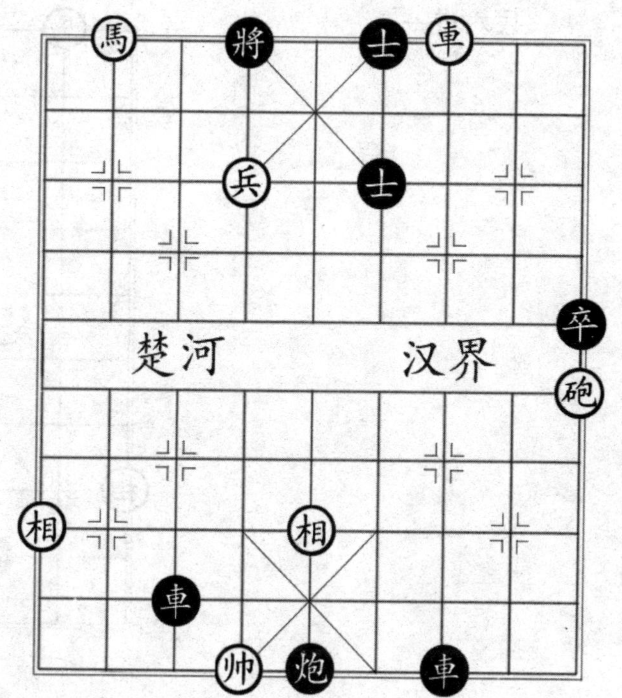

车7退9

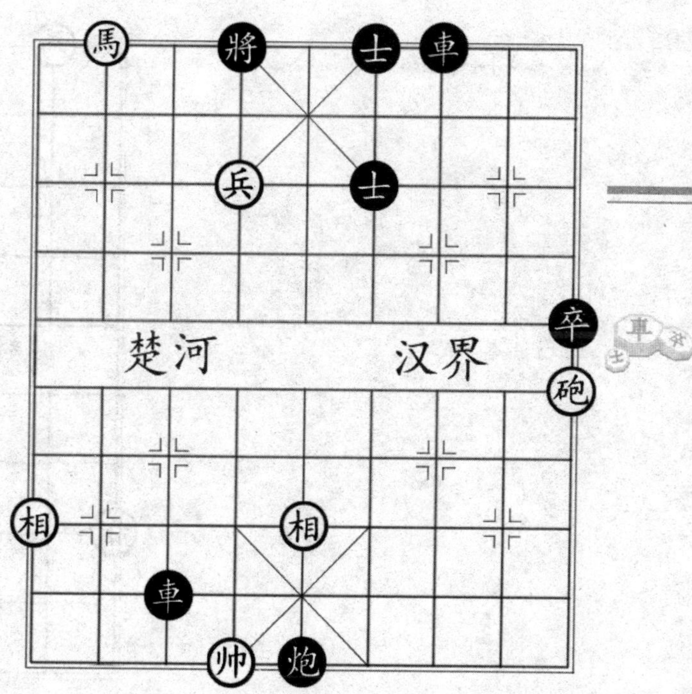

兵六进一

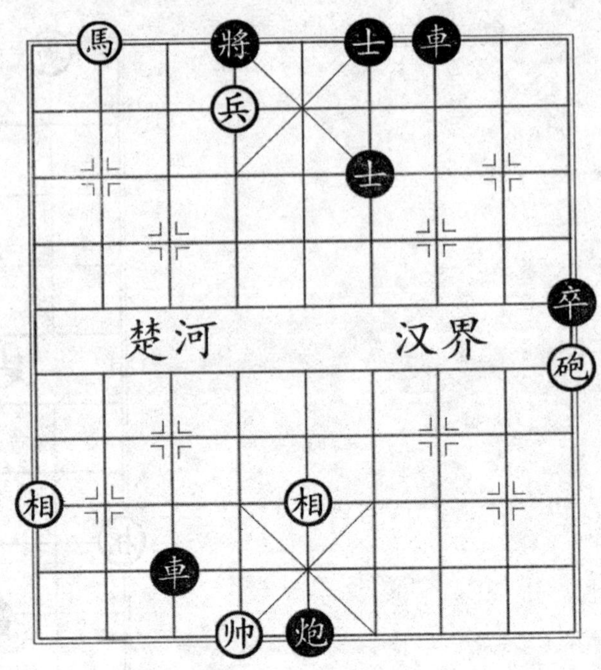

将4平5

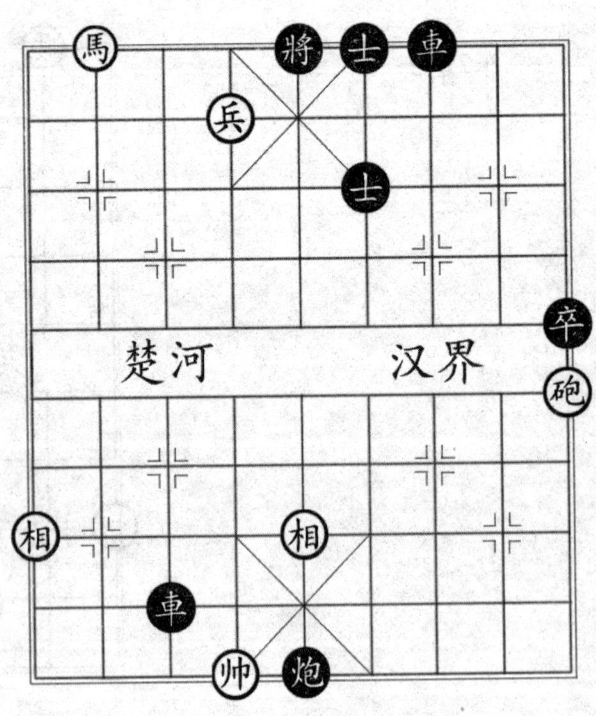

炮一平九

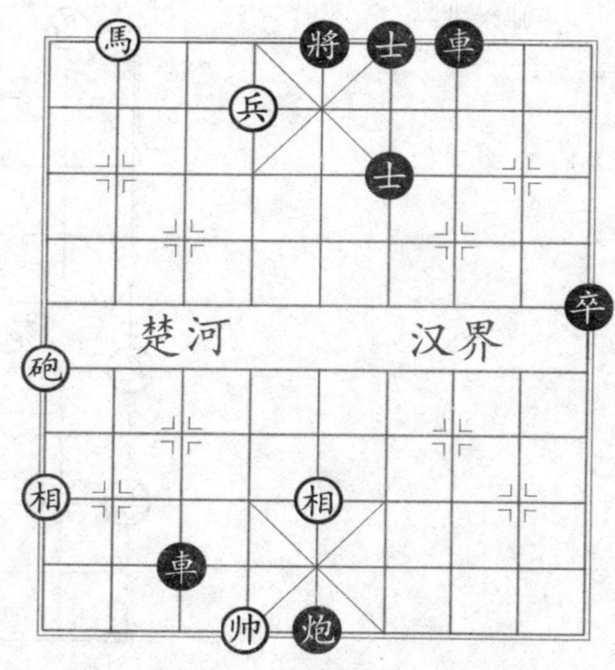

车3平4

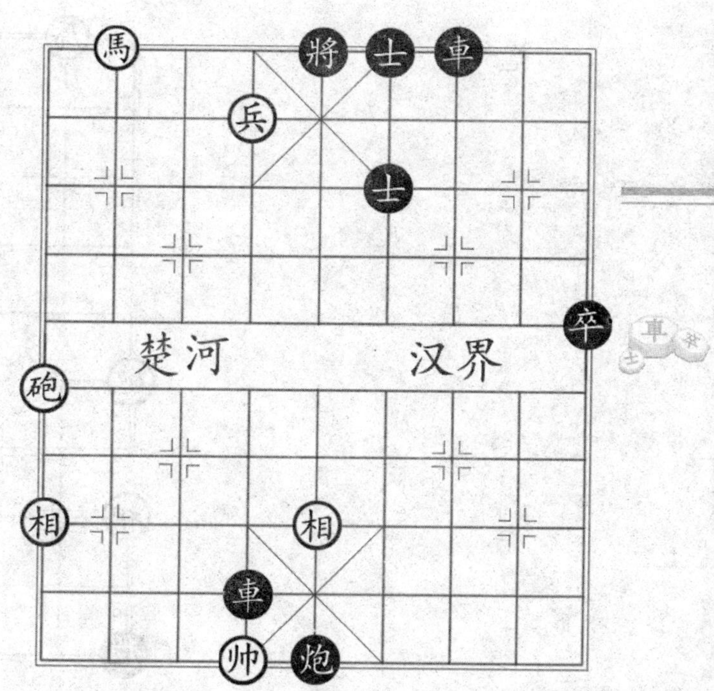

帅六进一

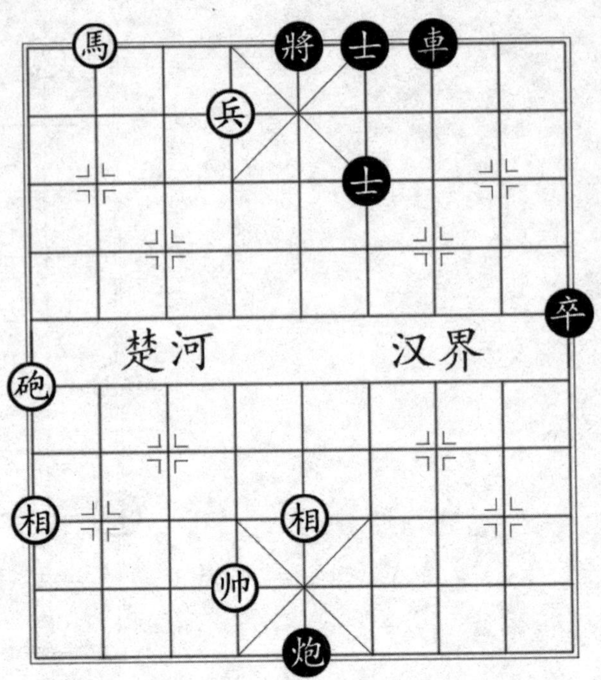

炮5平1

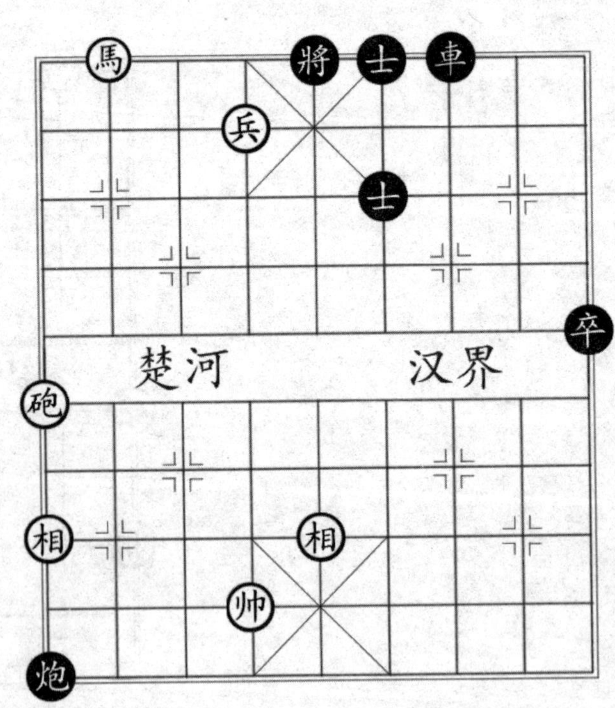

马八退七

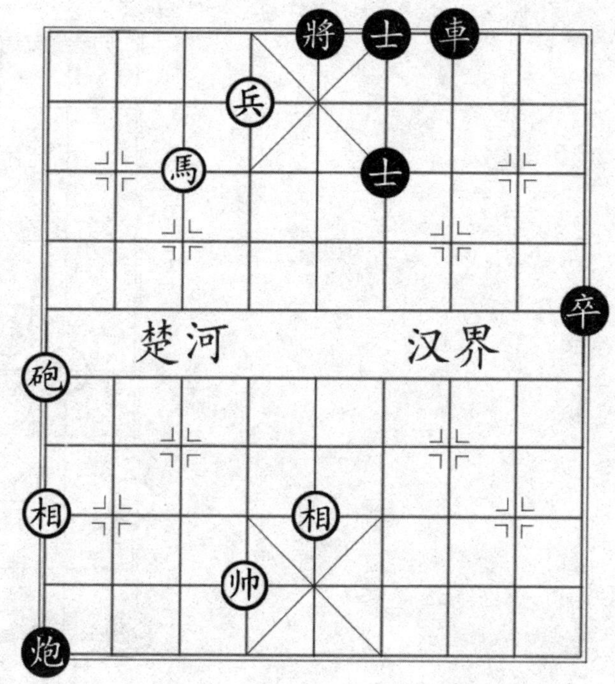

士6进5

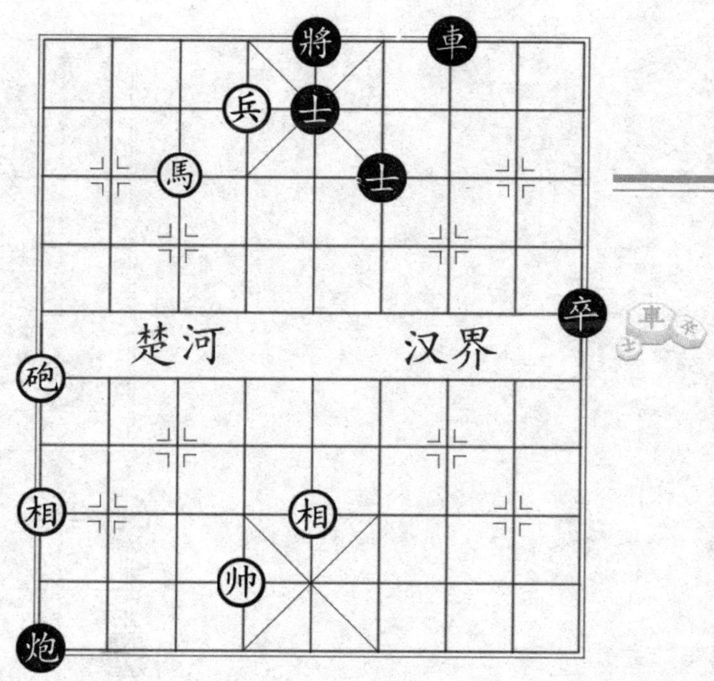

炮九平八

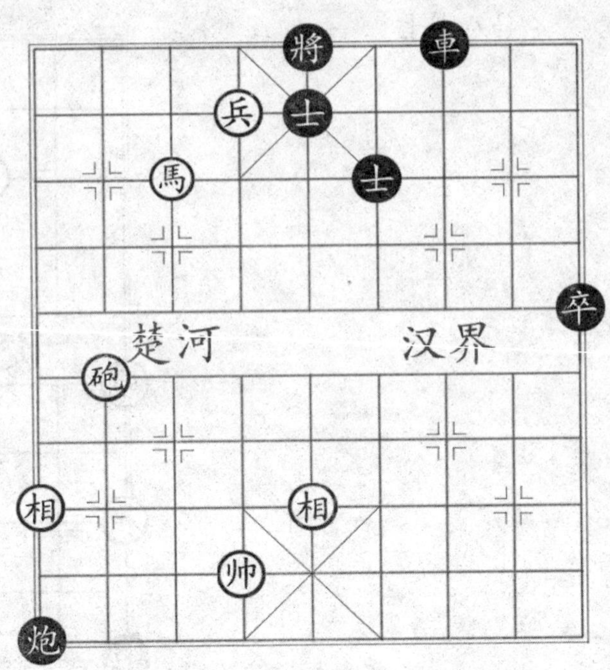

车7进8

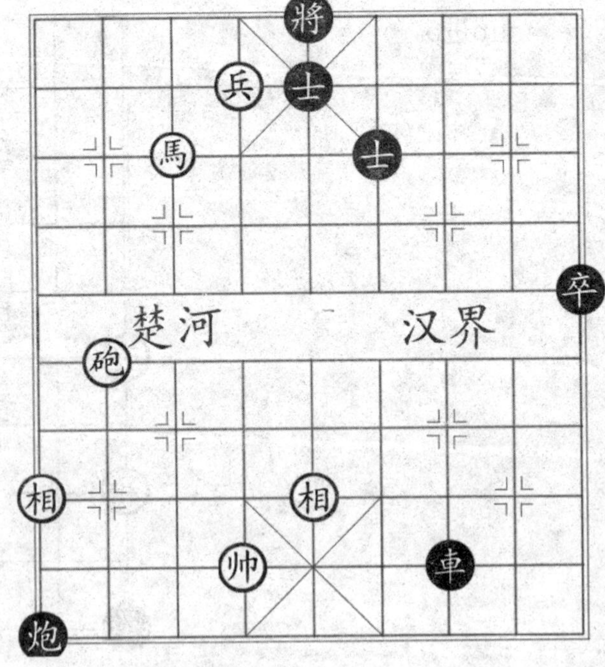

帅六退一

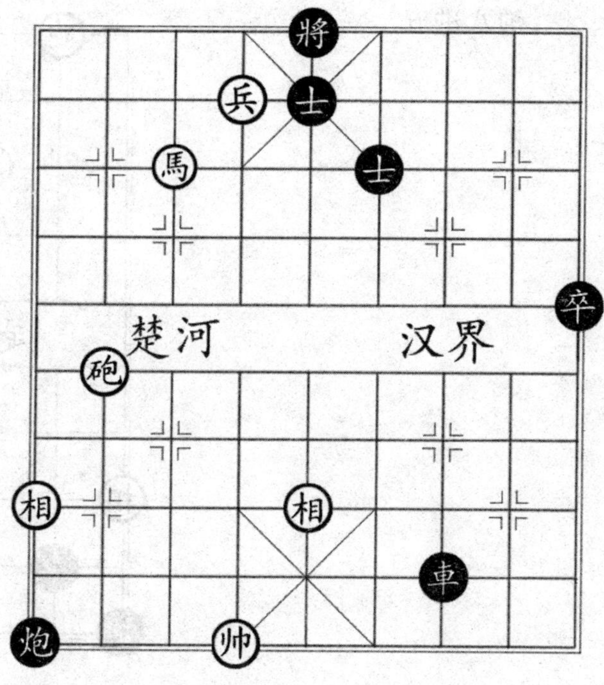

车7平2

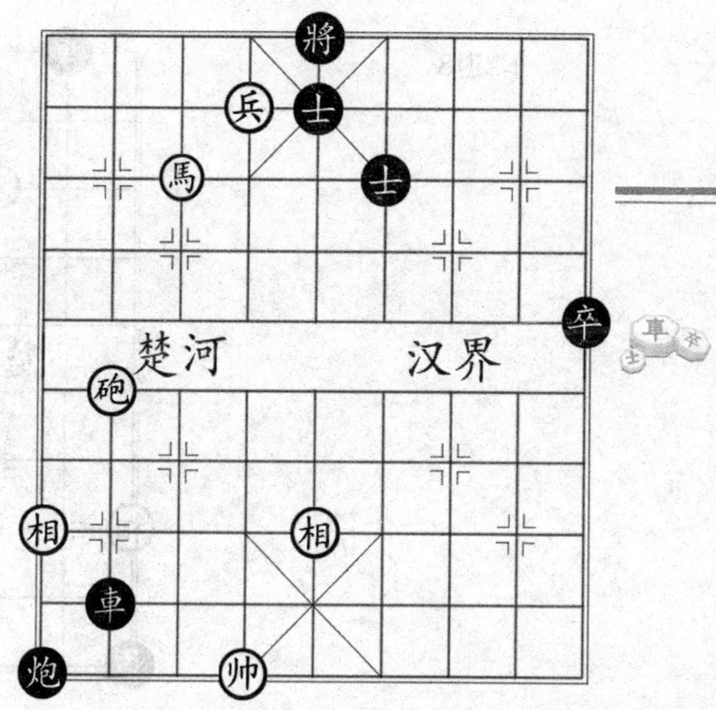

炮八进五

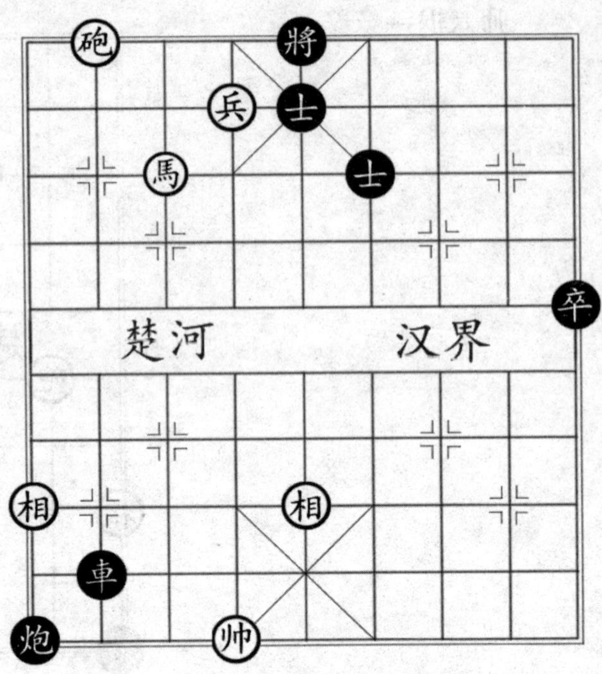

车2退8

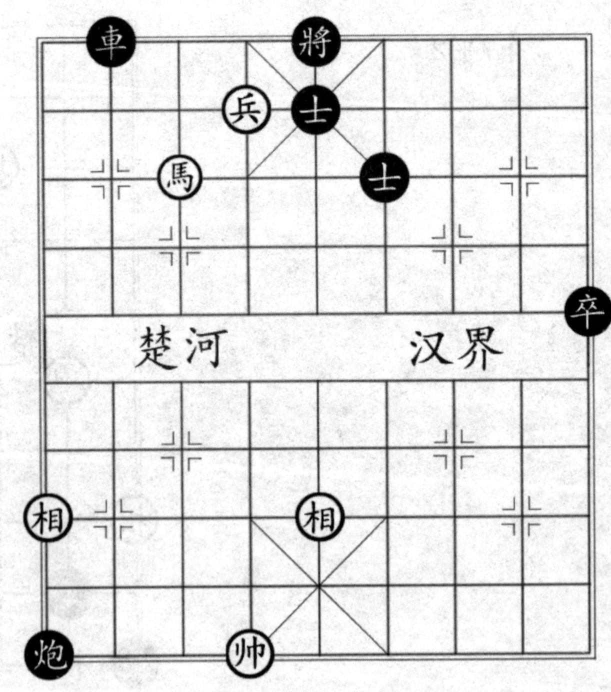

马七进八

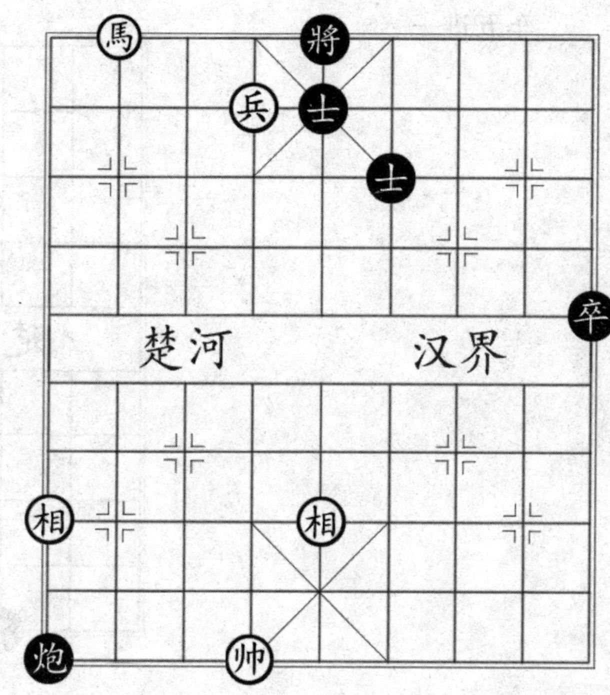

逼上梁山

简单的布局，却需要巧妙的舍子，化险为夷。下面以右图为例介绍该残局。

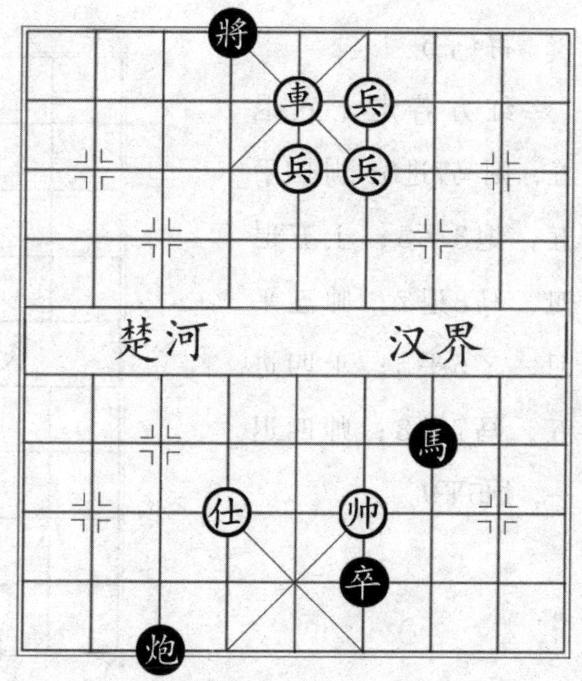

车五进一

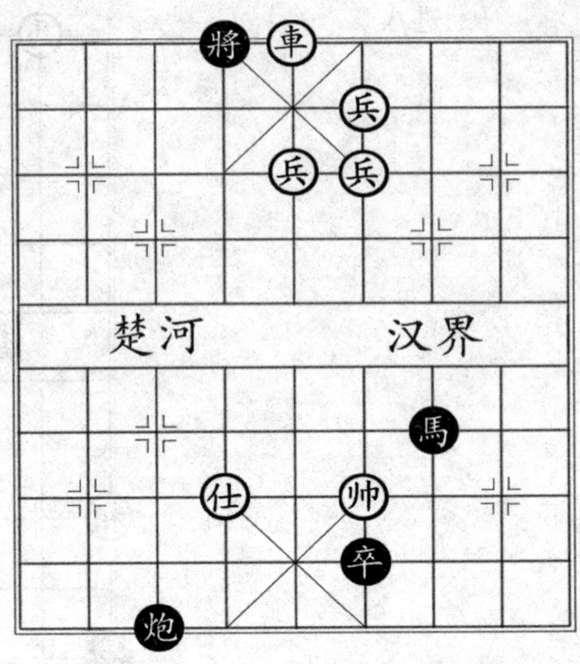

将4平5

红方若走士六退五，则马7进8；帅四平五，炮3平5；士五退四，马8退7；帅五平四，卒6平5；士四进五，马7进8；帅四退一，炮5平9。

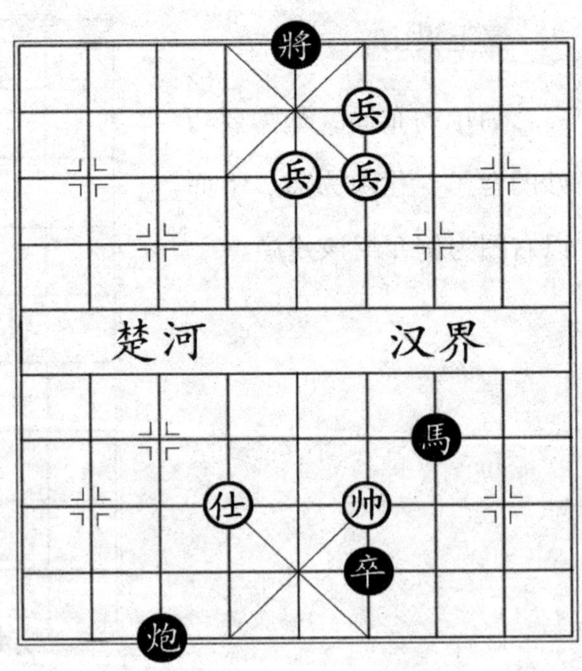

士六退五

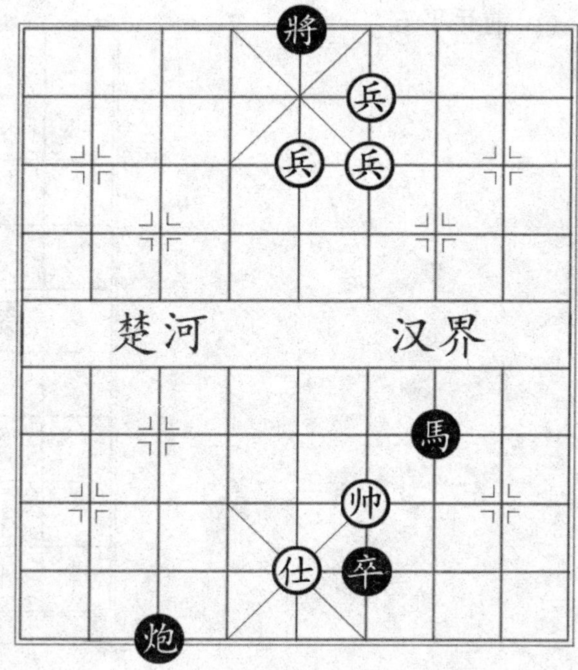

炮3平5

也可以前兵平五，将5平4；再士六退五，炮3平5；后兵平六，炮5退8；兵四进一，马7退5；帅四退一，马5退6；兵四平五，马6退5。

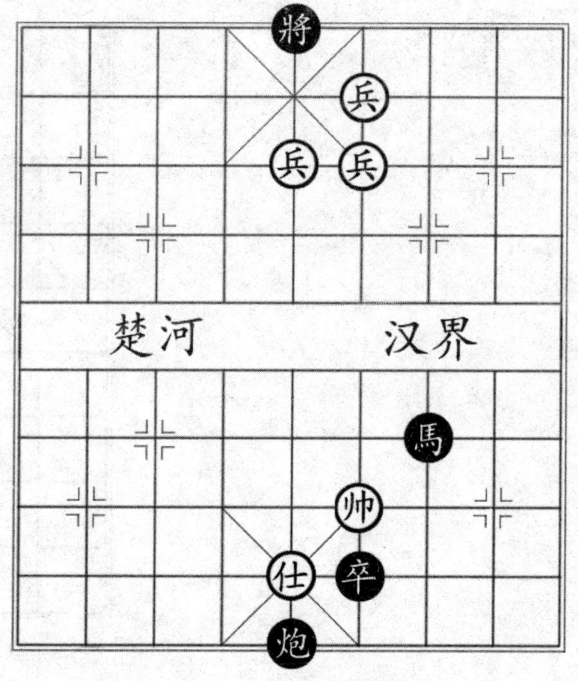

前兵平五

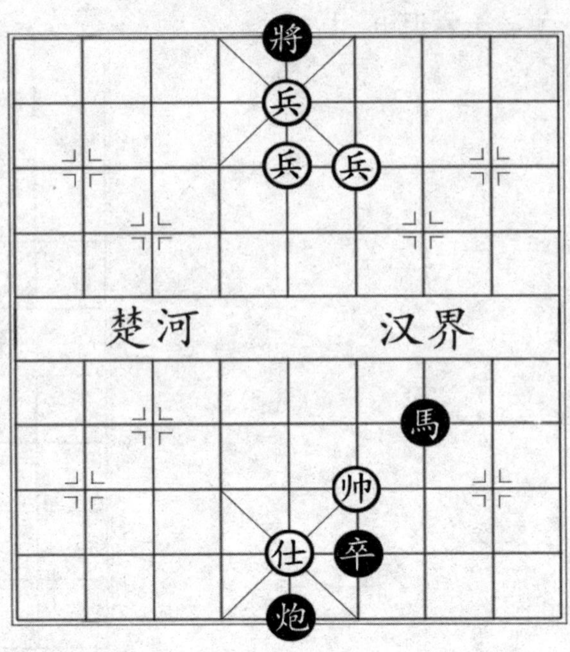

将5平4

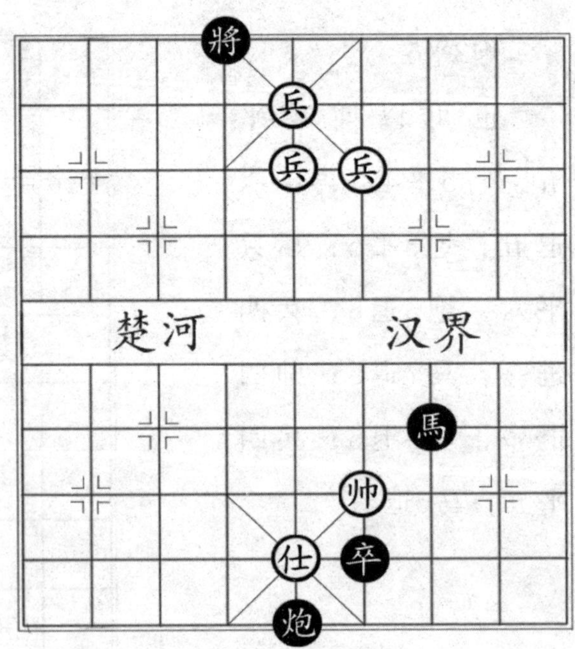

后兵平六

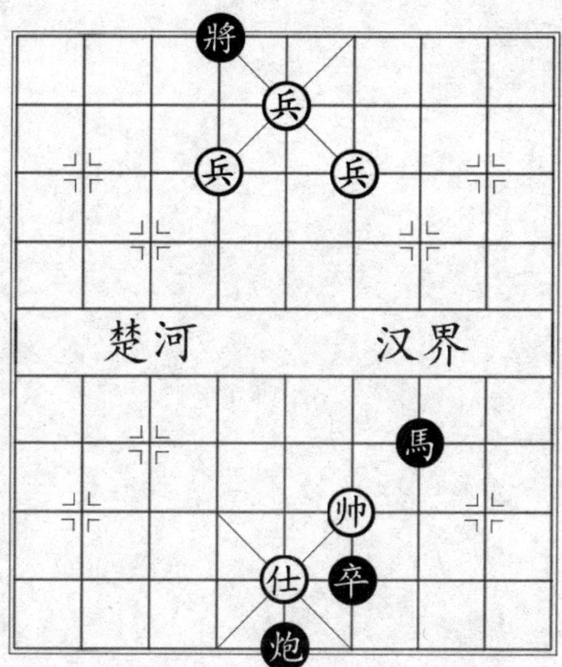

炮5退8

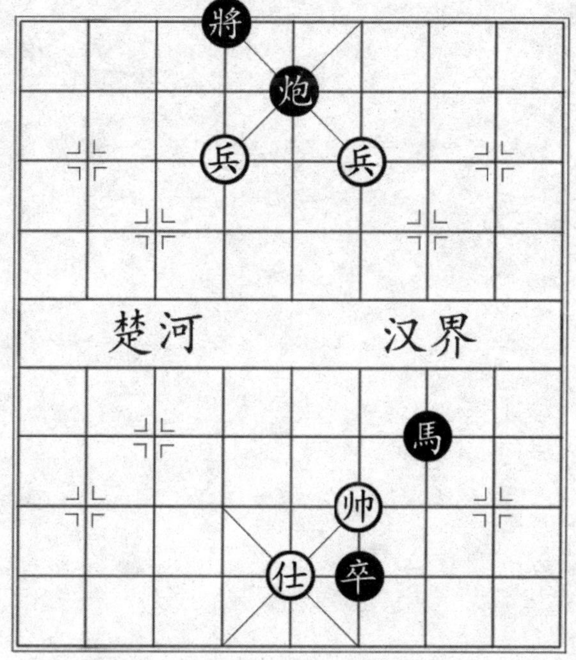